中华人民共和国法律释义丛书

中华人民共和国
国防交通法释义

《国防交通法释义》编写组　编

法律出版社
——北　京——

图书在版编目(CIP)数据

中华人民共和国国防交通法释义/《国防交通法释义》编写组编. -- 北京：法律出版社，2018(2023.11 重印)
ISBN 978-7-5197-2920-2

Ⅰ.①中… Ⅱ.①国… Ⅲ.①军事交通-交通法-法律解释-中国 Ⅳ.①D922.125

中国版本图书馆 CIP 数据核字(2018)第 264349 号

中华人民共和国国防交通法释义
ZHONGHUA RENMIN GONGHEGUO GUOFANG JIAOTONGFA SHIYI

《国防交通法释义》编写组 编

责任编辑 陶玉霞
装帧设计 李 瞻

出版发行 法律出版社
编辑统筹 法规出版分社
责任校对 张红蕊
责任印制 耿润瑜
经　　销 新华书店

开本 850 毫米×1168 毫米 1/32
印张 9.75 **字数** 220 千
版本 2018 年 12 月第 1 版
印次 2023 年 11 月第 3 次印刷
印刷 固安华明印业有限公司

地址：北京市丰台区莲花池西里 7 号(100073)
网址：www.lawpress.com.cn
投稿邮箱：info@lawpress.com.cn
举报盗版邮箱：jbwq@lawpress.com.cn
销售电话：010-83938349
客服电话：010-83938350
咨询电话：010-63939796

书号：ISBN 978-7-5197-2920-2
定价：35.00 元

编审成员

主　审	郑淑娜	甘藏春	丁向荣	
	张　伟	白忠斌	郭成源	
副主审	吴　浩	武　增	何学文	
	黄伟业	王曙光	李向东	
审　查	王同广	杜晓东	陈祖华	赵东斌
	陈创东	徐　峰	童　严	张天翔
	陈　洲	姜　巍	王铁牛	陈志学
编　写	吕伟凯	屈百春	陈克伟	刘　兴
	朱聪功	伍儒富	钱产兴	段树荣
	张　晶	张国文	陈亦超	王树峰
	沈培新	王晓安	沈昌礼	李来扛
	侯　巍	张春林	李程强	张瞩熹
	祝　刚	廖鹏飞	黄　浩	孙　勇
	陈宝锋	赵　磊	王　鹏	张　鑫
	张合勇	曹富贵	张祥利	周　杰
	李　亨	王林岗	康小岐	李玉磊
	孙成程	周　营	冯　斌	刘曰胜

出 版 前 言

《中华人民共和国法律释义丛书》是由全国人大常委会法制工作委员会相关人员组织编辑的一套系列丛书。

该套丛书由一系列法律释义组成。邀请有关专家、学者和部分参与立法的同志编著。该丛书坚持以准确地反映立法宗旨和法律条款内容为最基本要求,在每部法律释义中努力做到观点的权威性和内容解释的准确性。

我们相信,该套丛书的陆续出版,将会给广大读者进一步学好法律提供有益的帮助。

前　言

国防交通是统筹经济建设和国防建设融合发展的重要领域。依法加强国防交通建设，对服务经济社会发展、保障国防活动顺利进行，特别是支撑军队能打仗、打胜仗具有重要意义。新中国成立后，为适应国家安全形势变化和军事战略方针调整，我国制定颁发了一系列国防交通相关法律和专门的法规、规章，有效发挥了引导、推动、规范和保障作用，增强了国家交通体系的国防功能，为军队作战和遂行多样化军事任务提供了有力保障。党的十八大以来，以习近平同志为核心的党中央提出了总体国家安全观，对加快国防交通立法、推进交通领域军民融合深度发展、提升战略投送能力作出重要部署。2016 年 9 月 3 日第十二届全国人大常委会第二十二次会议审议通过了《中华人民共和国国防交通法》，2017 年 1 月 1 日实施。

国防交通法是党的十八大以来制定的第一部有关国防方面的法律，是一部统领国防交通各项工作的综合性、基础性法律。国防交通法确立了新形势下国防交通的基本制度，规范了国防交通管理体制机制，建立了交通领域军民融合深度发展的总体格局，明确了公民、组织参与国防交通活动的权利和义务，构筑了国防交通法律制度体系的框架，为制定相关配套法规提供了基本依据。

为深入学习、广泛宣传，切实实施好国防交通法，按照全国人大常委会法制工作委员会要求，我们组织参与法律起草工作的同志，以及相关领域的专家，编写了《中华人民共和国国防交通法释义》，经广泛征求意见和军地法制部门审核，对国防交通法的法条进行了逐条解读与释义，力求全面、准确、深入，对立法背景、重点问题和每一项制度设立的立法考虑和立法原意作详尽解释，为读者把握国防交通法的内容提供帮助。

国防交通法历经多年颁布实施再到出版释义，凝聚了军地各级领导和同志们的智慧和心血。李伦、左建昌、苏书岩、王谦、秦银河等原总后勤部老首长，始终高度重视，提出了重要的指导性意见；蒋士良、王福臣、赵占平、王黎红、林连超、徐俊、刘冀和、高平修、姜锐刚、朱应华、孙凤乐、毕见平等同志直接组织领导法律起草工作。苏泽林、杜鹰、徐宪平、尚冰、黄明、王金彪、王军、翁孟勇、陆东福、黄淑和、王志清、赵晓光、李文新、黄民、田义祥、曲松等全国人大和国务院有关部委领导，以及相关部门的同志，都给予了高度关注和大力支持。法律起草和释义编写工作得到了各级人民政府有关部门，全国交通战备系统和军队运输投送机构的大力支持配合，国防大学、原后勤学院、军事交通学院等有关院校和科研机构，中国铁路总公司、中国铁路工程有限公司、中国铁道建筑有限公司、中国交通建设集团有限公司、中国远洋海运集团有限公司、中国外运长航集团有限公司、中国铁路通信信号集团有限公司、中国铁路物资总公司、中国航空集团公司、中国南方航空集团公司、中国东方航空集团公司、中国电信集团公司、中国移动通信集团公司、中国联合网络通信集团公司等交通通信企业，为立法工作做出积极贡献，在此表示诚挚谢意。叶满宇、任延兵、李广理、王强、蔡中流、李茂、赵海涛、秦春、李远星、陈洪泉、俞宁一、顾永治、孙有能等同志，长期从事和参与国防交通工作，为立法起草、调研、论证和释义编写做了大量的工作。

由于水平有限，书中难免有不足之处，恳请读者批评指正。

编　者

2018年5月

目　录

第一部分　导　读

一、国防交通立法基本情况 ……………………（1）
二、国防交通法的重大意义 ……………………（7）
三、国防交通立法的指导思想和工作思路 ……………（9）
四、国防交通法的主要内容 ……………………（11）
五、关于国防交通法与其他法律的衔接问题 …………（22）

第二部分　释　义

第一章　总则 ……………………（26）
第一条　【立法目的】 ……………………（26）
第二条　【适用范围】 ……………………（29）
第三条　【方针和工作原则】 ……………………（31）
第四条　【国防交通体制机制与职能】 ……………（34）
第五条　【公民、组织义务和国家政策支持】…………（44）
第六条　【经费保障】 ……………………（45）
第七条　【征用民用交通资源】 ……………………（49）
第八条　【教育宣传】 ……………………（52）
第九条　【保密义务】 ……………………（54）
第十条　【表彰和奖励】 ……………………（56）

第 十 一 条 【信息化建设】 …………………………（57）
第 十 二 条 【管制措施】 …………………………（59）
第 十 三 条 【联合指挥机构设立及其职权】 ………（64）
第二章 国防交通规划 …………………………（72）
第 十 四 条 【国防交通规划类别和编制要求】 ……（72）
第 十 五 条 【纳入政府相关规划和技术标准、规范；交通建设发展兼顾国防需要】……（79）
第 十 六 条 【国防交通工程设施建设规划编制】……（85）
第 十 七 条 【国防交通专业保障队伍建设规划编制】 …………………………（90）
第 十 八 条 【国防交通物资储备规划编制】 ………（95）
第 十 九 条 【国防交通科研规划编制】 ……………（98）
第三章 交通工程设施 …………………………（102）
第 二 十 条 【交通工程设施建设准则】 ……………（102）
第二十一条 【国防交通工程设施建设管理】 ………（107）
第二十二条 【国防交通工程设施服务经济社会活动】 …………………………（110）
第二十三条 【国防交通工程设施维护和管理】 ……（111）
第二十四条 【国防交通工程设施保护工作】 ………（114）
第二十五条 【掌握交通工程设施建设情况】 ………（114）
第二十六条 【及时向军事机关通报情况并征求其意见】 …………………………（117）
第二十七条 【确定贯彻国防要求具体事宜和费用保障】 …………………………（121）
第二十八条 【政策支持】 …………………………（122）

第四章　民用运载工具 …………………………………（125）
第二十九条　【类别和范围确定权限、发布以及鼓励对象】 ……………………………（126）
第 三 十 条　【了解民用运载工具建造、购置等情况】 ………………………………（129）
第三十一条　【提出贯彻国防要求项目】 ……………（132）
第三十二条　【确定贯彻国防要求具体事宜】 ………（134）
第三十三条　【贯彻国防要求费用保障和政策支持】 ……………………………………（135）
第三十四条　【贯彻国防要求民用运载工具维护管理】 ………………………………（139）
第五章　国防运输 ………………………………………（142）
第三十五条　【国防运输组织实施主体、组织原则和实施要求】 ……………………（142）
第三十六条　【战略投送支援力量建设】 ……………（147）
第三十七条　【国防运输保障设施建设和为国防运输提供服务或者保障】 ……………（151）
第三十八条　【为海外军事行动提供相关协助与便利】 ………………………………（154）
第三十九条　【国防运输相关保障和服务】 …………（157）
第 四 十 条　【军队向交通运输系统派驻军事代表】 ……………………………………（159）
第六章　国防交通保障 …………………………………（164）
第四十一条　【制定国防交通保障方案】 ……………（164）
第四十二条　【交通工程设施抢修、抢建和运载工具抢修责任主体】 …………………（169）

第四十三条 【编制重点交通目标保障预案】 ……… (173)
第四十四条 【重点交通目标和其他交通工程设施临战准备和抢修实施】 ……………… (175)
第四十五条 【预定抢建重要国防交通工程设施用地】 ……………………………… (178)
第四十六条 【重点交通目标防卫、防护职责分工】…… (180)
第四十七条 【采取交通管理措施和安全防护措施】 ……………………………………… (183)
第四十八条 【国防交通专业保障队伍组建、训练和生活福利待遇】 ……………… (186)
第四十九条 【国防交通专业保障队伍调配使用权限和优先通行】 ……………… (191)
第 五 十 条 【对承担国防交通保障任务的企业和个人给予政策支持】 ……………… (193)
第七章 国防交通物资储备 ……………………… (195)
第五十一条 【国防交通物资储备制度、储备原则和品种确定】 ………………………… (195)
第五十二条 【国防交通储备物资储存管理】 ……… (199)
第五十三条 【国防交通储备物资调用】 …………… (202)
第五十四条 【国防交通储备物资报废或改变用途管理】 ……………………………… (204)
第八章 法律责任 ……………………………… (208)
第五十五条 【违法行为的行政处罚和执法责任主体】 ……………………………… (208)
第五十六条 【国家工作人员国防交通违法行为】…… (215)
第五十七条 【治安管理处罚或追究刑事责任】 …… (217)

第九章　附则 ……………………………………（220）
第五十八条　【术语内涵】……………………………（220）
第五十九条　【适用范围】……………………………（221）
第 六 十 条　【施行日期】……………………………（223）

第三部分　附　录

中华人民共和国国防交通法 ……………………………（224）
关于《中华人民共和国国防交通法（草案）》的说明
……………………………………………… 张　伟（238）
关于《中华人民共和国国防交通法（草案）》的说明
……………………………………………… 宋大涵（242）
关于《中华人民共和国国防交通法（草案）》的说明
……………………………………………… 赵克石（246）
全国人民代表大会法律委员会关于《中华人民共和国国防交通法（草案）》审议结果的报告………… 苏泽林（250）
全国人民代表大会法律委员会关于《中华人民共和国国防交通法（草案二次审议稿）》修改意见的报告……（254）
在第十二届全国人大常委会第二十二次会议上的讲话（节录）………………………………… 张德江（257）
军民融合加快推进战略投送能力建设——国家交通战备办公室主任、中央军委后勤保障部运输投送局局长白忠斌答记者问 …………………………（258）
国务院办公厅　中央军委办公厅关于学习宣传贯彻《中华人民共和国国防交通法》的通知 …………（263）
中华人民共和国国防法 ………………………………（267）
中华人民共和国国防动员法 …………………………（279）

第一部分 导 读

2016年9月3日,第十二届全国人大常委会第二十二次会议通过了《中华人民共和国国防交通法》(以下简称国防交通法),国家主席习近平签署第50号主席令予以公布,自2017年1月1日起施行。国防交通法是党的十八大以来国防军事领域制定的第一部法律,也是深入贯彻军民融合发展国家战略的第一部法律。该法的公布施行,是我国国防交通建设史上的一件大事,对于规范国防交通活动,增强国防交通潜力,提高平时服务、急时应急、战时应战交通能力,维护国家安全和发展利益,具有十分重要的意义。

一、国防交通立法基本情况

国防交通事关国防和军队建设,涉及政府、军队、企业和公民,涵盖交通领域的规划、建设、管理和运用,面向平时和战时,行为主体的责任、权利、义务以及相互关系需要通过立法来界定、规范和调整。对此,在政府、军队和社会有关各方达成共识的基础上,国家启动和组织开展了国防交通立法工作。历经多年努力,终于诞生了我国国防交通领域的第一部法律。该法既属于行政法,也是国防军事法,一切涉及国防交通的行政法规、地方性法规、军事法规和军事规章、政府规章以及规范性文件等,均应遵循该法规定。

（一）立法背景

一是社会主义市场经济体制的发展完善，要求依法强化国防交通利益引导机制。社会主义市场经济的本质是法治经济。随着社会主义市场经济体制发展完善，更加注重保护市场经济竞争主体的合法正当权益。作为市场经济竞争主体的企业和个人，追求经济效益是其生存发展的基本前提。交通运输企业或个人在生产活动中，需要获得相应的效益，承担国防交通建设和保障任务，既要履行义务也有权利获得一定的利益，这是社会主义市场经济的效益原则所决定的，也是可持续发展的前提。如果笼统地要求企业或个人履行“国防义务”，而不进行责权利的区分和细化，不仅有违市场经济规律，而且会造成市场竞争主体之间的不平等，导致承担国防交通任务越多的企业，越处于不利的竞争地位。因此，要求义务法定、权利法定、依法治理的呼声很高。而传统的方式和手段已很难解决国防交通领域的一些深层次问题，需要依法强化利益引导机制。这是国防交通立法的主要诱因。

二是规范和调整对象的属性发生深刻变化，超出了法规调整范畴，必须通过立法来解决。随着我国交通运输业的迅猛发展，运输资源的所有制构成发生了巨大而深刻的变化，全民所有制、混合所有制、私有制运输（物流）企业发展迅速，登记在个人名下的中大型运载工具也越来越多，其中很多具有较高的国防使用价值，都可能在战时和平时特殊情况下被征用，包括对运载工具操作人员的征召使用。立法法第八条规定，“下列事项只能制定法律：（一）国家主权的事项”“（五）对公民政治权利的剥夺、限制人身自由的强制措施和处罚”“（七）对非国有财产的征收、征用”“（八）民事基本制度”。第九条规定：“本法第八条规定的事项尚未制定法律的,全国人民代表大会及其常务委员会有权作出决定,授权国务院可以根据实际需要,对其中的部分事项先制定行政法规,但是有关犯罪和刑罚、对公民政治权利的剥夺和限制人身自由的强制措施和处罚、司法制度等事项除外。”由此可以看出,凡是涉及私有财产权利和公民人身自由等问题,都属于法律调整范畴,不属于法规、规章调整范畴。因此,《国防交通条例》《民用运力国防动员条例》等法规中的许多重要内容,如民用运载工具的征收、征用以及相关操作人员的动员、征召,需要上升为法律,以提高效力。这是国防交通立法的重要原因。

三是新形势下军事战略方针和军事斗争准备,要求国防交通面向战时,保持忧患,依法进行准备和组织战时交通运输保障。国防交通的核心职能是按作战要求进行物质技术准备并组织战时和平时特殊情况下交通运输保障。其中涉及大量职责权限问题,如运载工具征用和操作人员征召、交通管制措施运用、交通运输体系平战转换、战时交通运输组织指挥等,平时需要加强建设和训练,战时需要统一筹划,实施集中指挥控制,这些都需要法律进行规范和调整,以利于战时和平时特殊情况下将国防潜力迅速转化为战争实力并赢得战争。这是国防交通立法的主要原因。

四是军民融合发展国家战略的确立,是国防交通立法的强大推动力。交通具有经济和国防双重功能,国防交通是其平战结合的自然结果,具有军民融合的鲜明特征,也是融合式发展最好的领域之一。随着国家治理结构的变化,以及军队编制体制的调整改革,国防交通领域军民融合发展出现了一些新情况,面临一些新问题,特别对涉及国家安全和发展利益的交通基础设施规划布局、战略投送力量建设发展、交通建设贯彻国防要求等重大问题，如何依法统筹兼顾，规范和调整军队、政府、企业相互关系及其职责任务，形成具有约束力和权威性的军民融合建设发展机制，尚有一些困局一时难以破解。党的十八大后，军民融合发展上升为国家战略，为国防交通立法提供了思想性、方向性指导，军地有关部门和社会有关各界把握历史性机遇，迅速达成共识，合力破解难题，加快立法进程。这是国防交通立法得以实现的强大推动力。

（二）立法基础

我国高度重视国防交通法制建设，随着形势发展、条件变化和事业推进，国防交通相关法规规章制度体系不断完善，规范化水平不断提高，有力保障了国防交通活动的顺利进行，也为国防交通法制定出台奠定了坚实的基础。

伴随着新中国国防交通事业的起步，国防交通法制建设迈开了坚实步伐。1950 年 7 月，由毛泽东主席、周恩来总理签署，以中央人民政府人民革命军事委员会和政务院名义颁布《铁路军运暂行条例》。1951 年 1 月，由总参谋长、铁道部长、交通部长签署颁发《中央人民政府人民革命军事委员会军事运输机关临时条例》，其中规定了军事运输机关与国家交通运输部门的关系，规定在铁道、交通部门及沿线机关建立军事动员部门，做好军事运输和动员准备工作。新中国成立初期铁道部制定颁发了《铁路军事动员暂行条例》，1959 年，铁道部颁发《在铁路基本建设中贯彻国防要求暂行办法》，对铁路基本建设贯彻国防要求的内容、程序和方法作了规定。为满足国防交通工作需要，还下发了大量指示、意见、命令、通知等规范性文件。总体而言，这一时期的国防交通法制建设，属于起步阶段，以分专业、单项规章制度为主，用以规范某一交通行业、某一专项国防交通工作。

进入全面建设社会主义时期，制定颁发的国防交通法规规章不断增多。如1965年国防部、铁道部、交通部联合颁发《中国人民解放军驻铁路、水路沿线交通运输部门军事代表试行条例》，总参谋部、内务部颁发《军用饮食供应站、供水站组织管理暂行办法》；1973年，铁道部制定颁发《“450”物资管理办法》；1974年，交通部颁发《铁路战时指挥所管理办法》；1978年，国务院、中央军委颁发《中国人民解放军驻铁路、水路沿线交通运输部门军事代表条例》等，内容涵盖国防交通工程设施建设、交通保障计划与方案编制、交通专业保障队伍建设、交通战备物资储备、军用饮食供应、驻交通沿线军事代表机构（以下简称军事代表机构）派遣以及战时交通指挥与保障等方面，初步形成了分门别类的规章制度体系。

进入改革开放新时期，与依法治国、依法治军的要求相适应，国防交通法制建设迈出了新步伐。1995年，国务院、中央军委颁发的《国防交通条例》，是新中国成立以来第一部有关国防交通的综合性军事行政法规，对管理机构及其职责、保障计划、工程设施、保障队伍、运力动员和征用、军事运输、物资储备、教育与科研等作出了原则规定，基本涵盖了国防交通工作的所有内容，使国防交通工作有了基本遵循和依据。2000年，总参谋部、总后勤部、国家计委、财政部、铁道部、交通部、信息产业部、民航总局等八部委联合颁发了《交通运输、邮电通信基本建设贯彻国防要求规定》，为各行业开展基本建设贯彻国防要求提供了依据。2003年国务院、中央军委颁布的《民用运力国防动员条例》，是我国第一部关于民用运力国防动员的军事行政法规，对民用运力国防动员的准备、实施、补偿与抚恤、经费保障以及有关部门的职责和任务分工等作出了比较具体的规定，对做好民用运力国防动员工作具有十分重要的意义。2007 年，国务院、中央军委《关于进一步加强交通战备工作的意见》，对国防交通急需解决的一些重大问题作出方向性、政策性、原则性规定，具有很强的现实性和指导性。其他如《国防交通资金管理规定》《国防交通物资储备管理规定》《民用运力国防动员补助补偿规定》《交通战备现代化建设工作规定》《军用饮食供应站供水站管理办法》等大批专项规章的出台，形成了较为完整的国防交通法规体系。

国防交通法出台前，涉及国防交通的法律法规规章和标准规范达 280 多部，基本覆盖了国防交通的各专业领域和主要事项。涉及国防交通的法律主要有国防法、国家安全法、国防动员法，以及铁路法、公路法、港口法、民用航空法等，这些法律部分条款涉及国防交通内容，或对有关国防交通的重要事项或活动进行了规范，或者为国防交通在该法适用领域开展工作提供了法律依据。专项法规、规章约有百余部，专门的标准规范有 70 余项。这些法律、法规、规章和标准规范，既是国防交通活动的依据，也是国防交通立法的基础。

（三）立法过程

国防交通法的起草研究工作从 2002 年开始启动，历经十余年的理论准备、调查研究、草案起草，于 2012 年形成草案初稿。党的十八大确立了依法治国、依法治军方略，之后军民融合发展上升为国家战略，使立法工作进入了快车道。2013 年 2 月，由总后勤部牵头，国家发展改革委、国务院法制办、军委法制局、工业和信息化部、民政部、公安部、财政部、交通运输部、铁道部、国务院国资委、中国民用航空局、总参谋部办公厅等部门，成立了国防交通法立法工作领导小组，总后勤部主要领导任组长，总后勤部、国家发展改革委、国务院法制办、军委法制局等单位分管领导任副组长，军地协力推进立法工作。2013 年 4 月，总后勤部会同军地有关部门联合向国务院、中央军委呈报了国防交通法(草案)。2014 年 8 月至 9 月，草案向社会公开征求意见。2015 年 8 月、2016 年 3 月，军委常务会议和国务院常务会议分别审议通过草案。2016 年 4 月，第十二届全国人大常委会第二十次会议对草案进行一审，8 月底第二十二次会议进行二审，9 月 3 日表决通过。这标志着国防交通法制建设迈上了新台阶，为政府和军队依法开展国防交通工作、为组织和公民参与国防交通活动提供了法律依据和保障。

二、国防交通法的重大意义

国防交通是国家经济社会发展和保障军队能打胜仗的双重支撑，是军民深度融合发展的重要领域，对于富国和强军都具有基础性甚至是“生命线”意义。贯彻执行国防交通法，依法开展国防交通活动，对于维护国家安全和发展，实现中国梦和强军梦，具有十分重要的意义。

(一)推动交通领域军民深度融合发展

国防交通在平时服务、急时应急、战时应战中具有重要作用。长期以来，国家在交通建设中贯彻平战结合、军民结合的原则，国防交通实力不断增强，已成为军民融合发展特色鲜明、富有成效的领域。党的十八大作出坚持走中国特色军民融合式发展路子，坚持富国和强军相统一的战略部署，提出加强军民融合式发展法制保障要求。国防交通法的颁布实施，是贯彻落实党中央决策部署的具体体现。当前，我国正在实施交通强国战略，国防交通规划体系逐步健全，建设力度持续加大。在此过程中，认真贯彻执行国防交通法关于交通领域军民融合发展方针、原则、内容、方法等方面的规定,对于更好地统筹经济与国防、平时与战时、需要与可能,推动军民融合向纵深发展,实现国防交通与国家交通的协调发展,具有重要作用。

(二)加强国家战略投送能力全面建设

战略投送能力是国家战略能力,特别是军事能力的重要标志,是掌握和保持军队行动自由权的重要基础。战略投送力量是党中央、中央军委确定的新型作战力量之一。建设骨干在军、主体在民,军民融合、一体保障的战略投送体系,是深化拓展军事斗争准备的紧迫任务,也是新形势下国防交通建设的重中之重。战略投送能力的生成和提高是一个复杂的系统工程,包括人力资源、交通设施、投送装备和体制机制等多种要素,涵盖力量建设、运用、管理、训练、保障等多个环节,涉及军队、政府、企业、社会等多方面关系。国防交通法着眼我国国情军情,借鉴发达国家经验,对此专设条款进行规范,必将为加强战略投送能力全面建设发挥重要作用。

(三)维护交通运输市场履行国防交通义务的公平正义

国防交通体现国家的安全和发展利益,做好国防交通工作是全社会的共同责任。在社会主义市场经济条件下,经济体制深刻变革,利益格局深刻调整,思想观念深刻变化,国防利益与经济利益的关系更加复杂,依法调整各种利益关系是社会发展到一定阶段的必然要求。国防交通法根据市场经济特别是交通运输市场化发展变化情况,既注重保障国防交通活动的顺利开展,又注重保护相关组织和个人的合法利益,对于维护社会主义市场机制依法有序运行具有重要作用。通过采取政策支持、经费保障等措施,形成利益引导机制,以调动和保护各方参与国防交通建设的积极性。国防交通法在调整规范国防交通有关各方利益关系中的基础性作用，将在今后的工作实际中逐步显现，并产生深远影响。

（四）促进中国特色社会主义法律体系和军事法规制度体系发展完善

国防交通法是我国法律体系的有机组成部分，尽管国防法、国防教育法、国防动员法等法律，以及有关行政、军事法规中，有不少涉及国防交通的内容，但是不够系统完整。为依法推进国防交通建设发展，党中央、国务院、中央军委高度重视国防交通立法工作，全国人大、国务院、中央军委法制部门和军地有关单位密切协同，有序推进立法各项工作，保证了国防交通法顺利公布施行。国防交通法首次从法律层面对国防交通进行全面系统规范，丰富和完善了中国特色社会主义法律体系和军事法规制度体系，对于促进依法治国、依法治军具有重要意义。

总之，国防交通法适应新形势对国防交通工作的新要求，重点解决国防交通领域存在的突出问题，回应社会关切，吸收各方面的意见建议，内容全面，制度科学。该法的公布施行，对于统筹经济建设和国防建设，加强战略投送能力建设，满足军事斗争准备需要，具有重要意义。

三、国防交通立法的指导思想和工作思路

（一）立法的指导思想

国防交通立法的指导思想是，深入贯彻党的十八大和十八届三中、四中、五中全会精神和习主席系列重要讲话精神，按照“四个全面”战略布局总要求，着眼军民深度融合发展和保障军队“能打仗、打胜仗”需要，系统总结我国国防交通建设基本经验，深入研究社会主义市场经济条件下国防交通的特点规律，借鉴国外有益做法,致力完善与社会主义市场经济体制相适应、与遂行多样化军事任务要求相匹配、与国家交通和国防要求相衔接的国防交通基本制度,为依法加强国防交通建设,提升战略投送能力,助力实现中国梦强军梦提供制度保障。

(二)立法的工作思路

制定本法的思路:一是坚持贯彻军民融合发展国家战略。贯彻习主席军民融合发展战略思想,推进军民融合深度发展,统筹经济建设和国防建设,满足军事斗争准备和支援经济社会发展的需要,处理好平时与战时、需要与可能等关系,使军民融合发展战略落实于国防交通工作的具体政策制度设计之中。二是坚持建立完善市场利益引导机制。为鼓励公民和组织依法参与国防交通建设和保障活动,调动其积极性,立法中特别注重给予经费保障、政策支持及政治荣誉。如在交通工程设施建设和民用运载工具建造贯彻国防要求、交通资源征用、承担国防运输任务、国防交通用地等方面,规定国家给予经费补助补偿,在土地指标、经营范围、招投标等方面给予政策支持。三是坚持问题导向注重解决现实矛盾。如针对目前战略投送能力薄弱的问题,对战略投送支援队伍建设和保障作出了规范;针对统筹规划不够的问题,设专章对国防交通规划作出了规范;针对交通运输企业等反映强烈的国防运输价格问题,对支付原则作出了规范等等。对新需求、新情况给予高度关注,如海外军事行动交通运输保障、民用运载工具建造贯彻国防要求,也都作出了规范,为制定配套法规制度提供依据、留有接口。四是坚持处理好与相关法律的关系。国防交通法作为我国国防交通领域基本法律,主要是从国家层面对国防交通活动进行规范,调整国防交通相关的政府和军队各个部门、企业事业单位和公民的关系,明确相应的责任、权利和义务。同时，本法注重与其他相关法律，特别是军事法律和交通运输法律相衔接，其他法律已有规定的，本法不重复规定。五是坚持继承与创新并重。对国防交通的管理体制、方针原则、职责分工、经费保障以及国防交通规划、交通工程设施建设和民用运载工具建造贯彻国防要求、国防运输、国防交通保障、国防交通物资储备、国防交通教育训练与科研等方面进行系统规范，继承和发扬《国防交通条例》《民用运力国防动员条例》《中国人民解放军军事交通运输条例》《中国人民解放军驻铁路、水路沿线交通部门军事代表条例》实施以来行之有效的规定办法，并将其上升为法律。同时吸取国防交通理论和实践的最新成果，适应国家发展战略和安全战略新要求，坚持创新发展，增设战略投送力量建设、海外军事行动交通运输保障、战时国防交通组织指挥等条款，体现了时代性、前瞻性，为提高国防交通平战时保障能力提供扩展空间。

四、国防交通法的主要内容

本法共 9 章 60 条，除在总则和附则中规定了立法目的、适用范围、工作方针原则、管理体制机制、政策和经费支持、公民和组织的权利义务、保障条件、奖励、保密要求、信息化建设、平战转换措施等内容外，共分 7 章系统规范了国防交通规划、交通工程设施、民用运载工具、国防运输、国防交通保障、国防交通物资储备等方面的基本制度和法律责任，完善了市场导向、政策支持、利益引导、责权利统一、激励与约束等工作机制，明晰了经费保障、国防运输费用支付原则，突出了军民融合、规划引领、战略投送、会商制度、平战转换、战时组织指挥等新的内容，完善了交通工程设施建设和民用运载工具建造贯彻国防要求的法律规范，为公民和组织依法开展国防交通工作提供了基本的法律依据。

（一）关于国防交通法的立法宗旨

国防交通法的立法宗旨，本法第一条开宗明义：“为了加强国防交通建设，促进交通领域军民融合发展，保障国防活动顺利进行，制定本法。”国防交通以国家交通为基础，增强国家交通的国防功能是国防交通的主要任务，而被实践一再证明的合理、有效、节约的建设方法和路径是在交通领域实行军民融合。正确的路线和方法是实现目标、达成目的的前提，因此，加强国防交通建设，必须坚持走军民融合之路。本法在国防交通方针原则、体制机制、组织程序、建设和保障、政策措施等方面，始终贯彻了军民融合发展思想，并使之得到完善和升华，目的是为加强国防交通建设，保障国防活动的顺利进行。国防交通建设作为国防建设的重要内容和组成部分，对于保障军队“能打仗、打胜仗”具有重要作用，对于富国和强军具有重大战略意义和基础性支撑作用，服务国防和军队、保障国防活动顺利进行，是国防交通一切工作的出发点和落脚点。

（二）关于适用范围

本法第二条规定：“以满足国防需要为目的，在铁路、道路、水路、航空、管道以及邮政等交通领域进行的规划、建设、管理和资源使用活动，适用本法。”这一规定，一是明确了国防交通的目的。二是明确了铁路、道路、水路、航空、管道和邮政等交通领域为本法的适用对象，这里的铁路、道路、水路、航空、管道和邮政等交通领域，是指其整个系统，包括交通基础设施设备、运载工具、信息资源、交通管理与运营机构，以及政策法规制度保障等。三是明确了规划、建设、管理和资源使用，是国防交通活动的四个主要方面。

关于通信领域适用本法的问题，本法第五十九条明确规定："与国防交通密切相关的信息设施、设备和专业保障队伍的建设、管理、使用活动，适用本法。国家对信息动员另有规定的，从其规定。"通信是传统交通的组成部分，也是国防交通的组成部分，随着国家产业调整、分工细化及体制变革，受职能分工制约，本法未将通信的全部领域作为适用范围，而是重点将通信战备和通信专业保障队伍的建设、管理、使用等纳入本法适用范围。

（三）关于国防交通工作的方针原则

国防交通方针决定国防交通活动方向和目标，是指导国防交通活动的总纲，国防交通工作原则是国防交通活动必须遵循的基本行为准则。本法第三条第一款"国家坚持军民融合发展战略，推动军地资源优化配置、合理共享，提高国防交通平时服务、急时应急、战时应战的能力，促进经济建设和国防建设协调发展"的规定，明确了军民融合发展是国防交通工作的根本指导方针。首先，这是贯彻落实习主席军民融合发展战略思想的具体体现。党的十八大关于"坚持走中国特色军民融合式发展路子，坚持富国和强军相统一，加强军民融合式发展战略规划、体制机制建设、法规建设"的精神，中共中央、国务院、中央军委《关于经济建设和国防建设融合发展的意见》将基础领域统筹特别是国防交通作为八大领域的首要任务优先部署，把完善军民融合交通运输网络作为重中之重，完全契合交通具有双重属性的实际，是新形势下国防交通建设发展的根本遵循。其次，也是我国国防交通长期实践经验的科学总结。我国国防交通建设始终坚持走"军民两利""寓军于民""平战结合、军民结合"之路，起步早、范围广、成效大，积累了许多成功经验和有益做法。特别是党的十八大以来，以习近平同志为核心的党中央总揽全局、审时度势，将军民融合发展上升为国家战略，极大地促进了交通领域军民融合深度发展。实践证明，军民融合的程度和法制化水平，决定着国防交通建设的进程和效能，只有坚持这一指导方针，才能保证国防交通工作健康持续发展。如我军平战时军事运输任务，主要使用民用运力完成，其中铁路、水路和航空分别占到99%、70%、90%以上，交通线的抢修抢建，也主要依靠地方交通专业保障力量实施。因此，交通领域必须坚持军民融合发展的指导方针，才能有效保障各项国防交通任务的完成。

按照军民融合发展方针要求，总结历史经验做法，本法明确"统一领导、分级负责、统筹规划、平战结合"为国防交通工作的基本原则。统一领导，就是国防交通工作要在国务院、中央军委的统一领导下进行，以保证国防交通与国家安全战略和军事斗争准备要求相适应，与国家交通建设发展相协调。分级负责，就是国家国防交通主管机构负责规划、组织、指导和协调全国的国防交通工作；县级以上地方人民政府领导本行政区域的国防交通工作，其国防交通主管机构负责本行政区域的国防交通工作；各级人民政府有关部门和有关军事机关，按照法律法规规定的权限和职责分工，分别负责有关的国防交通工作。统筹规划，就是要通过统筹协调、整体规划，促进国防交通各方面的协调发展，提升体系保障能力。国防交通统筹规划的内容是多方面的，如国防交通与国家交通建设发展的统筹规划、国防交通各种交通方式和各类要素建设发展的统筹规划、各战略战役方向（地区）国防交通建设发展的统筹规划等。平战结合，就是平时交通建设要考虑战时国防交通保障的需要，把平时经济发展与战时国防需要有机结合起来，增强国家交通的国防适用性，积聚和提高战争保障潜力；国防交通建设也要兼顾经济社会发展需要，为国家经济建设和社会发展提供服务和便利。

（四）关于国防交通领导体制和管理机构职责

国防交通体制是关于国防交通的组织领导、管理机构、工作关系和职能划分的制度。根据国防法、国防动员法有关规定，国防交通事业由国务院、中央军委领导。本法重点对国防交通管理体制机制作了规定，确立了国家和地方政府国防交通主管机构的政府职能和执法主体地位，明确了“国家国防交通主管机构负责规划、组织、指导和协调全国的国防交通工作。国家国防交通主管机构的设置和工作职责，由国务院、中央军事委员会规定”；明确了“县级以上地方人民政府国防交通主管机构负责本行政区域的国防交通工作”；明确了“县级以上人民政府有关部门和有关军事机关按照职责分工，负责有关的国防交通工作”。同时，在各章节有关内容中规定了各级国防交通主管机构的具体职责，明确了军队、政府和企业事业单位在国防交通活动中的任务与责任，以及公民在国防交通中的权利与义务，构建了国防交通工作的管理体制和运行机制。目前，国防交通主管机构是指国家交通战备办公室和县级以上地方人民政府交通战备办公室，以及各级交通主管部门和军队有关部门交通战备办公室。县级以上人民政府有关部门，主要指县级以上人民政府发展改革、工业和信息化、民政、公安、财政、交通运输、城乡规划、国土资源、环境保护等与国防交通相关的行政管理部门。实际工作中，铁路、民航、邮政以及国有资产监管等机构，承担相应的国防交通职能。目前，工业和信息化部、交通运输部，以及中国民用航空局、国家邮政局等部门设有战备机构；国家发展改革委、民政部、公安部、财政部，以及国务院国资委、国内专用通信局等，指定由相关司局和专（兼）职人员，归口办理国防交通事项。中国铁路总公司、中国交通建设集团有限公司、中国远洋海运集团有限公司、中国国际航空股份有限公司、中国电信集团公司等中央和国务院管理的大型交通通信企业也设有战备机构。

关于军队国防交通工作职能问题，因国防和军队改革正在进行，战区层面以及军兵种、联勤保障部队和武装警察部队的国防交通主管机构及其工作职责尚未明确，故本法作了“有关军事机关按照职责分工，负责有关的国防交通工作”的原则性规定。

为加强政府和军队在国防交通建设重大问题上的沟通和协调，促进军民融合深度发展，本法规定，“省级以上人民政府有关部门和军队有关部门建立国防交通军民融合发展会商机制，相互通报交通建设和国防需求等情况，研究解决国防交通重大问题”。

（五）关于国防交通工作的职责、机制和程序

一是制定国防交通规划，包括需要纳入国家相关规划的国防交通建设内容和国防交通专项规划两个方面。在需要纳入国家相关规划的国防交通建设内容方面，规定：“县级以上人民政府应当将国防交通建设纳入国民经济和社会发展规划。国务院及其有关部门和省、自治区、直辖市人民政府制定交通行业以及相关领域的发展战略、产业政策和规划交通网络布局，应当兼顾国防需要，提高国家综合交通运输体系保障国防活动的能力。国务院有关部门应当将有关国防要求纳入交通设施、设备的技术标准和规范。有关国防要求由国家国防交通主管机构征求军队有关部门意见后汇总提出。”在编制国防交通专项规划方面，规定国防交通主管机构会同政府和军队相关部门编制，并征求军地相关部门意见。

二是交通工程设施建设和民用运载工具建造贯彻国防要求。交通工程设施建设和民用运载工具建造贯彻国防要求是增强交通领域国防功能的基本手段。本法除明确国防交通工程设施建设的基本制度外，明确规定了交通工程设施建设和民用运载工具建造要贯彻国防要求，增强国防功能，修建、建造的项目应当与交通主体工程（装备）同步设计、同步建设、同步验收；国防交通工程设施在满足国防需要的前提下，应当为经济活动提供便利。按照保障军队“能打仗、打胜仗”的要求，本法第三、四章重点规定了国防交通工程设施建设的依据和基本要求；交通工程设施建设和民用运载工具建造贯彻国防要求的基本程序；国家对贯彻国防要求的交通工程设施和民用运载工具，在土地使用、运营范围、财政、税费等方面给予政策支持，并承担增加的费用；国防交通工程设施管理单位和贯彻国防要求民用运载工具所有权人，负责工程设施和运载工具的维护和管理等四个方面的内容。为调动市场主体的积极性，除规定公民和组织参与国防交通建设给予政策和经费支持外，对于需要贯彻国防要求的交通工程设施建设项目和民用运载工具，由国防交通主管机构会同政府和军队相关部门与有关公民和组织协商确定具体事宜，并签订相关协议。

三是组织国防运输。国防运输是平战时保障国防活动顺利进行的重要手段。随着国家利益拓展、多样化军事任务增多和军队现代化建设发展，国防运输任务日趋繁重。本法规定，县级以上人民政府交通主管部门会同军队有关交通运输部门要“按照统一计划、集中指挥、迅速准确、安全保密的原则，组织国防运输。承担国防运输任务的公民和组织应当优先安排国防运输任务”。地方政府和相关企业事业单位应当为国防运输提供相关保障。在战略投送能力建设上，规定“国家以大中型运输企业为主要依托，组织建设战略投送支援力量，增强战略投送能力”。为适应国家安全利益和军事任务的拓展，对海外军事行动保障问题作出了明确规定，“国家驻外机构和我国从事国际运输业务的企业及其境外机构，应当为我国实施国际救援、海上护航和维护国家海外利益的军事行动的船舶、飞机、车辆和人员的补给、休整提供协助”。明确了公民和组织完成国防运输任务发生的费用，由使用单位按照不低于市场价格的原则支付。同时，规定了军事代表在国防运输中的地位作用。

四是组织国防交通保障。国防交通保障的核心是确保交通线的畅通。其准备工作在平时，作用在战时，是国防交通的一项重要工作。本法对交通保障方案、重点交通目标保障预案的制定以及组织实施的职责和程序进行了系统规范，明确要求国务院有关部门和县级以上地方人民政府按照职责分工，组织有关企业事业单位实施交通工程设施抢修、抢建和运载工具抢修；对重点交通目标保障方案的编制及其启动时机，以及重点交通目标的对空对海防御、地面防卫、技术防护等作出了规定；规定对预定抢建重要国防交通工程设施的土地，纳入土地利用总体规划和城乡规划；对平时特殊需要采取交通管理措施和安全防护措施问题作出了规定；对国防交通专业保障队伍组建、管理、训练、调配，以及其执行任务的车船优先通行等作了明确规定。

五是储备国防交通物资。国防交通物资是平战时抢修、抢建国防交通工程设施，保证国防交通顺畅的物质基础。本法明确规定了国家建立国防交通物资储备制度，包括国防交通物资储备的原则和品种确定的机构；国防交通物资储备管理的职责分工和管理要求；国防交通储备物资的调用、报废等制度。明确了国防交通储备物资既可用于国防，也可用于抢险救灾等突发事件和训练演练等活动，强调动用国防交通储备物资须经相关国防交通主管机构批准。

六是组织开展国防交通教育训练。关于国防交通教育，本法规定："各级人民政府应当将国防交通教育纳入全民国防教育，通过多种形式开展国防交通宣传活动，普及国防交通知识，增强公民的国防交通观念。各级铁路、道路、水路、航空、管道、邮政等行政管理部门（以下统称交通主管部门）和相关企业事业单位应当对本系统、本单位的人员进行国防交通教育。设有交通相关专业的院校应当将国防交通知识纳入相关专业课程或者单独开设国防交通相关课程。"明确了将国防交通教育纳入全民国防教育的责任主体、形式和内容；交通系统和设有交通相关专业院校开展国防交通教育的责任主体和方式方法，为开展全民国防交通教育提供了法律依据。关于国防交通训练、演练，本法规定："县级以上人民政府交通主管部门和有关军事机关、国防交通主管机构应当根据需要，组织相关企业事业单位开展国防交通专业保障队伍的训练、演练。国防交通专业保障队伍由企业事业单位按照有关规定组建。参加训练、演练的国防交通专业保障队伍人员的生活福利待遇，参照民兵参加军事训练的有关规定执行。"明确了国防交通专业保障队伍训练、演练的组织责任主体，以及内容和形式，参加训练、演练人员的福利待遇等问题，规范了训练、演练活动组织和政策支持。

（六）关于国防交通建设的政策和经费支持

国家对公民和组织依法参与国防交通建设给予政策和经费支持，目的是调动公民和组织参与国防交通建设的积极性，使公民和组织参与国防交通建设和保障，政治上有荣誉，经济上不吃亏。在经费支持方面，本法规定，“国家鼓励公民和组织依法参与国防交通建设，并按照有关规定给予政策和经费支持”，“国防交通经费按照事权划分的原则，列入政府预算”，即由中央和地方人民政府分别负责国防交通经费保障。有关章节明确，交通工程设施新建、改建、扩建项目和民用运载工具因贯彻国防要求增加的费用，由国家承担。为解决企业事业单位开展国防交通工作经费的来源和渠道问题，还专门规定，“企业事业单位用于开展国防交通日常工作的合理支出，列入本单位预算，计入成本”。在扶持政策上，对国防交通工程设施建设，规定：“各级人民政府对国防交通工程设施建设项目和贯彻国防要求的交通工程设施建设项目，在土地使用、城乡规划、财政、税费等方面，按照国家有关规定给予政策支持。”对在国防交通工作中作出突出贡献的组织和个人给予表彰奖励，等等。这些规定可以有效维护和保障公民和组织参与国防交通建设的权益。

（七）关于公民和组织的国防交通义务

本法规定了公民和组织的国防交通义务。公民的义务主要包括：依法参加国防交通专业保障队伍，保护国防交通工程设施，参加交通抢修、防护和国防运输并做好本职工作，保守国防交通秘密，接受国防交通教育，报告民用运载工具贯彻国防要求信息，履行维护管理贯彻国防要求的工程设施和运载工具的职责，接受依法征用民用交通资源的义务等。组织的义务主要包括：编制国防交通规划，组织实施国防交通工程设施建设，在交通工程设施建设和民用运载工具建造中贯彻国防要求，承担交通抢修、防护和国防运输任务，组织国防交通保障，进行国防交通资产管理，组织国防交通教育，做好国防交通专业保障队伍建设管理和民用交通资源动员工作，提供国防交通信息资料等。

此外,国防法、国防动员法等相关法律也规定了公民和组织的国防交通义务。如国防法①第五十一条第二款规定:“企业事业单位应当按照国家规定,在交通建设中贯彻国防要求。车站、港口、机场、道路等交通设施的管理单位应当为现役军人和军用车辆、船舶的通行提供优先服务,按照规定给予优待。”第五十二条、第五十三条规定了保护国防设施、保守国防方面的国家秘密、支持国防建设等。国防动员法第五十一条规定:“交通运输、邮政、电信、医药卫生、食品和粮食供应、工程建筑、能源化工、大型水利设施、民用核设施、新闻媒体、国防科研生产和市政设施保障等单位,应当依法担负国防勤务。前款规定的单位平时应当按照专业对口、人员精干、应急有效的原则组建专业保障队伍,组织训练、演练,提高完成国防勤务的能力。”第六十三条规定:“国家决定实施国防动员后,根据需要,可以依法在实施国防动员的区域采取下列特别措施:(一)对金融、交通运输、邮政、电信、新闻出版、广播影视、信息网络、能源水源供应、医药卫生、食品和粮食供应、商业贸易等行业实行管制;……(四)为武装力量优先提供各种交通保障。”

(八)关于战时和平时特殊情况下的特别措施

为了应对战时和平时特殊情况下国防活动的需要,本法规定了两项特别措施,一是规定:“战时和平时特殊情况下,需要在交通领域采取行业管制、为武装力量优先提供交通保障等国防动员措施的,依照《中华人民共和国国防法》、《中华人民共和国国防动员法》等有关法律执行。武装力量组织进行军事演

① 本书所指的国防法均为2009年修正版本,读者可参见本书第278页二维码扫描阅读2020年修订的国防法文本。

习、训练，需要对交通采取临时性管制措施的，按照国务院、中央军事委员会的有关规定执行。”其中，行业管制是指对交通运输行业采取强制管理的一种手段，以获得对行业系统所属资源的管理权和使用权，确保有关交通资源根据需要进行分配，保证国防交通活动顺利实施。武装力量是指中国人民解放军现役部队和预备役部队、中国人民武装警察部队、民兵组织。临时性管制措施是指战区级以上单位批准的军事演习、训练活动在时间和空间范围内采取的交通调整、疏导和运输限制等措施。二是规定：“战时和平时特殊情况下，国家根据需要，设立国防交通联合指挥机构，统筹全国或者局部地区的交通运输资源，统一组织指挥全国或者局部地区的交通运输以及交通设施设备的抢修、抢建与防护。相关组织和个人应当服从统一指挥。”国防交通联合指挥机构由军队运输投送机构、政府国防交通主管机构和交通主管部门，以及相关交通企业等参加，还应当包括参战的各军种运输投送机构，地方政府公安、民政、卫生等行政主管部门。

五、关于国防交通法与其他法律的衔接问题

本法主要规范以满足国防需要为目的，在铁路、道路、水路、航空、管道以及邮政等交通领域进行的规划、建设、管理和资源使用活动，其他法律已有规定的，本法不重复规定。因此，在立法过程中主要与以下四方面法律相衔接：一是国防军事方面的法律，包括国防法、国防动员法、国防教育法、军事设施保护法、兵役法、人民防空法、人民武装警察法等；二是涉及国家安全、公共安全方面的法律，包括国家安全法、戒严法、突发事件应对法、保守国家秘密法、道路交通安全法等；三是经济方面的法律，包括土地管理法、城乡规划法、建筑法、铁路法、港口法、民用航空法、邮政法、公路法、预算法、价格法、招标投标法、合同法、公司法、物权法等;四是行政方面的法律,包括治安管理处罚法、行政许可法、行政处罚法、行政强制法等。以上法律中需要重点衔接的主要有国防法、国防动员法、国家安全法三部法律。

(一)与国防法的衔接

国防法第十六条第一款规定,"地方各级人民政府和驻地军事机关根据需要召开军地联席会议,协调解决本行政区域内有关国防事务的问题"。国防交通法第四条第四款规定:"省级以上人民政府有关部门和军队有关部门建立国防交通军民融合发展会商机制,相互通报交通建设和国防需求等情况,研究解决国防交通重大问题。"

(二)与国防动员法的衔接

国防动员法第三十一条第二款规定,"从事交通运输的单位和个人,应当优先运送被征召的预备役人员"。第五十九条规定:"中国人民解放军现役部队和预备役部队、中国人民武装警察部队、民兵组织进行军事演习、训练,需要征用民用资源或者采取临时性管制措施的,按照国务院、中央军事委员会的有关规定执行。"国防交通法第十二条规定:"战时和平时特殊情况下,需要在交通领域采取行业管制、为武装力量优先提供交通保障等国防动员措施的,依照《中华人民共和国国防法》、《中华人民共和国国防动员法》等有关法律执行。武装力量组织进行军事演习、训练,需要对交通采取临时性管制措施的,按照国务院、中央军事委员会的有关规定执行。"第三十五条第二款规定,"承担国防运输任务的公民和组织应当优先安排国防运输任务"。

国防动员法对采取特别措施的条件是有严格限制的,就是"决定实施国防动员后""根据需要""依法"进行。根据宪法、国防法、国防动员法的规定,决定实施国防动员是全国人大常委会的职权,当国家的主权、统一、领土完整和安全遭受威胁时,才可以决定国防动员。只有一种例外就是国防动员法第九条第二款规定:“国家的主权、统一、领土完整和安全遭受直接威胁必须立即采取应对措施时,国务院、中央军事委员会可以根据应急处置的需要,采取本法规定的必要的国防动员措施,同时向全国人民代表大会常务委员会报告。”这里的“国防动员措施”包括特别措施和其他的国防动员措施。

(三)与国家安全法的衔接

国家安全法第十八条规定:“国家加强武装力量革命化、现代化、正规化建设,建设与保卫国家安全和发展利益需要相适应的武装力量;实施积极防御军事战略方针,防备和抵御侵略,制止武装颠覆和分裂;开展国际军事安全合作,实施联合国维和、国际救援、海上护航和维护国家海外利益的军事行动,维护国家主权、安全、领土完整、发展利益和世界和平。”国防交通法第三十八条规定:“国家驻外机构和我国从事国际运输业务的企业及其境外机构,应当为我国实施国际救援、海上护航和维护国家海外利益的军事行动的船舶、飞机、车辆和人员的补给、休整提供协助。国家有关部门应当对前款规定的机构和企业为海外军事行动提供协助所需的人员和运输工具、货物等的出境入境提供相关便利。”

根据2013年4月《中国武装力量的多样化运用》白皮书,我国目前实施的海外军事行动包括维护海外利益如撤侨、参加联合国维和行动、国际灾难救援和人道主义援助、维护国际海上通道安全、中外军队联演联训等,并明确:“开展海上护航、撤离海外公民、应急救援等海外行动,成为中国人民解放军维护国家利益和履行国际义务的重要方式。"2015 年 5 月《中国的军事战略》白皮书提出我军"遂行抢险救灾、反恐维稳、维护权益、安保警戒、国际维和、国际救援等非战争军事行动任务，是新时期军队履行职责使命的必然要求和提升作战能力的重要途径"，明确了我军"加强海外利益攸关区国际安全合作，维护海外利益安全""开展多层次、多领域、多军兵种的双边多边联演联训""参与联合国维和行动""积极参加国际灾难救援和人道主义援助""忠实履行国际义务，根据需要继续开展亚丁湾等海域的护航行动""广泛参与地区和国际安全事务"等使命任务。

国家安全法对我军实施海外军事行动予以明确规范，有利于增强我军执行海外军事行动任务的正当性、合法性，确保师出有名、行动有据。实施维护国家安全的海外军事行动，是各国的通行做法，我国海外军事行动有联合国宪章和条约的法理依据，需要国家在必要时采取包括实施海外军事行动等措施加以维护。为此，国防交通法作了相应规定。

第二部分 释 义

第一章 总 则

国防交通法的核心是贯彻军民融合发展国家战略，推动军地资源优化配置、合理共享，促进交通领域的经济建设和国防建设协调发展，提高国防交通保障能力。本章共13条，明确了立法目的、适用范围、方针原则、管理体制、职责分工、权利义务、保障措施，以及战时和平时特殊情况下国防交通联合指挥体制与职权等。

第一条 为了加强国防交通建设，促进交通领域军民融合发展，保障国防活动顺利进行，制定本法。

【释义】 本条是关于国防交通法立法目的的规定。

一、关于国防交通建设

国防交通是指以满足国防需要为目的，在交通领域进行的规划、建设、管理和资源运用的活动。国防交通建设是指为提高国防交通保障能力而进行的工程设施、运载工具、保障力量、体制机制、法规制度等方面的建设。

交通历来具有经济和国防双重属性，既是国家经济社会发展的大动脉，也是支撑国防与战争的重要物质基础。国防交通建设以国家交通体系为依托，旨在增强国家交通体系整体国防功能。国防交通建设作为国防建设的重要内容，是国家交通领域的一项长期战略性任务，在维护国家主权、领土完整和安全中具有特殊功能，是军民融合发展的重要领域。国防交通建设既有物质技术和保障力量建设，也有政策制度和思想建设，内容非常广泛。我国国防交通历经60多年建设发展，形成了科学的工作方针和原则、完备的组织管理体系和法规制度，以及设施装备体系、专业保障力量和动员机制，走出了一条平战结合、军民结合、协调发展的路子，在国防建设、作战保障，以及抗洪抢险、抗震救灾、反恐维稳等行动中发挥了重大作用。随着国家安全和发展利益的拓展、军事战略方针的调整，以及交通运输业的发展，其内涵与外延比历史上任何时候都更加丰富。新形势下，为实现“两个一百年”的宏伟目标和党在新形势下的强军目标，贯彻落实军民融合发展国家战略，有效履行我军新的历史使命，国防交通需要全面加强现代化建设，在新的更高起点上深化改革、创新发展。本法的颁布实施，将为国防交通活动高效有序开展提供法律保证，推动国防交通建设迈上新台阶。

二、关于交通领域军民融合

把军民融合发展上升为国家战略，是党中央从国家安全和发展战略全局出发作出的重大战略决策，是在全面建成小康社会进程中实现富国强军的必由之路。党的十八大报告指出：“坚持走中国特色军民融合式发展路子，坚持富国和强军相统一，加强军民融合式发展战略规划、体制机制建设、法规建设。”长期以来，国家坚持平战结合、军民结合，在交通领域的工程设施、运载工具、保障力量、体制机制、法规制度等方面采取了一系列有效措施，推进军民融合发展。在交通工程设施建设上，国家统筹规划，兼顾经济和国防需要，充分听取军队意见建议；在保障力量建设上，军队和政府共同商定建设规模和重点，依托交通运输企业组建战略投送支援、工程抢修和战备应急通信等保障队伍；在体制机制建设上，建立军地会商机制，研究解决重大问题，在政府国防交通主管机构中实行军地合署办公，由军队向交通运输企业或机构派驻军事代表办事机构，共同组织完成国防运输和交通保障任务，取得显著成效，既适应经济社会发展要求，又满足国防和军队建设需要，成为我国军民融合发展的重要领域，并形成了良好的历史积淀和成功经验。进入新的历史时期，国家提出了“平时服务、急时应急、战时应战”总要求，进一步推动了国防交通军民融合向纵深发展。军民融合发展上升为国家战略以来，国家采取一系列重大举措，保障军民融合发展战略的实施。本法为加快形成国防交通全要素、多领域、高效益的军民融合深度发展的格局，提供了法律保证。

三、关于国防活动

本法立法的根本目的是保障国防活动的顺利进行。国防活动是指为准备战争、遏制战争、实施战争所进行的一系列活动，包括平时和战时。平时进行的战争准备活动，即通常意义上的国防建设，是指国家为构建和完善国防体系，提高国防能力而进行的一系列活动的统称，包括武装力量建设，边防、海防、空防、人防及战场建设，国防科技与国防工业建设，国防动员建设，国防法制建设，国防教育，以及与国防相关的交通运输、信息通信、医疗卫生、能源、水利、气象、航天等方面的建设等。遏制战争、实施战争是指国家为达成战略意图，而进行的军事部署调整、作战力量运用，军事行动筹划组织，以及与此相关的各项保障活动。无论平时还是战时，国防交通都是国防活动的重要支撑，需要平时搞好各项建设和准备，确保能够高效快速运用，为国防活动提供强有力的保障。

第二条　以满足国防需要为目的，在铁路、道路、水路、航空、管道以及邮政等交通领域进行的规划、建设、管理和资源使用活动，适用本法。

【释义】　本条是关于国防交通法适用范围的规定。

国防是国家生存与发展的安全保障。与国防活动密切相关的，满足防备和抵抗侵略，制止武装颠覆，保卫国家的主权、统一、领土完整和安全所进行军事活动，以及与军事有关的政治、经济、外交、科技、教育等方面活动所产生的需求，都是国防需要。交通与国防密切相关，为满足国防需要而进行的交通规划、建设、管理，以及为达成国防目的而进行的交通资源组织、运用活动，是同一事物的两个方面，都是以交通为手段，以国防为目的，都属于本法调整范畴。

本法所称铁路，包括国家铁路、地方铁路、专用铁路和铁路专用线等，是由基础设施设备、牵引动力和运载工具、通信信号和调度指挥、运营管理机构和人员，以及法规制度等构成的有机整体。由于体制和历史等原因，我国传统的铁路概念未包括城市地铁和轻轨。实际上，城市地铁、轻轨，与传统铁路的基本原理和技术一样，都属于轨道交通范畴。如今，地铁、轻轨已成为城市交通不可或缺的组成部分，并在特殊情况下具有重要的国防和军事使用价值，故本法将其纳入调整范畴。

本法所称道路，包括公路和城市道路，以及没有达到国家最低技术等级要求的等外公路，允许社会机动车通行的单位管辖的道路及场所等，是由线路和车站等基础设施、汽车等运载工具、调度指挥等控制设备、运营管理机构和人员，以及法规制度等构成的有机整体。考虑到等外公路和允许社会机动车通行的单位管辖道路及场所，在战时和平时特殊情况下所具有的迂回、连通、隐蔽、疏散等功能，因此纳入本法调整范畴。

本法所称水路，包括海上、江河、湖泊及其他通航水域，是由航道、港口(码头)等基础设施，运输和工程等各类船舶，具有军事用途的渔船，导航和指挥控制设备，运营管理机构和人员，法规制度等构成的有机整体。

本法所称航空即民用航空，包括公共航空运输和通用航空，是由机场、航空器、空域、航路航线、指挥控制系统、运营管理机构和人员，以及法规制度等构成的有机整体。公共航空运输是指公共航空企业使用民用航空器经营的旅客、行李或者货物的运输，包括公共航空运输企业使用民用航空器办理的免费运输。通用航空是指使用民用航空器从事公共航空运输以外的民用航空活动，包括从事工业、农业、林业和建筑业的作业飞行及医疗卫生、抢险救灾、气象探测、海洋监测、科学实验、教育训练、文化体育等方面的飞行活动。考虑到通用航空在专业领域所具有的特殊功能，在战时和平时特殊情况下，可发挥运输和作战支援等特殊作用，因此也属于本法调整范畴。

本法所称管道，包括原油、成品油和天然气管道等，是由固定专用管道、配套设施和设备、运营管理机构和人员，以及法规制度等构成的有机整体。

本法所称邮政，包括邮政和快递物流，是由邮路、通邮设施设备、运营管理机构和人员，以及法规制度等构成的有机整体。邮政拥有完备的通邮配送体系，服务覆盖面广，能够通达偏远地区和边海防哨所，在保障信息和物品通达等方面，具有重要作用。需要说明的是，为适应国家交通通信体制改革发展情况，本法适用范围将传统的“邮电通信”调整为邮政和通信，并将本法所称通信的适用问题在第五十九条中进行了专门规定，以避免与其他通信相关法律法规相冲突。

第三条　国家坚持军民融合发展战略，推动军地资源优化配置、合理共享，提高国防交通平时服务、急时应急、战时应战的能力，促进经济建设和国防建设协调发展。

国防交通工作遵循统一领导、分级负责、统筹规划、平战结合的原则。

【释义】　本条是关于国防交通方针和工作原则的规定。

国防交通方针决定国防交通活动方向和目标，是指导国防交通活动的总纲。国防交通工作原则是国防交通活动必须遵循的行为准则。

一、国防交通方针

坚持交通领域军民融合发展，是我国国防交通长期实践经验的总结。国家交通体系是国防交通建设的基础和依托，我国国防交通始终坚持“军民两利”“寓军于民”“平战结合、军民结合”“军民两用、军民兼容”“军民融合”，用以指导国防交通实践。国防交通平时建设的目的是保障战时需要，在战争实践中特别在抗美援朝战争中总结提出“建设铁路公路小路相结合，火车汽车马车手推车相结合，抢运抢修防空相结合，快装快运快卸相结合，纵向道路横贯道路迂回道路相结合的交通运输线的任务”，形成具有我国特色的战时交通保障方针的雏形。在此基础上，1954年军委提出了“平时准备战时”，1963年军委交通战备规划小组提出了“以现有交通为主，平战结合，多手准备”，

1965 年又进一步提出了“组成军政民，运修防，铁水公三位一体的强大的交通运输保障体系”的战时交通保障指导方针。1971 年国务院、中央军委批转总后勤部《关于加强军事运输建设的报告》，将“军、政、民统一指挥，铁、水、公综合运用，运、修、防紧密结合”作为战时交通保障的指导方针，1978 年国务院、中央军委颁发的《中国人民解放军驻铁路、水路沿线交通部门军事代表条例》，对这一指导方针予以确认。1986 年召开的全国交通战备平战结合会议，将战时交通保障指导方针确定为“军、政、民统一组织，陆、水、空综合运用，运、修、防紧密结合”。1994 年召开的全国交通战备工作会议，将战时交通保障指导方针确定为“军、政、民运输统一组织，陆、水、空交通综合运用，运、修、防保障紧密结合”。2007 年国务院、中央军委《关于进一步加强交通战备工作的意见》提出了“平时服务、急时应急、战时应战”。国防交通方针，是在长期工作实践和理论探索中形成、发展和完善的，遵循了国家安全战略和军事战略方针，对于指导今后一个时期的国防交通工作，将起到提纲挈领的重要作用。

二、国防交通工作原则

本条第二款是关于国防交通工作原则的规定。《国防交通条例》明确，国防交通工作的原则是“统一领导、分级负责、全面规划、平战结合”。本法将“全面规划”改为“统筹规划”，赋予了新的内涵。这一工作原则，既保持了国防交通工作指导的一贯思想，也体现了国家统筹经济和国防建设、军民融合深度发展的新要求。

1. 统一领导。国防和军队建设，在党中央、国务院、中央军委的统一领导下组织实施。国防交通是国防建设的重要内容，一直按照党中央、国务院、中央军委确定的大政方针和统一部署组织实施。国防交通工作涉及军队、政府多个部门和交通运输企业事业诸多单位，涵盖铁路、道路、水路、航空、管道和邮政等多个行业，只有坚持统一领导，才能统一号令、统一步调、统筹规划、突出重点，促进国防交通和国家交通协调发展，提高国防交通建设效益和保障效能；只有坚持统一领导，才能保证国防交通与国家安全战略和军事斗争准备要求相适应。

2. 分级负责。国防交通是军政民企各级的共同责任。国防法第十五条第二款规定："地方各级人民政府依照法律规定的权限，管理本行政区域内的征兵、民兵、预备役、国防教育、国民经济动员、人民防空、国防交通、国防设施保护、退出现役的军人的安置和拥军优属等工作。"根据这一规定，县级以上地方各级人民政府，管理本行政区域的国防交通工作。本法也是按照分级负责的原则区分各级人民政府及其相关部门的国防交通工作职责。军队的国防交通工作按照中央军委的规定分级负责。

3. 统筹规划。主要包含以下几方面内容：一是国防交通与国家交通的统筹规划，增强国家交通的国防功能，以利于保证国防交通与国家交通的同步建设、同步发展；二是国防交通与经济社会发展、城乡规划和土地利用等方面的统筹规划，以利于按照国家有关规定给予政策支持，保证国防交通建设的落实；三是国防交通各类要素的统筹规划，包括基础设施、运载工具、保障力量、物资器材、教育训练与科研等，以利于平衡协调发展；四是铁路、公路、水路、航空、管道等交通运输方式的统筹规划，以利于形成综合的国防交通保障体系。

4. 平战结合。平时交通建设要考虑战时国防交通保障的需要，把平时经济发展与战时国防需要有机结合起来，增强国家交通的国防适用性，积聚和提高战争保障潜力；国防交通建设也要兼顾经济社会发展需要，国防交通资源要为国家经济建设和社会发展提供服务。交通建设平战结合的目的，是要在总体上强化其服务国防建设、军队建设和社会经济建设的功能。平战结合是我国国防交通工作长期坚持的一项基本原则，是交通领域平时准备战时的有效举措。落实平战结合，在国家层面主要是建立统一领导、军地协调、需求对接和长期准备机制。具体表现为：在国防交通组织领导体制上，实行国务院、中央军委领导；在交通基础设施建设上，通过统筹规划和贯彻国防要求，增强国家交通的国防功能；在交通专业保障力量建设上，主要依托国家和社会骨干交通运输企业，建立精干高效的交通专业保障队伍；在战时保障上，根据需要建立集中统一的战时指挥机构，统筹交通运输资源，统一组织军民运输。

第四条　国家国防交通主管机构负责规划、组织、指导和协调全国的国防交通工作。国家国防交通主管机构的设置和工作职责，由国务院、中央军事委员会规定。

县级以上地方人民政府国防交通主管机构负责本行政区域的国防交通工作。

县级以上人民政府有关部门和有关军事机关按照职责分工，负责有关的国防交通工作。

省级以上人民政府有关部门和军队有关部门建立国防交通军民融合发展会商机制，相互通报交通建设和国防需求等情况，研究解决国防交通重大问题。

【释义】　本条是关于国防交通体制机制与职能的规定。

国防交通体制机制与职能，是关于国防交通的组织领导、管理机构、工作关系和职能划分的制度。

一、国家国防交通主管机构及其职责

国防交通主管机构自1963年建立以来，虽历经多次重大调整改革，隶属关系也有所变化，但机构一直保持相对稳定，未对履行职责造成太大影响，保持了国防交通工作的连续性。

（一）历史沿革

新中国成立初期，国家内忧外患，百废待兴，新生的政权面临严峻考验。当时的国防交通工作尚未形成体系，由于解放全中国的需要，为粉碎国民党的反扑和抵御帝国主义的侵略，工作重点主要是恢复被战争破坏的交通线路和兴建必要的、急需的交通设施。由于新中国成立初期还来不及成立专门的机构管理国防交通事务，但军事上、战争准备上的迫切需要又刻不容缓。因此，1950年11月成立的军委军事运输司令部及其随后组建的各大军区，海军、空军，驻铁路、水路沿线军事交通机关，历史性地承担起了领导责任。1951年1月，总参谋部、铁道部、交通部联合颁发了《中央人民政府人民革命军事委员会军事运输机关临时条例》，规定在铁路、水路军事运输中，军事运输机关是中央人民政府人民革命军事委员会的全权代表。同时规定，中央军事运输机关即军委军事运输司令部，是军委总参谋部的组成部分，受总参谋长领导；军事运输机关按照总参谋部赋予的任务，向铁道部及交通部提出关于军事运输任务的要求，并监督完成。军委军事运输司令部在本身业务范围内，有权单独或协同其他部门发出指令和训令。铁道、交通部门应按总参谋部所定期限，完成铁路、水路军事运输及具有军事意义的工程建筑任务；对铁路、水路的动员准备措施应与军事交通机关协商一致；在铁道部、交通部及其沿线机关内，应建立军事动员部门。铁道部和交通部根据中央政府和军委的要求，分别建立了军事动员和战备机构(当时称三局、三处、三科),主要负责本系统的国防交通工作。朝鲜战争结束以后,现代战争中的交通运输问题及其平时动员准备,作为一个战略问题逐渐引起党、政府和军队的高度重视。1955年,中央军委成立了以刘伯承元帅为组长的战略研究小组,国防交通建设开始列入议事日程,军队一方面有计划地对国家交通建设提出贯彻国防要求的意见和建议,一方面根据军委的作战意图和战略部署,开始拟制战场交通网规划,报经中央军委批准后,呈请国家规划建设。当时的国防交通工作,具有奠基性,其主要特点是现实针对性强并以军队为主导。

1962年,为粉碎国民党军队窜犯大陆企图,我军在东南沿海进行紧急战备。6月,交通部组织工作组到江西、福建等省对交通状况进行调查,发现该地区交通运输问题甚多,很难适应部队作战要求。为此,交通部党组于1962年9月30日向毛主席、党中央呈送了《关于加强交通运输战备工作的报告》,建议中央和地方成立交通战备规划小组。10月,党中央向总参谋部、交通部、铁道部、国家计委、国家经委各党组,各中央局,批转了交通部党组的报告。1963年5月27日,党中央批复成立军委交通战备规划小组,统筹规划和组织全国国防交通建设。国家同时设立国防公路、边海防公路建设专项资金,有计划有步骤地安排战备路网建设。基于对国际形势的分析判断,党和国家在这一时期实行了"准备打仗"的战略方针,因此,从加强战备的需要出发,为满足国防和军队的使用要求,进行了大规模的交通建设,结合"三线"建设和"三北"国防工程建设,修建了一批具有重要战略意义的国防公路、干线铁路和交通战备工程设施。与此同时,组织建设、理论建设和制度建设全面启动和发展,初步形成了我国国防交通体系框架,为后续发展打下了良好基础。

1966 年，国务院、中央军委交通战备规划小组有关工作，改由总参军事交通部会同交通部等有关部门组织实施；军区和地方政府交通战备相关工作，也改由相关部门负责。

1978 年 9 月，国务院、中央军委下达《关于恢复建立国务院、中央军委和各大军区，各省、市、自治区交通战备领导小组的通知》，国务院、中央军委交通战备领导小组组长由分管交通的副总理担任，军区交通战备领导小组组长由军区领导担任，省、市、自治区交通战备领导小组组长由省、市、自治区领导担任。1979 年 6 月下达《关于各级交通战备领导小组办公室编配专职工作人员的通知》，其中明确了各级交通战备办公室专职人员的编配数额，各级国防交通组织管理机构得以恢复和加强，各项工作重新走上正轨。随着国家经济体制改革和国防建设指导思想的战略转变，国防交通适时调整工作方针、原则和重点，不断适应新形势的要求，积极探索平战结合的新途径。特别是 1986 年 9 月召开的全国交通战备平战结合会议，确定了国防交通发展的指导思想和方针原则。随着新时期军事战略方针的确立、社会主义市场经济体制的建立和发展，1994 年 11 月，国家成立了国防动员委员会，各军区及县以上地方人民政府相应建立了国防动员机构，国防交通组织管理机构成为其中的办事机构之一，原国务院、中央军委交通战备领导小组撤销，其办事机构改称国家交通战备办公室。为了保证各级国防交通主管机构履行职责，1995 年 2 月，国务院、中央军委颁布了《国防交通条例》。1997 年 3 月，第八届全国人民代表大会第五次会议通过的《中华人民共和国国防法》，2010 年 2 月，第十一届全国人大常委会第十三次会议通过的《中华人民共和国国防动员法》，进一步确立了国防交通的法律地位，使国防交通工作步入了法制化轨道。

（二）机构设置和职能定位

根据国防法、国防动员法有关规定，国防交通事业由国务院、中央军委领导。本条第一款明确“国家国防交通主管机构负责规划、组织、指导和协调全国的国防交通工作。国家国防交通主管机构的设置和工作职责，由国务院、中央军事委员会规定”，在法律层面明确了国家国防交通主管机构在国务院、中央军委领导下，负责全国国防交通工作。在长期实践中，政府和军队国防交通工作，一直由国务院、中央军委交通战备领导小组或国家国防动员委员会交通战备办公室负责，日常工作机构设在军队，工作人员由军队和国务院有关部门与单位人员组成，包括专职人员和兼职人员。鉴于国家国防交通主管机构尚未纳入军队或政府编制序列，编制员额也不明确，因此，本法规定“国家国防交通主管机构的设置和工作职责，由国务院、中央军事委员会规定”。

国家国防交通主管机构是指国家交通战备办公室。国家交通战备办公室的成员单位主要包括国家发展改革委、工业和信息化部、公安部、民政部、财政部、住房和城乡建设部、交通运输部、国务院国资委、国家铁路局、中国民用航空局、国家邮政局、国内专用通信局和军委联合参谋部、后勤保障部、装备发展部等军地18个部门的有关司局。国家交通战备办公室的日常工作由军委后勤保障部运输投送局会同军地有关部门承办。

从历史上看，国家国防交通主管机构在国务院、中央军委领导下，负责规划、组织、指导和协调全国的国防交通工作。由于国防交通建设管理和资源使用涉及政府、军队、企业、公民等各方面的职责任务和权利义务，按照军队提需求、国防交通主管机构搞协调、政府抓落实的做法开展工作。因此，本法规定，国家国防交通主管机构负责规划、组织、指导和协调全国的国防交通工作，主要职责包括：拟订国防交通工作的方针、政策，草拟有关法律、行政法规；规划全国国防交通网路布局，拟订国防交通工程设施建设规划，组织协调交通工程设施建设和民用运载工具建造贯彻国防要求工作；拟订国防交通专业保障队伍建设规划，组织建设战略投送支援和工程保障力量；组织协调国防运输；拟订全国国防交通保障方案，为重大军事行动和其他紧急任务组织交通保障；规划、储备、管理国防交通保障物资器材；拟订国防交通科研规划，组织全国国防交通科学技术研究；指导检查国防交通工作，协调有关方面的关系。上述职责体现在各章有关条款中。

二、县级以上地方人民政府国防交通主管机构及其职责

县级以上地方人民政府国防交通主管机构是本级政府的交通战备办公室。根据中共中央〔1999〕2 号文件关于“国防动员的办事机构设置由省一级政府在制定地方机构改革实施方案时通盘考虑”的要求，2000 年 9 月，中央机构编制委员会办公室《关于交通战备机构编制有关问题的复函》明确：“地方交通战备办公室是国防动员委员会的办事机构，也是政府主管这项工作的办事机构，因此，应使用行政编制，不能使用事业编制。”根据上述文件精神，国家交通战备办公室下发通知，要求省级交通战备办公室加强与编制部门的沟通协调，抓好机构和人员编制落实工作，原则上省、地、县三级交通战备办公室挂靠在同级政府交通主管部门，编制等级分别按副厅、正处、正科考虑，编制员额分别按 7、5、3 人考虑，办公室领导设专职主任。目前，县级以上地方人民政府交通战备办公室主要挂靠同级政府交通运输、发展改革等部门，成员单位主要包括同级政府发展改革、工业和

信息化、公安、财政、交通、国有资产管理，以及辖区内的铁路、民航与有关军事机关等部门和单位。依据本法，县级以上地方人民政府国防交通主管机构负责本行政区域的国防交通工作，主要职责包括：贯彻执行国家国防交通工作的方针、政策和法律、法规、规章，拟订本地区有关国防交通工作的规定；提出本地区国防交通网路布局规划的意见建议，对本地区交通建设提出贯彻国防要求的意见建议，参加贯彻国防要求的交通工程设施的勘察、设计鉴（审）定和竣工验收；拟订本地区国防交通保障方案，负责相关国防交通专业保障队伍建设管理，为本地区内的军事行动和其他紧急任务组织交通保障；负责本地区的民用运力国防动员和征用；按照国家有关规定，制定和实施本地区的国防交通物资储备计划，调用国防交通物资；组织本地区国防交通科学技术研究及其成果的推广、应用；指导、检查、监督本地区国防交通工作，协调处理有关问题；上级国防交通主管机构和本级人民政府赋予的其他职责。

三、政府有关部门和有关军事机关的国防交通职责

本条第三款是关于县级以上人民政府有关部门和有关军事机关国防交通工作职责的规定。

（一）县级以上人民政府有关部门的国防交通职责

县级以上人民政府有关部门，主要指县级以上人民政府发展改革、工业和信息化、民政、公安、财政、交通运输、城乡规划、国土资源、环境保护、国有资产等与国防交通相关的行政管理部门。

县级以上人民政府交通主管部门包括铁路、道路、水路、航空、管道、邮政等行政管理部门，主要负责本行业、本系统贯彻执行国家国防交通工作的方针政策和法律、法规、规章；制定本行

业、本系统国防交通建设规划和技术规范；在制定交通行业相关领域发展战略、产业政策和规划交通网络布局时兼顾国防需要，按规定权限组织、指导、协调国防交通工程设施建设和交通工程设施贯彻国防要求，受理、审批、落实相关建设项目；组织指导本行业、本系统国防交通保障方案制定和国防交通专业保障队伍建设管理；指导管理本行业、本系统国防交通储备物资等国防交通资产；组织本行业、本系统国防交通科学技术研究及其成果的推广、应用；指导、检查、监督本行业、本系统国防交通工作，协调处理有关问题。

县级以上人民政府发展改革部门，主要负责贯彻执行国家国防交通工作的方针、政策和法律、法规、规章；会同同级交通主管部门受理、协商、平衡交通基础设施建设国防需求，负责将国防交通建设纳入国民经济和社会发展规划；在制定交通行业相关领域发展战略、产业政策和规划交通网络布局时统筹国防和经济协调发展，审定国防交通工程设施建设规划；按规定权限审批国防交通工程设施建设项目和交通工程设施贯彻国防要求建设项目，协调处理有关问题。

县级以上人民政府工业主管部门，主要负责贯彻执行国家国防交通工作的方针、政策和法律、法规、规章；参与制定民用运载工具建造贯彻国防要求技术标准和规范；参与组织民用运载工具建造贯彻国防要求科学技术研究及其成果的推广、应用；指导、检查、监督民用运载工具建造贯彻国防要求工作，协调处理有关问题。目前，县级以上人民政府工业主管部门，主要指工业和信息化部，省（自治区、直辖市）、市、县经济和信息化委员会或工业和信息化厅（局）。

通信业主管部门，主要负责贯彻执行国家国防交通工作的方针、政策和法律、法规、规章；制定通信战备建设规划和技术规范；组织指导通信保障方案制定和通信专业保障队伍建设管理；管理应急通信储备物资等资产；组织通信战备科学技术研究及其成果的推广、应用；指导、检查、监督通信战备工作，协调处理有关问题。目前，通信业主管部门，主要指工业和信息化部和省（自治区、直辖市）通信管理局。

县级以上人民政府公安部门，主要负责部队机动和国防运输中道路交通调整、警戒和管制。

县级以上人民政府的民政、财政、城乡规划、国土资源、环境保护等主管部门，按职责分别负责涉及国防交通的相关工作，提供相应支持和保障。

县级以上人民政府的国有资产管理机构负责对国有交通、通信企业落实交通战备各项工作任务情况进行考核、监督和检查。

在上述政府有关部门和机构中，交通主管部门和部分国防交通任务重的部门设有国防交通主管机构、编配专职人员，领导管理本行业、本系统的国防交通工作。根据中央机构编制委员会办公室的批复，交通运输部、工业和信息化部、中国民用航空局等设有国防交通主管机构，编配有副司级专职副主任和专职人员。根据交通运输体制调整改革，国家铁路局、国家邮政局等单位的国防交通工作职责和机构设置也需要予以明确。县级以上地方人民政府交通、通信主管部门应按照国务院交通主管部门的要求，结合地方政府机构改革，设置国防交通主管机构、落实人员编配。

（二）有关军事机关的国防交通职责

有关军事机关主要指军队各级运输投送机构和驻交通沿线

军事代表机构，以及与国防交通工作相关的军队和武装警察部队团级以上机关的作战、训练、后勤、装备、国防动员、战略规划等部门，主要是按职能负责提出交通、通信基础设施建设、民用运载工具建造、部队机动和国防运输等方面的国防需求。需要中央政府办理的，由有关军事机关向国家国防交通主管机构提出，经汇总平衡后，向国务院有关部门提出；需要地方政府办理的，由有关军事机关向地方政府国防交通主管机构提出，经汇总平衡后，向地方政府有关部门提出。

战区、军兵种、省军区、联勤保障部队和武警部队国防交通工作职责问题，将根据国防和军队改革调整进程予以明确。

四、关于国防交通军民融合发展会商机制

本条第四款是关于政府和军队多部门会商解决国防交通军民融合发展重大问题机制的规定。主要任务是：相互通报交通建设和国防需求情况；协商研究国防交通建设相关方针政策，提出意见建议；协调解决国防交通建设的重大问题。

2011 年，为更好地深入贯彻军民融合发展战略，建立了由总后勤部牵头，国家发展改革委、工业和信息化部、交通运输部、铁道部、中国民用航空局、国务院国资委、总参作战部为成员单位的国家交通建设贯彻国防要求协商制度，陆续开展了重要战略方向的国防交通建设专题联合调研，制定了相关战略方向国防交通建设的指导意见。参照国家交通建设贯彻国防要求协商制度模式，各省、自治区、直辖市也建立了军地会商机制，加强政府与有关军事机关的相互沟通，有力地推动经济建设与国防交通建设的良性互动发展。根据政府机构和军队编制体制的调整改革情况，国防交通军民融合发展会商机制成员单位组成、议题范围、议事规则和落实办法等，将适时进行调整。

第五条　公民和组织应当依法履行国防交通义务。

国家鼓励公民和组织依法参与国防交通建设，并按照有关规定给予政策和经费支持。

【释义】　本条是关于公民和组织依法履行国防交通义务和国家政策支持的规定。

明确公民和组织履行国防交通的义务和权利，是依法开展国防交通活动的必要条件，是调动公民和组织参与国防交通活动的重要举措，也是公民和组织权利与义务对等的法治理念的基本体现。

一、公民和组织应当履行的国防交通义务

公民应当履行的国防交通义务主要包括：依法参加国防交通专业保障队伍，保护国防交通设施，承担战时交通抢修、防护和国防运输任务，保守国防交通秘密，接受国防交通教育，提供民用运载工具建造和使用管理信息，维护管理贯彻国防要求的设施和运载工具，服从依法征用民用交通资源等。

这里的“组织”是指承担国防交通任务的国家机关、企业事业单位和其他社会团体等，其应当履行的国防交通义务主要包括：组织实施国防交通设施建设、国防运输、国防交通保障、国防交通资产管理、国防交通教育、国防交通专业保障队伍建设、民用交通资源征用等。

公民和组织应当履行的上述义务在本法的相关条款都有具体规范，在其他法律中也有相应规定。如国防法第六条第二款规定，“中华人民共和国公民应当依法履行国防义务”；第五十一条第二款规定，“企业事业单位应当按照国家规定，在交通建设中贯彻国防要求。车站、港口、机场、道路等交通设施的管理单位应当为现役军人和军用车辆、船舶的通行提供优先服务，按照规定给予优待”；第五十三条规定，“公民和组织应当支持国防建设，为武装力量的军事训练、战备勤务、防卫作战等活动提供便利条件或者其他协助”，等等。

二、国家鼓励公民和组织依法参与国防交通建设并给予政策和经费支持

国防交通工作的顺利开展，离不开广大公民和组织的积极参与。鼓励公民和组织参与国防交通活动，旨在发扬人民战争的光荣传统，确保国家整体安全利益。这在一定程度上可能会影响公民和组织的经济利益。对此，国家采取多种方式给予鼓励和支持，目的是调动公民和组织依法参与国防交通建设的积极性，同时保护公民和组织的合法利益。

对参与国防交通建设的公民和组织，国家在政策上给予支持，如承担国防运输任务以不低于市场价格支付费用，组建有国防交通专业保障队伍的企业可优先承揽国防交通工程，对贯彻国防要求的交通工程设施和民用运载工具给予经费补助，购置部分国防交通专用设施设备免征进口税，在参与应急交通保障任务时给予相应经费补助等。对公民和组织承担国防交通任务造成损失或伤亡的，国家依法依规给予补助补偿和优待抚恤。对于积极参加国防交通建设的公民和组织，政府或军队按照相关规定进行表彰，给予相应的政治荣誉和物质奖励。本法的颁布，有助于鼓励扶持政策的进一步完善配套，对更有效地调动公民和组织依法参与国防交通建设的积极性和主动性具有重要意义。

第六条　国防交通经费按照事权划分的原则，列入政府预算。

企业事业单位用于开展国防交通日常工作的合理支出，列入本单位预算，计入成本。

【释义】 本条是关于国防交通经费保障的规定。

国防交通经费主要包括国防交通工程设施建设及维护管理费、交通工程设施建设贯彻国防要求补助费、民用运载工具贯彻国防要求补助费、国防交通教育训练与专业保障队伍建设费、国防交通物资储备及维护管理费、国防交通科研费、国防交通信息化建设及运行维护费、国防交通应急保障费、交通资源动员准备与征用补助费、国防交通工程设施建设监督监理费等，以及国防交通事业费。国防交通事业费主要用于下列项目开支：组织国防交通勘察，拟制修订国防交通法规制度，拟制修订国防交通保障预案，组织国防交通学术研究和小型技术研究，国防交通保障的组织计划，召开国防交通专业会议，购置维护办公设备和器材，国防交通业务宣传奖励，聘用人员，编印文件、资料和交通保障图等，以及其他日常工作所需经费。

将国防交通经费保障纳入法治轨道，明确经费保障主体、原则和渠道，有利于保障国防交通经费的正常供应，有利于长远规划国防交通工作。本条对此作出规定，是为界定中央和地方政府国防交通责任、权利和义务，增强国防交通经费保障的计划性和连续性，提供了法律依据。

一、关于国防交通事权划分原则

根据国务院《关于推进中央与地方财政事权和支出责任划分改革的指导意见》，事权划分遵循的主要原则是：一是体现基本公共服务受益范围。体现国家主权、维护统一市场以及受益范围覆盖全国的基本公共服务由国家负责，跨省、自治区、直辖市的基本公共服务由中央与地方共同负责。二是兼顾政府职能和行政效率。结合我国现有中央与地方政府职能配置和机构设置，所需信息量大、信息复杂且获取困难的基本公共服务，优先作为地方的事权，提高行政效率，降低行政成本；信息比较容易获取和甄别的全国性基本公共服务宜作为中央的事权。三是实现权、责、利相统一。在中央统一领导下，适宜由中央承担的事权执行权要上划，加强中央事权执行能力；适宜由地方承担的事权决策权要下放，减少中央部门代地方决策事项，保证地方有效管理区域内事务。

按照以上原则，国防交通事权主要依据县级以上人民政府国防交通主管机构的具体职责进行划分。鉴于国防交通事务的复杂性，在同一事务中，既可能是中央事权，也可能是地方事权，还可能是中央和地方共同事权，具体划分需由国家国防交通主管机构会同国务院有关部门和军队有关部门作出规定。

二、关于国防交通的财政支出

按照受益原则、效率原则和责权统一原则，国防交通事权大多属于中央和地方共同事权，经费保障由中央财政和地方财政共同承担。长期以来，我国国防交通经费保障实践证明，采取中央财政专项投资与地方财政配套补助相结合的办法，既符合我国国防交通建设发展实际，也有利于缓解国防交通经费需求量大与中央财政供应不足的矛盾。目前，中央财政安排的经费，按资金渠道分为中央财政直接安排和基本建设渠道安排两种。

中央财政直接安排的经费，主要包括国防交通事业费、国防交通物资储备及维护管理费、民用运力国防动员费、国防交通科研费、国防交通信息化建设及运行维护费、国防交通专业保障队伍训练费和专项补贴等。其中，国防交通事业费，主要保障国家国防交通主管机构本级、战区和军兵种，以及国务院交通主管部门国防交通主管机构的日常办公开支;国防交通物资储备及维护管理费,主要用于战时和平时特殊情况下交通运输、邮政和战备通信应急抢运、抢修、抢建、防护所需的专用物资及设备、器材、工具等的储备和维护管理;民用运力国防动员费,主要用于民用运载工具贯彻国防要求、参加预征民用运力训练的人员训练期间误工补贴、军事训练和演习征用民用运力的补偿、民用运力国防动员准备和实施等;国防交通科研费,用于战时国防运输、工程抢修与防护等技术手段和措施的研究、试制和试验以及理论研究;国防交通信息化建设及运行维护费,主要用于实施指挥中心、网络通道、数据库和信息化指挥手段建设,开展交通战备业务软件和标准规范研究;国防交通专业保障队伍训练费,主要用于组织全国的国防交通专业保障队伍建设、管理、训练演练活动等开支。

基本建设渠道安排的经费,主要包括国防交通工程设施建设投资和部分国防交通工程设施维修管理费。国防交通工程设施建设投资,主要用于为国防服务的交通通信基础设施,国防交通专用的指挥、检修、仓储、防护等工程设施建设补助,国防交通保障专用的车辆、船舶、航空器和国防需要的其他交通通信工程设施建设等。国防交通工程设施维修管理费,按照管理体制和经费承担办法,由中央、地方财政和企业共同承担。

列入县级以上地方人民政府财政预算的国防交通经费由同级财政保障,主要有国防交通工程设施建设配套经费、国防交通事业费和其他专项经费等,相关经费科目和开支范围可参照中央财政有关规定执行。

三、关于企业事业单位的国防交通经费

企业事业单位完成国防交通保障任务发生的费用,主要由中央财政或者地方财政支出，其履行国防交通义务、开展日常工作的合理支出主要由企业承担。由企业事业单位承担的合理支出，应当列入本单位预算，计入成本。企业事业单位开展国防交通日常工作合理开支范围主要包括：国防交通勘察、保障预案拟制与修订、教育训练、专业会议、宣传奖励，以及办公设施设备的购置维护，编印文件资料，差旅费，执行国防交通保障任务时的部分补助补贴等费用。企业事业单位开展国防交通日常工作的合理支出，列入本单位预算主要是解决经费的来源问题；计入成本的目的是解决开支的合法性并减少企业税赋。

第七条 县级以上人民政府根据国防需要，可以依法征用民用运载工具、交通设施、交通物资等民用交通资源，有关组织和个人应当予以配合，履行相关义务。

民用交通资源征用的组织实施和补偿，依照有关法律、行政法规执行。

【释义】 本条是关于征用民用交通资源的规定。

征用民用交通资源是指国家根据国防需要，依法获得个人和组织所拥有或者管理的交通资源的支配权和使用权的活动，是将国家交通保障潜力转化为国防交通保障实力的有效途径，具有公益性、强制性、有偿性特点。

一、征用的目的与主体

征用带有一定的强制性，与在平等协商基础上以支付租金方式获得交通资源的支配权和使用权不同，其目的是满足国防需要，主要包括满足战时和平时特殊情况下军事活动的需要，满足平时履行国际义务、维护海外权益、重大军事演习训练以及其他军事活动中一般国防运输无法满足的特殊需要。被征用的民用交通资源，主要用于保障中国人民解放军现役部队和预备役部队、中国人民武装警察部队、民兵组织遂行任务，以及地方政府战时支前、平时应急的需要。

征用的主体是县级以上人民政府。征用行为本质上是国家行使行政职权的活动，是强制性行政行为，只有具有相应行政执法权并拥有行政行为能力的县级以上人民政府，才能保证征用的统一组织和有效实施。这也符合我国现行行政体制和行使行政职权的基本要求。同时，本法将征用主体限定为县级以上人民政府，与相关法律规定也是一致的，国防法第十五条第二款明确："地方各级人民政府依照法律规定的权限，管理本行政区域内的征兵、民兵、预备役、国防教育、国民经济动员、人民防空、国防交通、国防设施保护、退出现役的军人的安置和拥军优属等工作。"国防动员法第五十五条第二款规定："需要使用民用资源的中国人民解放军现役部队和预备役部队、中国人民武装警察部队、民兵组织，应当提出征用需求，由县级以上地方人民政府统一组织征用。县级以上地方人民政府应当对被征用的民用资源予以登记，向被征用人出具凭证。"需要说明的是，我国民用交通资源的管理具有行业管理和属地管理的特点，因此，实行行业管理的民用交通资源，由中央政府及其相关部门负责征用；实行属地管理的民用交通资源由各级地方人民政府按照职权分工征用。

二、征用的对象

本条明确了征用民用交通资源的范围，主要包括民用运载工具、交通设施、交通物资等。如民用汽车、船舶、航空器等运载工具及其配套设备，车站、机场、港口码头、城市轨道交通、专用管道等基础设施设备，以及用于交通保障和国防运输的工程机械、抢修器材、建筑材料、油料等装备器材和物资。需要特别说明的是,与被征用的民用运载工具、交通设施、交通物资密切相关的操作、管理和维护人员,也在征用范围之内,应当依法完成国防交通保障任务。国防动员法第五十一条规定:“交通运输、邮政、电信、医药卫生、食品和粮食供应、工程建筑、能源化工、大型水利设施、民用核设施、新闻媒体、国防科研生产和市政设施保障等单位,应当依法担负国防勤务。前款规定的单位平时应当按照专业对口、人员精干、应急有效的原则组建专业保障队伍,组织训练、演练,提高完成国防勤务的能力。”

三、关于征用的组织实施

征用民用交通资源组织实施环节多、关系复杂,只有对其内容和程序予以规范,才能使征用活动有序高效。征用民用交通资源,通常由需求单位向政府提出征用需求,由政府依法组织征集并交付需求单位使用。战时和平时特殊情况下的民用交通资源征用的组织实施,由各级国防交通主管机构按照有关规定执行。国家国防交通主管机构负责全国的民用交通资源征用工作;国务院交通通信主管部门国防交通主管机构负责具体实施实行行业管理的民用交通资源征用工作;县级以上地方各级人民政府国防交通主管机构负责具体实施本行政区域管理的民用交通资源征用工作。平时民用交通资源征用的组织实施,由国家国防交通主管机构会同国务院有关部门和军队有关部门制定具体实施办法。

组织实施程序一般包括:受理征用需求、分配征用任务、明确征用要求、组织被征用资源的检验与交接、使用完毕后组织被征用资源的复原、补偿等。被征用资源的拥有者或管理者应当予以配合,履行相关义务。如按照征用要求在规定的时间内完成运载工具的检修、整备和集结，交通设施的维护整修，装卸载场地的清理腾空，交通物资的检验和出库准备等。

四、关于征用的补偿

被征用的民用交通资源使用完毕后，县级以上人民政府应当及时组织返还或解除征用，并恢复原使用功能，因征用造成直接经济损失的，应当给予补偿。其中，私有交通资源征用补偿，应当在遵循公共利益优先原则的前提下，依照法定程序予以补偿；公有交通资源征用补偿有多种方式，比如，可以按照国有资源占比实施反比例补偿，也可以由政府投资重建，还可进行资产核减核销。征用的民用交通资源在使用过程中发生人员伤亡的，按照国家有关优待抚恤规定办理。

第八条　各级人民政府应当将国防交通教育纳入全民国防教育，通过多种形式开展国防交通宣传活动，普及国防交通知识，增强公民的国防交通观念。

各级铁路、道路、水路、航空、管道、邮政等行政管理部门（以下统称交通主管部门）和相关企业事业单位应当对本系统、本单位的人员进行国防交通教育。

设有交通相关专业的院校应当将国防交通知识纳入相关专业课程或者单独开设国防交通相关课程。

【释义】　本条是关于组织开展国防交通教育宣传的规定。

国防交通教育宣传是对全体公民，特别是交通运输从业人员进行的普及国防交通知识，增强国防交通观念的活动。国防交通教育是国防教育的重要组成部分，是国防交通工作的重要内容，是培育国防交通人才的重要方面，同时也是为保障国防交通活动顺利实施奠定思想基础的有效举措。本条确立了国防交通教育宣传的法律地位，旨在促使国防交通教育宣传活动的常态化和规范化，是有关部门和单位依法组织国防交通教育和公民依法接受国防交通教育的重要保证。

一、关于将国防交通教育纳入全民国防教育

本条第一款规定由各级人民政府将国防交通教育纳入全民国防教育。一是明确了国防交通教育是国防教育的重要组成部分，具有全民性的特点，应当纳入全民国防教育。通过电台、电视台、网络、报纸杂志等多种媒体，介绍国防交通知识，组织专题讲座、知识竞赛等，开展多种形式的国防交通教育宣传活动，实施全民国防交通教育，从群众的关注点入手，科学解惑释疑，凝聚共识，不断提高公民的国防交通素质和参与国防交通活动的积极性，推动国防交通军民融合深度发展。二是明确了开展国防交通教育宣传的主体是各级人民政府，这既与国防法和国防教育法明确的各级人民政府应加强国防教育工作的规定相衔接，又使国防交通教育工作的主体更加明确，有利于该项工作的具体落实。三是明确了全民国防交通教育宣传的目的是普及国防交通知识，增强公民国防交通观念，为全民国防交通教育的内容设置和组织实施提供了依据，增强了全民国防交通教育宣传工作的针对性。

二、关于交通系统的国防交通教育

各级铁路、道路、水路、航空、管道、邮政等行政管理部门和相关企业事业单位，是国防交通活动的直接参与者和承担者，其人员的国防交通观念和专业知识，直接影响着国防交通活动的效果。为此，本条第二款对上述单位开展国防交通教育进行了明确规定。一是明确了各级铁路、道路、水路、航空、管道、邮政等行政管理部门和相关企业事业单位，是本系统、本单位国防交通教育的组织者，具有对本系统、本单位人员进行国防交通教育的法定义务；二是本款中的“本系统、本单位的人员”，是指整个系统的全体人员，不仅限于专门从事国防交通工作的人员。

三、关于设有交通相关专业院校的国防交通教育

设有交通相关专业的院校，是国家交通专业人才的培养基地，也是开展全民国防交通教育的重要依托。一是设有交通相关专业的院校，主要是指开设有铁路、公路、水路、航空、管道、邮政等专业课程的院校，既包括交通专业院校，也包括设有交通专业的其他院校。二是国防交通课程内容，主要包括国防交通的地位作用、组织体制、职能任务、运行机制、法律法规等基本知识。三是国防交通教育课程的设置，采取纳入相关专业课程或者单独开设国防交通相关课程方式。

第九条　任何组织和个人对在国防交通工作中知悉的国家秘密和商业秘密负有保密义务。

【释义】 本条是关于组织或者个人保守国防交通秘密的规定。

国防交通活动，既涉及国防建设和军事行动等方面的国家秘密，也涉及参与国防交通活动的相关单位的商业秘密。保守国防交通工作的秘密，关系到国家安全利益和相关单位经济利益。

一、保守国家秘密

国家秘密，是指关系国家的安全和利益，依照法定程序确定，在一定时间内只限一定范围的人员知情的事项和信息。保守国家秘密是宪法、相关法律所规定的组织和公民的基本义务。保守国家秘密法第三条第二款规定：“一切国家机关、武装力

量、政党、社会团体、企业事业单位和公民都有保守国家秘密的义务。”保守国家秘密与维护国家安全密切相关，本条规定强调了组织和个人在国防交通工作中保守国家秘密的具体要求。与国防交通工作相关的国家秘密，主要包括国防交通发展规划和建设计划；国防交通设施、设备和物资储备的地理位置、结构布局和技术性能；国防交通保障方案；国防交通潜力统计；专业保障队伍实力及分布；国防运输、交通保障活动和被保障部队有关情况；其他需要保密的事项。

二、保守商业秘密

商业秘密，是指不为公众所知悉，能为权利人带来经济利益，具有实用性并经权利人采取保密措施的技术信息和经营信息。如国防交通活动中涉及企业事业单位的发展战略、管理方法、产销策略、生产成本、生产能力、客户名单、货源情报等经营信息；工艺流程、关键技术、设计图纸等技术信息。这些商业秘密，关系到企业事业单位的经济利益，一旦泄露就会给企业事业单位带来损失。国防交通活动中涉及的工程设施和运载工具的特殊设计、关键技术及招投标信息等，国防交通科学技术研究涉及的新技术、新材料、新工艺、新装备等信息，既涉及国家安全和利益，也涉及企业事业单位的商业秘密，必须实行双重的法律保护。

三、组织和个人的保密行为

参与国防交通活动的组织和个人，必须按照保守国家秘密法，以及有关的保密规定承担保密义务和责任，一是组织和个人在知密、传密、用密过程中必须严格遵守相关保密法律法规；二是一旦发现国防交通方面的国家秘密可能泄露或者已经泄露时，应立即采取补救措施并及时报告有关机关和单位。

第十条 对在国防交通工作中作出突出贡献的组织和个人,按照国家有关规定给予表彰和奖励。

【释义】 本条是关于国防交通工作表彰和奖励的规定。

表彰和奖励是褒扬先进的重要形式,是对组织和个人某种行为的激励。通过法律规范,合理设置和正确运用激励手段,引导组织和个人按照法律规范的导向去行为,对于推动国防交通建设、促进任务完成具有重要作用。对在国防交通工作中作出突出贡献的组织和个人,给予精神和物质的表彰奖励,不仅可以进一步激发和调动其积极性、主动性、创造性,而且可以在全社会范围内树立榜样和模范,引导组织和个人因主动遵循法律而受益,增强法律规范实施的社会效果。

对本条规定应把握以下几个要点:一是表彰和奖励的对象,是"在国防交通工作中作出突出贡献的组织和个人"。承担国防交通任务,履行国防交通义务,是组织和个人的光荣使命。本法对组织和个人应当履行国防交通义务作出了规定。从组织和个人的角度来说,应当积极主动参与国防交通活动,完成相应的国防交通工作,作出自己的贡献。所谓"突出贡献",一般是指在国防交通建设和保障活动中,做出了明显高于常人的、超越一般的成就,其行为发挥了示范性、带头性或关键性作用,可以作为正面榜样予以树立以激励他人,能够产生较大的社会影响。二是表彰和奖励的原则,是坚持精神奖励与物质奖励相结合。表彰是对功绩、先进事迹等进行表扬;奖励是给予荣誉或物质来鼓励。精神奖励和物质奖励是表彰和奖励的两个主要方面。对国防交通工作中作出突出贡献的组织和个人实施奖励,应兼顾精神和物质两个方面,通过二者的有机结合,更好地激励全社会参与国防交通活动的积极性和主动性。三是表彰和奖励的实施，主要有两种方式：一种由国防交通主管机构推荐参加各级人民政府、军事机关有关表彰奖励的评选；另一种是由国防交通主管机构会同政府和军队表彰奖励主管部门进行专项表彰。如国家对"十二五"全国国防交通工作先进单位、先进工作者和劳动模范的评选表彰活动，就是由国家国防交通主管机构归口申报，由国家人力资源社会保障部和中央军委政治工作部、后勤保障部联合表彰，对评选出的先进单位授予"十二五"全国国防交通工作先进单位称号，颁发奖牌和证书；对评选出的先进个人授予"十二五"全国国防交通工作先进工作者（劳动模范）称号，颁发奖章和证书，享受省部级先进工作者和劳动模范待遇。

第十一条　国家加强国防交通信息化建设，为提高国防交通保障能力提供支持。

【释义】　本条是关于国防交通信息化建设的规定。

信息化代表新的生产力和新的发展方向，成为引领创新和驱动转型的先导力量。对现代国防交通而言，信息化已经成为一种新质保障力。本条确立了国防交通信息化建设的法律地位，对依法聚合交通领域信息资源，支撑和提升国防交通保障能力，促进以信息化为牵引的国防交通现代化建设具有重要意义。

国防交通信息化，是指在国防交通领域广泛运用现代信息技术，开发利用军地信息资源，聚合重组国防交通保障要素，用以提高国防交通建设水平和保障能力的过程。国防交通信息化建设，是指构建、完善国防交通信息化体系，推进国防交通信息化的一系列活动。加强国防交通信息化建设，主要包括三个方面的内容：

一是以国家交通运输信息资源为基础，按照平战结合、军民融合的要求，在铁路、公路、水路、航空、邮政等行业领域信息化建设中满足国防交通保障需要，这是国防交通信息化建设的主要方面。国防交通植根于国家交通体系，其信息化建设也离不开交通行业信息化建设的支撑和依托。国防交通信息化建设，要依托国家和地方交通行业信息化建设发展规划和技术标准，构建国防交通信息网络通道，共享相关信息资源，开展基于综合交通大数据在国防交通领域的挖掘、分析、运用，为国防交通领域政策标准制订、规划计划编制、国防运输方案优化、交通保障准备与实施提供辅助决策和数据支撑。顺应交通智能化发展趋势，推进国防交通信息化建设，必须妥善处理好创新发展与安全有序的关系，充分利用互联网、大数据、云计算等信息技术手段，优化运输组织方式，提供多元化产品，更好满足多样化需求，应当兼顾国防需要，保证国防交通信息化建设的创新发展；在全面推进交通与互联网更加广泛、更深层次的融合，加快交通信息化、智能化进程中，必须深入贯彻总体国家安全观、充分考虑国防交通信息安全，保证国防交通信息化建设发展的安全有序。推进国防交通信息化建设，各级政府和交通行业主管部门应当给予积极支持和配合，各级国防交通主管机构应当加强与政府和交通行业主管部门的沟通协调，积极争取国家在行业政策和数据资源信息方面的支持，努力实现交通行业信息化建设与国防交通信息化建设的深度融合，为提高国防交通保障能力提供有力支撑。

二是以指挥控制信息化为重点，按照保障需求实时可知、保障资源实时可视、保障活动实时可控的要求，在国防交通系统内部进行的信息化建设，这是国防交通信息化建设的重要方面。加强国防交通系统自身的信息化建设，应当坚持需求牵引、顶层设计、融合集成、创新发展的原则，突出信息主导与实际运用，以增强指挥控制能力、数据保障能力为重点，注重应用系统、基础环境和标准规范等方面的配套建设，不断提升国防交通指挥控制、辅助决策和信息服务水平，提高基于信息系统的国防交通体系保障能力。

三是以党政专网为依托，加强信息通道和平台建设。近年来，国防交通系统深入贯彻军民融合发展战略，坚持以多样化交通保障需求为牵引，大力加强信息化建设，依托国家党政专网，基本建成了覆盖省级以上国防交通主管机构的信息网络通道和指挥平台，打通了涉密和非涉密国防交通信息通道；完成了国防交通信息管理、国防交通网上演练、协同标图等系统的研发、升级和配发应用；统一数据采集标准和口径，初步形成了国防交通信息化标准体系，构建了包含声像、图形、三维模型、文字等多类型信息的国防交通综合数据库，其中国防交通地理信息关键技术及应用项目获得国家科技进步一等奖。

这些建设成果，对于转变国防交通保障力生成模式，提升信息化条件下的国防交通保障能力，起到了积极有效的推动作用。

第十二条　战时和平时特殊情况下，需要在交通领域采取行业管制、为武装力量优先提供交通保障等国防动员措施的，依照《中华人民共和国国防法》、《中华人民共和国国防动员法》等有关法律执行。

武装力量组织进行军事演习、训练，需要对交通采取临时性管制措施的，按照国务院、中央军事委员会的有关规定执行。

【释义】　本条是关于交通领域战时和平时特殊情况下采取管制措施的规定。

国家应对战争或其他安全威胁，使社会诸领域的全部或部分由平时状态转入战时状态的组织实施，国防法、国防动员法等有关法律均有明确规定。国防法第四十四条规定："中华人民共和国的主权、统一、领土完整和安全遭受威胁时，国家依照宪法和法律规定，进行全国总动员或者局部动员。"第四十八条第一款规定："国家根据动员需要，可以依法征用、征收组织和个人的设备设施、交通工具和其他物资。"国防动员法第九条第二款规定，"国家的主权、统一、领土完整和安全遭受直接威胁必须立即采取应对措施时，国务院、中央军事委员会可以根据应急处置的需要，采取本法规定的必要的国防动员措施，同时向全国人民代表大会常务委员会报告"。因此，本条明确的战时和平时特殊情况下，需要在交通领域采取行业管制，以及武装力量组织进行军事演习、训练，需要采取临时性管制措施，是与国防法、国防动员法等有关法律相衔接的。

一、关于战时和平时特殊情况

战时，即进入战争状态时。战争是国家或政治集团之间为了一定的政治、经济等目的，使用武装力量进行的大规模激烈交战的军事斗争，是解决国家、政治集团、阶级、民族、宗教之间矛盾冲突的最高形式。国防法第十条规定，"全国人民代表大会依照宪法规定，决定战争和和平的问题，并行使宪法规定的国防方面的其他职权"，"全国人民代表大会常务委员会依照宪法规定，决定战争状态的宣布，决定全国总动员或者局部动员，并行使宪法规定的国防方面的其他职权"；第十一条规定，"中华人民共和国主席根据全国人民代表大会的决定和全国人民代表大会常务委员会的决定，宣布战争状态，发布动员令，并行使宪法规定的国防方面的其他职权"；第四十九条规定，"国家依照宪法规定宣布战争状态，采取各种措施集中人力、物力和财力，领导全体公民保卫祖国，抵抗侵略”。国家在进入战争状态后，其政权运行方式和政治、军事、经济等体制都可能进入非常状态，公民的基本权利也可能受到一定程度的克减。

平时特殊情况，是指发生危及国家主权、统一、领土完整和安全的武装冲突，以及其他突发性事件。武装冲突是敌对双方武装力量之间发生的小规模、低强度的交战。就国家之间关系而言，武装冲突尚未构成战争状态。在一定条件下，武装冲突也可能发展成为战争。突发事件，是指突然发生的、对国家安全和社会秩序造成或可能造成严重危害的紧急事件，主要有危害社会安全、自然灾害、事故灾难等方面的事件。

二、关于交通领域的行业管制

交通行业管制，是指为应对战争或其他突发事件，将有关交通行业由平时状态转入战时状态或紧急状态，对其行业资源和交通运营进行强制性管理和控制。战时和平时特殊情况下，不确定因素多，情况瞬息万变，武装力量调动频繁，并具有方向集中、运量激增、时间紧迫和保密要求高等特点，交通保障资源能力与交通保障需求之间的矛盾将十分突出，实行交通行业管制能够加强对交通资源的集中统一调度、合理分配和使用交通保障力量，发挥其国防交通的最大保障效能。国防动员法第六十三条规定：“国家决定实施国防动员后，根据需要，可以依法在实施国防动员的区域采取下列特别措施：（一）对金融、交通运输、邮政、电信、新闻出版、广播影视、信息网络、能源水源供应、医药卫生、食品和粮食供应、商业贸易等行业实行管制；（二）对人员活动的区域、时间、方式以及物资、运载工具进出的区域进行必要的限制；（三）在国家机关、社会团体和企业事业单位实行特殊工作制度;(四)为武装力量优先提供各种交通保障;(五)需要采取的其他特别措施。”战时和平时特殊情况下,在交通领域采取行业管制的目的是为武装力量优先提供交通保障。管制的时机,是国家决定实施国防动员后。管制的对象,包括交通运输设施设备、运载工具及相关管理、操作人员,以及相关陆域、水域、空域内的线路、航道、航线的使用分配等。管制的形式,既有对交通运输行业的全面管制,也有根据需要对某一行业实行全行业或部分管制,比如,既可以根据作战需要对某一方向的铁路、公路、水路、航空等交通运输资源实施全面管控,也可以只对其中的铁路或航空运输实施管制。管制的措施,是使用强制性办法集中保障武装力量的交通保障需求。比如,对交通和运输能力分配实施强制管控,对与国防需要无关或者关系不大的运输实行限制或禁止等。采取行业管制措施时,必须严格按照法定的权限、程序和要求进行。国防动员法第六十四条规定:“在全国或者部分省、自治区、直辖市实行特别措施,由国务院、中央军事委员会决定并组织实施;在省、自治区、直辖市范围内的部分地区实行特别措施,由国务院、中央军事委员会决定,由特别措施实施区域所在省、自治区、直辖市人民政府和同级军事机关组织实施。”在交通领域实行行业管制时,由依据国防交通法第十三条设立的国防交通联合指挥机构具体组织实施。

三、关于对交通采取临时性的管制措施

武装力量组织进行军事演习、训练,不属于应对突发事件的平时特殊情况,但会产生一定的交通保障需求并对正常的社会交通运输活动产生影响,这种需求和影响与军事演习、训练的规模成正比。与战时和平时特殊情况下交通领域采取的行业管制相比,为保障武装力量演习、训练而对交通采取的临时性管制措施，无论是管制区域，还是管制时段都有比较严格的范围限制。实施临时性交通管制涉及多方面的权益，会影响到正常的交通运输秩序和人民群众正常活动，因此应尽量缩小管制范围，缩短管制时间。为满足武装力量平时军事演习、训练的交通保障需要，并尽量减少对社会生产生活的影响，本条第二款明确“武装力量组织进行军事演习、训练，需要对交通采取临时性管制措施的，按照国务院、中央军事委员会的有关规定执行”。这里的“有关规定”，主要是指国务院、中央军委颁布的《国防交通条例》，以及中央军委颁发的《中国人民解放军联合战役纲要》，原总参谋部、总后勤部颁发的《部队摩托化机动运输保障规定》等法规、规章。如《国防交通条例》第十条规定：“在特殊情况下，省级国防交通主管机构可以提请有关省、自治区、直辖市人民政府决定，由公安机关、港务监督机构分别在自己的职责范围内对局部地区的道路、水路实行交通管制。”通常，对中央军委批准、由副战区级以上单位组织实施的军事演习、训练，需要对交通采取临时性管制措施的，道路交通管制由军队运输投送机构按规定权限和渠道，通过国防交通主管机构向地方政府提出，在地方政府统一领导下，由国防交通主管机构会同本级政府的交通运输、通信、公安等有关部门组织实施，国防交通主管机构在其中发挥协调、检查和监督作用；对跨越省、自治区、直辖市和战区的临时性管制区域，由国家国防交通主管机构会同国务院交通主管部门、中央军委有关部门，以及交通管制区域所涉及的有关省级国防交通主管机构共同组织实施。水域管制，由政府海事部门和军队有关部门按规定的权限、程序和渠道办理。空域管制，由军队有关部门按规定的权限、程序和渠道办理。对需要采取临时性管制措施的陆域、水域和空域，应按相关规定提前发布公告或通过其他渠道和媒体，将有关要求和注意事项告知人民群众，通知有关部门和单位。

武装力量组织进行军事演习、训练，对交通采取临时性管制措施，视演习训练规模、时间跨度、区域范围、批准权限等具体情况，采取不同的管制措施和方法，主要有引导、疏导、限制和禁止等。其中，道路交通管制方法，主要有：全封闭，即道路双向都禁止民用车辆和行人通行，全部供部队使用；单向封闭（也称半封闭），道路某一方向供部队通行，另一方向允许民用车辆和行人通行；时段性封闭，即在规定时段实行全封闭或单向封闭，部队按规定的时间通过管制路段，然后快速放行地方车辆，既保证地方对交通的需要，又为部队下一个梯队通过管制路段创造条件；伴随护送，即公安机关派出警车在部队车队前开道和尾随警戒，禁止其他车辆和行人穿插和超越。水域、空域的管制方法，主要是采取限制航行和禁止航行措施。

第十三条　战时和平时特殊情况下，国家根据需要，设立国防交通联合指挥机构，统筹全国或者局部地区的交通运输资源，统一组织指挥全国或者局部地区的交通运输以及交通设施设备的抢修、抢建与防护。相关组织和个人应当服从统一指挥。

【释义】　本条是关于国防交通联合指挥机构设立及其职权的规定。

古今中外战争特别是现代战争实践一再表明，交通运输是保障战争胜利的“生命线”，组织高效的交通运输保障，对于赢得战争具有十分重要的意义和“先行”作用。平时应对重大突发事件，交通运输同样也是各种行动的先决条件和支撑平台。鉴于平战时大规模军事行动对交通运输的依赖及其资源的有限、组织运用的复杂，有必要设立集中统一、高效权威的国防交通联合指挥机构。国防交通主管机构，包括军队运输投送机构，一般情况下主要行使的是使用管理职权而不是指挥调动职权。战时或平时特殊情况下，需要通过平战体制转换，将使用权、管理权变为指挥控制权，将协调协商关系变为指令关系，以加强对交通运输力量的统一筹划，统一指挥，综合运用。在战时交通运输组织指挥问题上，我国我军历史上曾有过不少成功经验和理论总结，但一直没有上升到法律层面，特别在长期的和平建设时期，关于战时军地联合交通运输指挥体系的构建及平战转换机制的研究与实践，缺乏法律依据，相关准备与建设难以深入。本法首次对该问题进行规范，是从历史和未来的角度，正视现实，直面忧患，未雨绸缪，必将为逐步形成具有我国我军特色和时代特征的国防交通指挥机制发挥重要作用，产生深远影响。

一、设立国防交通联合指挥机构的重要性和必要性

设立国防交通联合指挥机构，是实施交通运输集中统一指挥的先决条件，而交通运输集中统一指挥是未来战争特别是信息化战争的客观要求。第一，战时和平时特殊情况下，国防交通保障力量多元、保障方式多样，要求统一指挥。国防交通保障力量，在行业上有铁路、公路、水路、航空、邮政、通信之分，其中又分为运输、工程抢修、交通管制、机动通信、救助打捞等；在所有制性质上有国企、民企之分，国企中又有央企和地方企业之分；在保障方式上有远程直达、陆水联运、铁公倒运、空地接运等，如果没有一个强有力的指挥机构，很难对不同类别、不同隶属关系的力量体系进行统一筹划和部署使用。因此，要使多元、分散的保障力量协同一致、整体聚合，高效使用，必须设立一个联合的、集中统一的指挥机构。第二，保障空间扩大，时间缩短，要求高

效指挥。未来信息化战争是各军兵种联合作战,作战行动将在陆海空天电多维空间进行,部队机动规模大、范围广、频度高,交通运输保障要与作战行动相适应,就必须全方位、大纵深、全过程同步展开。因此,需要设立一个高效权威的指挥机构全域全程指挥控制保障行动,协调一致完成各项保障任务。同时,由于作战节奏加快或事发突然、情况紧急,为避免军队与地方、各军兵种、各部队之间争抢道路资源、运力资源,也需要权威的指挥机构进行合理调配,迅速决策,优先保障。第三,保障受敌威胁严重,情况多变,要求灵活指挥。高技术情报、侦察和监测手段的广泛使用,使整个战场包括战略后方高度透明;交通设施目标大而固定,暴露征候突出,隐蔽困难;精确制导武器的广泛使用,使交通重点目标易毁难修,如在科索沃战争中,美军炸毁了作战区域内多瑙河上全部58座桥梁。除此之外,交通运输调度指挥系统信息化、网络化、自动化程度越来越高,技术日趋复杂,在面临硬打击的同时还面临软杀伤的严重威胁,调度指挥系统的失灵可能造成大范围国防运输瘫痪。对此,更需要一个强力的指挥机构,加强与作战指挥机构协同配合,确保交通运输线的安全畅通。同时,面对战场复杂电磁环境,也需要一个具有灵活应变能力的指挥机构实施靠前指挥,现地处置各种突发情况。

二、国防交通联合指挥机构实践情况及展望

新中国成立以来,每遇重大情况,国家和军队对交通运输都实施了集中统一指挥和控制。1950 年到 1954 年,由于实行中央军委直辖军事运输司令部的体制,并对铁道部、交通部实行准军事化管理,因此指挥体系比较完整,指挥关系清晰,指挥机构常设,不存在临时设立指挥机构问题。该指挥体系对当时军民交通运输组织指挥坚强有力,有效保障了抗美援朝战争、西南剿匪和其他作战行动的胜利。随着形势和任务的变化，军队和国家交通运输体制的调整改革，军委军事运输司令部变为总参谋部军事交通部，后又变为总后勤部军事运输部、军事交通部、军事交通运输部，军委后勤保障部运输投送局；国家交通运输先实行分行业多部门管理体制（1970年至1974年铁道部与交通部曾一度合并），后实行大部制，总体调整改革发展趋势是军政分离、各司其职，政企分开、依法运行；军队则是强化了军事交通运输业务领导属性，淡化了指挥控制属性。在此期间，为有效应对重大情况特别是保障大规模作战需要，面对交通运输必须实施集中统一指挥的客观实际，国家和军队适时采取特殊措施，建立指挥机构并充分授权，为保障胜利奠定了基础，提供了坚强有力的支持。如1962年东南沿海紧急战备期间，为完成大规模兵力集结和作战装备、物资运输，国务院、中央军委决定设立由铁道部、交通部、总参军交部、总后运输部、铁道兵等单位组成的鹰潭军事运输司令部，任命刘建章（铁道部副部长）为司令员，潘琪（交通部副部长）、郭维城（铁道兵副司令）、罗文（总后军事运输部部长）、栗培元（总参军事交通部副部长）为副司令员，下设运输组、交通组、防空组、抢修组、后勤组、政工组、材料组和办公室，共228人。授权该指挥机构统管闽、浙、赣三省军民运输，统筹安排和归口呈报该地区交通基础设施抢修抢建计划。1979年对越自卫反击作战，国务院、中央军委授权昆明、广州军区，在云、桂两个方向设立军地联合的交通运输指挥机构。1996年，为做好应急作战交通运输准备，由总后分管领导牵头，国家和军队有关部门参加，就交通运输联合指挥机构组成、职责任务、核心成员构成以及指挥关系等问题进行了预研预设。2008年，在“5·12”汶川地震抗震救灾中，成都方向交通运输特别是公路交通一度陷入瘫痪，由国家交通运输部、公安部和总参作战部、总后军事交通运输部组成的联合指挥机构抵达现地，靠前指挥，迅速恢复了交通。

未来信息化战争，是体系与体系的对抗，对国防交通组织指挥提出了更高要求。在战时指挥体制上，要求平战一体，军民一体，全系统、全要素迅速实现平战转换，达到不经大的调整即能履行战时职能。在指挥体系构建上，要求减少层次，提高保障效能，比如，尽可能由国家国防交通主管机构对战略投送实施直接指挥。目前，我国已组织建设了战略投送支援机队、船队和车队，加强了铁路战略投送全要素建设，并尝试由国家国防交通主管机构实施直接指挥。在指挥职能定位上，要求聚焦核心职能，重点保障。国防交通保障的核心任务是保障国防运输和交通线畅通，其中又以保障作战力量战略机动和人员物资运输为重中之重。服务于保障国防运输和交通线畅通的交通动员、交通防卫、交通抢修、交通管制等，应按国防交通联合指挥机构的统一部署和要求，由各行业、各地区相关责任单位具体组织落实。在指挥手段建设上，要求实现国防交通保障需求实时可知，保障行动可控可视，实现指挥手段的信息化。发展以网络化为核心的信息技术，使国防交通组织指挥与国家和军队离散的交通运输保障各单元数字化连接，军队和地方、前方作战和后方保障信息系统互通互联，保障精准、高效指挥。

三、联合指挥机构的性质、职权与工作内容

（一）联合指挥机构的性质

第一，指挥机构的联合，主要是军政联合，也可以是军队、政府、企业的联合，如中国铁路总公司应当参加联合指挥机构。同时，该指挥机构也是多行业多部门的联合，由军队作战指挥、运输投送、战勤计划，地方铁路、公路、水路、民航、邮政、通信、公安、民政等机构和部门组成，以保证军令政令合一，指挥顺畅高效。第二，联合指挥机构是临时性的，由国家根据需要决定设立或撤销。从历史上看，也有未设立专门指挥机构的情况，如1962年对印自卫反击作战、1969年珍宝岛自卫反击作战等，但军地交通运输部门事先、事中都进行了充分协调协同，明确了职责任务和交通运输优先顺序，以及组织实施程序方法。设立指挥机构的，由设立者根据情况适时撤销，恢复平时正常体制。如鹰潭军事运输司令部，国务院、中央军委于1962年6月5日决定设立，任务结束后，中央军委于同年11月20日决定撤销。临时性指挥机构，更需要在平时加强预研预设，明确机构设置及平战转换方式、职责权限及指挥关系和方法手段等，以便在应对重大情况时临危不乱，不辱使命，圆满完成各项保障任务。第三，联合指挥机构可以是全国性的，也可以是区域性的。全国性的国防交通联合指挥机构，由国务院和中央军委有关部门联合组成；区域性的国防交通联合指挥机构，通常由国务院和中央军委有关部门联合派出，也可指定区域性的军地有关部门和单位共同组成，国务院和中央军委有关部门视情派员参加。第四，联合指挥机构在保障作战行动中，服从军委或战区联合作战指挥机构的统一指挥；在保障抢险救灾行动中，服从政府应急指挥机构的统一指挥。

（二）联合指挥机构的职权

战时和平时特殊情况下，国防交通联合指挥机构职权，一是统一筹划全国或者局部地区的交通运输资源。根据任务需要，计划安排交通基础设施征用或能力占用，确定民用运力动员任务及分配使用计划，计划部署交通工程抢修抢建力量，明确保障任务等。二是统一组织指挥全国或者局部地区的交通运输,其中包括对国防运输、国民经济必保运输以及一般民用运输的统一组织指挥,以便区分轻重缓急,有序统筹安排。三是统一组织指挥交通设施设备的抢修、抢建与防护。包括对保障力量的调动,抢险装备和物资器材的调拨,防护力量部署意见的提出与落实,以及组织指挥各项保障行动的展开和处置保障过程中发生重大问题。所有接到任务通知或命令的单位和个人,都应当服从统一指挥。拒不执行命令者,将承担法律责任。

(三)联合指挥机构的工作内容

国防交通联合指挥机构建立后,其指挥工作内容主要包括三部分。第一,研究定下保障决心,适时下达输送保障预先号令。要求参战的军地交通运输、交通管制、机动通信、军用饮食供应等保障单位迅速转入战时状态,按照批准的扩编方案,进行机构扩编、人员调整和装备物资补充。协助参战部队进行道路勘察,组织装卸载地域勘察,整备运输工具,调集装卸设备和用具,做好部队输送和物资运输的一切准备。第二,根据保障决心编制修订各类输送计划和保障计划,提出民用交通资源征用需求。待国家颁布动员令或授权后,立即通过政府和国防交通系统组织实施。必要时,对铁路和民航系统实施区域管制。对动员征用的地方交通运输力量,立即组织战前训练,提高人员的保障技能和协同配合能力。第三,适时下达保障指示或命令,组织战略战役运输,加强运输全程控制,搞好各种运输方式的衔接,密切关注关键时段、关键环节、关键部位的交通运输情况,随时准备处置各种突发情况。在指挥方式和手段上,应采取统一指挥与分散指挥相结合、逐级指挥与越级指挥相结合、直接指挥与委托指挥相结合的方法,确保组织指挥高效顺畅、灵活应变。利用国家交通运输现代化调度指挥系统，对保障力量进行调用，对国防运输实施全程指挥控制；利用军队指挥网对军队各级运输投送机构实施指挥控制；利用专用的动态监控系统对运输部（分）队实施直接指挥；利用应急机动通信系统，沟通军地指挥通信联络。

第二章　国防交通规划

国防交通规划是统筹经济建设和国防建设、推进交通领域军民融合发展的关键环节，是引领国防交通建设发展的基础性文件，是指导各级国防交通工作的重要依据。加强国防交通规划，有利于统筹国防交通建设的方方面面，有利于提高国防交通建设的效益，推进国防交通建设又好又快发展。本章共6条，是关于实行国防交通规划制度以及制定相关规划的规定。主要包括国防交通规划及各专项规划的编制要求、职责、内容，与国家综合规划、相关行业规划、标准规范的关系等。

第十四条　国防交通规划包括国防交通工程设施建设规划、国防交通专业保障队伍建设规划、国防交通物资储备规划、国防交通科研规划等。

编制国防交通规划应当符合下列要求：

（一）满足国防需要，有利于平战快速转换，保障国防活动顺利进行；

（二）兼顾经济社会发展需要，突出重点，注重效益，促进资源融合共享；

（三）符合城乡规划和土地利用总体规划，与国家综合交通运输体系发展规划相协调；

（四）有利于加强边防、海防交通基础设施建设，扶持沿边、

沿海经济欠发达地区交通运输发展；

（五）保护环境，节约土地、能源等资源。

【释义】 本条是关于国防交通规划类别和编制要求的规定。

国防交通规划，是指为满足国防和军队需要，由国家、军队和地方人民政府对一定时期内国防交通的发展方向、建设目标、主要任务、基本措施等进行统筹谋划作出的总体安排，具有综合性、系统性、时间性、强制性等特点，是实现国防交通协调发展、科学管理的重要手段。

一、国防交通规划的类别

国防交通规划是国家经济社会发展和国防建设相关规划的重要内容，是国家综合交通运输体系的有机组成部分，是国防动员总体规划的子规划。国防交通建设任务，一是通过纳入国家和地方相关规划组织落实，二是通过编制国防交通专项规划来实施。根据国防交通建设发展需要，经过多年的实践经验积累和理性认识深化，我国逐步建立起日趋完善的国防交通规划体系。本条中的国防交通工程设施建设规划、国防交通专业保障队伍建设规划、国防交通物资储备规划、国防交通科研规划等，主要针对国防交通特定建设内容编制，是指导建设发展，审批、核准建设项目，安排政府投资和财政预算，制定相关政策的依据。在国防交通规划实践中，除编制上述国防交通专项规划外，还着眼国防交通的长远建设、总体布局和全面发展，在统筹和协调国防交通相关专项规划的基础上，编制国防交通综合规划和布局规划。比如，国家从"十五"开始编制的《交通战备工作"十五"计划》就属于综合规划，随着国家经济社会发展，名称也由开始时的"计划"演变为"规划"，到"十三五"更名为《国防交通建设“十三五”规划》。再如,1989 年 4 月,国务院、中央军委交通战备领导小组下发的《2000 年交通战备工作规划纲要》;1996 年 1 月,以国家计委、交通部、总参谋部、总后勤部名义联合报送国务院、中央军委的《国家国防公路网布局试行方案》等,都属于布局规划。我国的国防交通规划,无论是专项规划还是综合性规划,均与国家经济社会发展和军队建设同步发展,对国防交通建设的全面、协调、可持续发展起到了极其重要的作用。

二、国防交通规划的编制步骤与主要内容

国防交通规划的编制,通常按照部署编制任务,做好各项准备;组织开展调研论证,确定规划原则目标;依据规划原则目标,确定建设任务,安排建设项目;根据实施规划需要,制定保障措施,提出落实建议;征求各方意见,优化规划内容,搞好衔接协调,上报审批、备案的步骤进行。国防交通规划的主要内容,通常包括现实基础、面临形势、总体指导、建设任务、保障措施等方面。现实基础,主要是总结建设成效,分析存在的主要问题及原因;面临形势,主要是研究分析与国防交通建设发展密切相关的国际安全形势、国内经济社会发展趋势、国防和军队建设要求等,研判、预测今后一个时期国内外形势给国防交通建设发展带来的影响,明确规划的总体要求、发展方向和建设重点;总体指导,主要是基于对形势任务和现实条件的分析研究,确定规划的指导思想和基本原则,提出本规划期的综合能力目标和各种定性、定量的分目标;建设任务,主要是依据规划原则、发展目标和建设重点,筛选对接各级各部门提出的建设需求,确定纳入规划的具体项目和实施序列;保障措施,主要是为实现规划目标而拟采取的组织方法、行政手段、资金来源、政策支撑等方面的意见建议。

三、编制国防交通规划的有关要求

编制国防交通规划必须贯彻国家的方针政策，严格执行国家颁布的有关法律、法规和规章，以服务国防和军队建设发展为目标，注重与其外部相关的各个方面或系统相协调，实现国防交通与国家交通的融合发展。本法规定，编制国防交通规划应当注意把握以下五个方面的要求：

一是满足国防需求，有利于平战快速转换，保障国防活动顺利进行。这是规划的目的性要求，体现了国防交通为国防建设和战争服务的本质属性。首先，满足国防需求是国防交通规划的前提和依据。国防交通是国家防务活动的基础支撑，是国家国防职能和活动的重要组成部分，其行为主体是国家。国防交通建设活动由国家作出决策，并通过相应的规划计划，由中央政府有关职能部门和地方政府组织实施。因此，编制国防交通规划必须认真贯彻新形势下军事战略方针，依据国防和军队建设发展的有关规划，坚持以战场建设、军事力量投送、作战训练、后勤保障、边海防建设、国防科研试验等国防需求为牵引，满足维护国家安全和发展利益需要。其次，有利于平战快速转换是国防交通规划的能力性指标。平战转换是统筹国家交通与国防交通建设发展的主要依据和具体内容。平时准备与战时保障是不可分割的有机整体。在现代高技术条件下，战争的速度和节奏越来越快，速度因素在战斗力、保障力、威慑力中的作用和价值越来越高；应对反恐维稳、抢险救灾等突发性事件，更需要分秒必争的速度，这些都对国防交通平战转换提出了很高要求。编制国防交通规划必须坚持着眼“平时准备战时”，在基础设施、运载工具、保障力量、物资储备、法规制度等各方面提高军民融合水平，有组织有计划地做好平战转换准备，确保战时和平时特殊情况下能够迅速完成国防交通保障功能转换,实现快速反应和快速保障。最后,保障国防活动顺利进行是国防交通规划的效果评价指标,是规划的最终目的。由于国防建设、经济发展对交通建设在时间空间、规模标准的要求上存在一定的差异性,以经济和社会发展需要为前提而规划和建设的交通运输体系,在某些方面并不能完全适应国防和现代战争的要求。因此,必须把增强交通的国防功能、保障国防活动顺利进行,作为规划编制的出发点和落脚点,并以此衡量国防交通规划效果,促进国防交通与国家交通的协调发展,提高国防交通建设和保障效能。上述三个方面,国防需求是前提和依据,有利于平战快速转化是能力要求,保障国防活动顺利进行是最终目的,三者环环相扣,紧密衔接。

二是兼顾经济社会发展需要,突出重点,注重效益,促进资源融合共享。这是对国防交通军民融合发展的经济属性要求。交通具有经济和国防双重属性,国防交通与国家交通密不可分,只有将国防交通建设深深植根于经济社会发展之中,才能保持不竭的动力与源泉。兼顾经济社会发展需要,就是在满足国防需要的前提下,充分考虑当地经济建设和社会发展差异等因素,既要依托当地经济基础,又要服务于当地经济社会发展。比如,在规划边防公路、部队机动道路和港口码头战备设施等建设时,充分考虑当地经济社会发展需要。突出重点,就是把既符合国防要求又能促进经济社会发展的项目列入规划、优先安排、重点建设。比如,在一些重要战略方向或经济欠发达地区,国家优先安排或全额投资建设具有重大政治、经济和国防意义的交通基础设施项目。注重效益,就是通过一体规划、一体建设等措施,用较少投入获得了国防和经济双重收益,许多以战备目的修建的国防交通工程设施，在平时生产中也创造了可观的经济效益。促进资源融合共享，就是把国防需要与经济社会发展有机融合起来，使国家交通与国防交通更好地兼容、共生、双赢，实现交通资源的平战两用、军民共享、融合发展。比如，依托高速公路建设同步修建的公路飞机跑道，就是资源融合共享的典型。

三是符合城乡规划和土地利用总体规划，与国家综合交通运输体系发展规划相协调。这是国防交通规划与其他相关规划衔接的关系要求。符合城乡规划和土地利用总体规划，主要是指满足国防交通活动需求的同时，还要与城乡规划、土地利用总体规划要求相一致，以保证国防交通建设用地和控制用地的落实。国防交通用地是国防交通建设中经常遇到的突出矛盾问题。为解决国防交通建设用地问题，国家在《全国土地利用总体规划纲要（2006—2020 年）》中，按照“平战结合，军民兼容”的原则，对国防交通建设用地给予重点保障。我国土地利用计划指标实行分级管理，国家只预留国务院及其有关部门批准、核准的独立选址建设项目计划指标，其他用地指标均下达到省、自治区、直辖市，由地方政府统一安排使用。自 2007 年起，对于国家国防交通主管机构确认的国防交通建设项目用地，可使用国家预留计划指标。与国家综合交通运输体系发展规划相协调，主要是指国防交通规划要与综合交通运输体系的基本布局、设施设备、功能结构、信息管理等相一致，以利于实现资源共享、合理利用，最大限度地降低建设和管理成本。近年来建设的战备渡口和码头，大多依托有利的地理、经济环境，服务于当地经济，拓展了码头货运、储运等功能，并将取得的经济效益投入到国防交通保障队伍训练、战备码头和渡船维修之中，提高了国防交通设施的质量和保障能力。

四是有利于加强边防、海防交通基础设施建设，扶持沿边、沿海经济欠发达地区交通运输发展。这既是国防与经济建设统筹发展的具体要求，也是军民融合发展的重要结合点。我国是一个陆地大国，又是一个海洋大国，9 个省区有陆路边境，与 14 个国家接壤，有长达 2.2 万公里的边境线；海岸线北起辽宁的鸭绿江口，南到广西的北仑河口，包括沿海岛屿岸线在内，长达3.2 万公里，是世界上海岸线最长的国家之一。我国海域面积有 300 多万平方公里，在这片海域上面积在 500 平方米以上的岛屿有 6500 余个，其中有人居住的岛屿 450 个，总面积约 8 万平方公里。边海防地区是国家安全的屏障，是改善和发展睦邻友好关系的前沿地带，加强边海防地区的交通基础设施建设，对于确保安全稳定、强边固防、兴边富民具有重要的战略意义。新中国成立特别是改革开放以来，国家以边海防公路、机场、战备码头、战备航道等交通基础设施建设为重点，不断加大边海防交通建设投入，基本形成了以国省道为干线，以县乡道和军用公路为支线，以沿边沿海地区机场和沿海地区港口、码头为支点的边海防交通网络。但由于我国陆地边境和海防岛屿大多地处偏僻，经济发展相对滞后，国防交通基础设施建设整体还比较薄弱，交通运输业不发达。比如，部分边境地区缺少机场，通往边防的道路密度小、等级低、通行条件差；重点方向战备码头数量不足、设施设备不配套、装卸能力偏弱；运输市场规模不大，运力资源数量不足，与国防需求存有较大差距等。编制国防交通规划，要充分考虑边海防交通建设需要和沿边、沿海经济欠发达地区实际情况，最大限度地在人力、财力和物力上予以倾斜，为稳边兴边、强边固防提供有力支撑。比如，国家《“十二五”国防公路、水路战备建设规划》将边海防交通建设作为五大重点建设任务之一，边海防建设资金占到了中央补助总额的50%，主要用于安排边海防公路建设、界河整治等。同时，国家在综合交通建设规划中也对边海防交通建设给予了重点支持和倾斜。

五是保护环境，节约土地、能源等资源。这是确保国家可持续发展的根本保证。环境保护法第六条第一款规定，“一切单位和个人都有保护环境的义务”。土地管理法第三条规定，“十分珍惜、合理利用土地和切实保护耕地是我国的基本国策”。节约能源法第四条规定，“节约资源是我国的基本国策”。上述法律既是我国经济社会发展的基本准则，也是国防交通规划的基本要求。本项中的“环境”，是指影响人类生存和发展的各种天然的和经过人工改造的自然因素的总体，包括大气、水、海洋、土地、矿藏、森林、草原、自然遗迹、人文遗迹、自然保护区、风景名胜区、城市和乡村等。“节约土地”，是指在满足国防要求的前提下，国防交通建设规划所占土地，应当与各级人民政府的土地利用总体规划相衔接，提高土地使用效益。“节约能源”，是指加强用能管理，采取技术上可行、经济上合理及环境和社会可以承受的措施。为实现上述要求，一方面，要坚持需求牵引、统筹规划，即国家交通建设与国防交通建设、国防交通建设与应急交通建设有机融合，避免重复建设，切实提高投资利用效率；另一方面，要坚持周密论证、合理选址，最大限度地避免对人文环境的破坏和自然环境的污染。

第十五条　县级以上人民政府应当将国防交通建设纳入国民经济和社会发展规划。

国务院及其有关部门和省、自治区、直辖市人民政府制定交通行业以及相关领域的发展战略、产业政策和规划交通网络布

局,应当兼顾国防需要,提高国家综合交通运输体系保障国防活动的能力。

国务院有关部门应当将有关国防要求纳入交通设施、设备的技术标准和规范。有关国防要求由国家国防交通主管机构征求军队有关部门意见后汇总提出。

【释义】 本条是关于国防交通建设纳入政府相关规划和政府制定相关规划、产业政策和标准规范兼顾国防需要的规定。

国防交通建设是具有全局性、复杂性、艰巨性的系统工程,特别是交通基础设施建设和大型运载工具建造周期长、投资大,必须在国家层面进行统筹规划、军地合力推动。将国防交通建设纳入经济社会发展规划、交通行业规划,将国防要求纳入国家交通设施、设备技术标准和规范,使之成为国家和地方经济社会发展、综合交通运输体系建设的有机组成部分,政府制定交通行业以及相关领域的发展战略、产业政策和规划交通布局兼顾国防需要,是国家推进交通领域军民融合的顶层活动,是统筹经济与国防、国家交通与国防交通的最高层次,是有效提升国家交通的整体国防功能,切实增强战争保障实力的根本途径。

一、关于国防交通建设纳入国民经济和社会发展规划

国民经济和社会发展规划是全国或者某一地区经济、社会发展的总体纲要,是具有战略意义的指导性文件,是各类规划中最重要的纲领性总体规划。将国防交通建设纳入国民经济和社会发展规划,是实现交通领域军民融合发展最有效的方法和必须遵循的基本规律。回顾我国的国防交通建设,无论哪个历史时期,都注重国防交通与国民经济和社会发展相结合,科学统筹国防交通与国家交通建设,走出了一条从军民兼顾、寓军于民到平战结合、军民结合再到军民融合的发展路子。新中国成立后

的前30年,党中央针对复杂严峻的国际和周边安全环境,确立了以备战打仗、巩固国防牵引国家政治、经济、军事总体布局的方略,高度重视发挥交通推动经济建设的命脉作用、连接前线后方的枢纽作用、带动老少边穷地区发展的基础作用,使国防交通历史地成为统筹国防建设和经济建设的先行者。这一时期,国家主要着眼国防需要布局经济建设,经济与国防紧密结合,按照"平时准备战时""平战结合、军民兼顾"的指导思想和原则,以国防需求为主导,先后建成鹰厦、宝成、成昆、兰新、襄渝等一批重点干线,构筑起国家铁路网的主体骨架;打通川藏、青藏、新藏等一大批战备公路通道,全面推开边海防公路建设;全面疏浚内陆江河航道,逐步展开沿海港口码头建设;以军用机场建设带动全国机场总体布局,奠定航空基本建设的良好基础。改革开放以来,国家转向以经济建设为中心,交通建设也由满足国防需要逐步转为主要服务经济发展兼顾国防需要,政府通过在编制国民经济和社会发展规划、综合交通运输体系发展规划,以及铁路、公路、水路、航空等交通建设专项规划时,充分征求军队意见,将国防交通建设需求纳入国民经济和社会发展规划,有效保证了交通建设的军民兼顾、平战结合、融合发展,并且在分方向成体系推进国防交通建设方面取得了显著成绩。党的十八大以来,为适应我国国家安全面临的新形势、新任务,以习近平同志为核心的党中央提出总体国家安全观,统筹经济建设与国防建设,全面维护各领域国家安全,将军民融合上升为国家战略,交通领域军民融合内容更加丰富,融合层次不断提高。

根据本条第一款规定,县级以上人民政府应当将国防交通建设放在国民经济发展和国家交通建设的大局中统筹谋划,研究和解决国防交通战略布局和资源优化配置的重大问题,从规划顶层将国家经济和国防交通总体布局连接成一个有机整体，为国家交通与国防交通的同步建设、同步发展奠定基础。政府在编制经济社会发展规划时，尤其是发展改革部门和交通主管部门在编制交通运输建设规划时，应充分征求有关军事机关和本级政府国防交通主管机构的意见，统筹国防交通建设需求，解决国防交通建设重大问题。比如，国家在制定《统筹经济建设和国防建设"十二五"规划》时就明确，要在交通基础设施建设中贯彻国防要求，统筹考虑战略投送发展需要，抓好战略投送能力的适应性改造试点，初步形成军民共享共用的综合交通运输体系，提高军地联合交通运输保障能力。

二、关于将国防要求纳入国家、地方交通行业及相关领域的发展战略、产业政策和规划交通网络布局

发展战略是对一定时期内发展方向、发展速度与质量、发展重点及发展能力的重大选择和策略。产业政策是政府制定的主动干预产业经济活动的各种政策的集合。发展战略和产业政策凝聚着国家意志，引领未来方向，对一个行业或产业的发展具有重要影响。交通行业以及相关领域的发展战略、产业政策和交通网络布局与国防密切相关，对国家安全和国防建设具有重大影响，特别是国家交通网络和战略通道布局、交通基础设施建设和具有战略意义的运载工具建造等，承载着国家安全和发展的战略使命，更需要依靠科学的发展战略和积极的产业政策，凝聚国家意志来推动其建设发展。将国防需求纳入交通行业及相关领域的发展战略、产业政策和交通网络布局规划，是国家交通与国防交通在源头上的统筹与融合，既是国防交通科学发展历程的经验总结，也是推进交通领域军民融合深度发展的时代要求。

长期以来，我国在制定交通行业以及相关领域发展战略、产

业政策和规划交通布局时，一直注重兼顾国防需要，主动征求军队意见。比如，国家在制定电气化铁路发展战略过程中，根据军队有关部门的意见预留了一定数量的内燃机车，以防止和减轻电气化铁路的接触网、变电所等供电设施在遭到损坏或破坏时对交通运输的影响；在制定航空、水运、公路运输产业政策时，根据战略投送力量建设发展需要，国家鼓励公民和组织建造、购置适于国防运输的大型民用运载工具，增强战略投送潜力；在规划交通网络布局时，征求军队对战场交通、战略战役后方仓库群交通、军事工业基地交通，以及对军事交通运输特殊要求等方面的意见。我国的行业发展战略和产业政策，主要通过"规划""目录""纲要""决定"等文件形式发布，从发展战略、产业政策和布局规划源头推进军民融合，就是要把有关国防交通建设内容和要求纳入上述文件。比如，铁道部、中央军委军事运输司令部联合颁发的《铁路部门与军事交通机关在有关军运建设上互相配合的几项规定》，要求铁路各级组织必须慎重考虑军事交通机关所提出的有关军事上的要求。国家在编制各个时期的综合交通运输体系规划时，充分考虑了增强铁路、公路、港口、机场等重要交通设施的国防功能，加强各重要战略方向的交通保障，提升军队战略投送能力的内容。在编制中长期铁路网规划、国家公路网规划、全国民用运输机场布局规划、全国沿海港口布局规划等规划过程中，也都充分征求了军队有关部门的意见，将一批具有重大国防意义的建设项目纳入其中。在制定"一带一路"建设规划时，根据维护国家海外利益需要，对保障国际维和、国际救援、海上护航等军事行动的交通问题给予了充分考虑。

本条第二款的规定，是把过去行之有效的实践成果以法律形式固定下来。据此，国务院及其有关部门和省级人民政府制定交通行业以及相关领域的发展战略、产业政策和规划交通网络布局时,应当依法征求军队有关部门和本级政府国防交通主管机构的意见,并主动及时提供有关情况和资料。

三、关于将国防要求纳入交通设施、设备技术标准和规范

技术标准和规范是交通设施建设和设备建造的基本依据。与交通固有的国防和经济双重功能相对应,交通设施、设备技术标准和规范同样具有双重属性,应当满足经济和国防的双重需要。

将国防要求纳入交通设施、设备技术标准和规范,满足国防和经济双重需要,包含两个方面的含义:一是国务院有关部门在制定交通设施、设备的技术标准和规范时,应当通过国家国防交通主管机构征求并汇总军队有关部门意见,将有关国防要求纳入其中,增强技术标准和规范的军民通用性、兼容性,从源头上实现交通设施、设备的军民融合,具体组织实施办法由国家国防交通主管机构负责制定;二是除将国防要求纳入国家和行业通用的交通设施设备技术标准和规范之中,还应将根据国防需要制定的专门标准和专项规范,纳入相关行业标准规范体系,以解决专门标准和专项规范在相关行业内的通用性和强制执行问题,减少贯彻国防要求过程中的"一事一议"。比如,国家发展计划委员会、财政部、铁道部、交通部、信息产业部、民用航空总局、总参谋部、总后勤部联合下发的《交通运输、邮电通信基本建设贯彻国防要求规定》等规定,没有转化成为相关行业的专门规范,因此执行效果不够理想。改革开放以来,随着我国各项事业的迅猛发展,一方面,国家和地方交通建设飞速发展,综合交通运输体系日趋完善,服务国防的能力不断提高;另一方面,国防科学技术和军事装备快速发展,对民用交通设施设备的适

应性要求越来越高，技术标准体系也越来越复杂。把国防要求纳入国家技术标准和规范，既是交通工程设施和运载工具平战结合、军民融合的重要体现，也是落实国防要求的有效措施。将国防要求纳入交通设施、设备技术标准和规范，促进军民标准规范体系的融合，既可以解决设施设备的军民通用性、兼容性问题，又能够减少重复建设和资源浪费。从技术标准和规范上提高交通设施、设备的军民通用性是国际通行做法，我国对交通领域技术标准和规范的军民兼容问题一直十分重视，有明确的要求和规定。比如，国务院、中央军委《关于进一步加强交通战备工作的意见》第五条明确"国务院有关部门在制订有关技术标准时要充分考虑国防要求"。基于此，本条第三款明确规定国务院有关部门应当将国防要求纳入交通设施设备的技术标准和规范，为交通领域技术标准和规范制定贯彻国防要求提供了法律依据，以增强具体操作执行中的强制力。

国家交通设施、设备技术标准和规范制定的事权属于国务院有关部门，汇总有关国防要求意见的主体是国家国防交通主管机构。对交通设施、设备技术标准和规范的国防要求，涉及军队的作战、装备、军事运输等多个部门，为加强统筹协调，防止多头管理，需要有一个归口部门进行汇总，统一向国务院有关部门提出。明确国防要求由国家国防交通主管机构汇总提出，既利于实际操作，又利于发挥国防交通主管机构的职能作用。因此，本法规定："有关国防要求由国家国防交通主管机构征求军队有关部门意见后汇总提出。"

第十六条　国防交通工程设施建设规划，由县级以上人民政府国防交通主管机构会同本级人民政府交通主管部门编制，

经本级人民政府发展改革部门审核后，报本级人民政府批准。

下级国防交通工程设施建设规划应当依据上一级国防交通工程设施建设规划编制。

编制国防交通工程设施建设规划，应当征求有关军事机关和本级人民政府有关部门的意见。县级以上人民政府有关部门编制综合交通运输体系发展规划和交通工程设施建设规划，应当征求本级人民政府国防交通主管机构的意见，并纳入国防交通工程设施建设的相关内容。

【释义】 本条是关于国防交通工程设施建设规划编制的规定。

国防交通工程设施是战时和平时特殊情况下，保障国防交通活动顺利实施的物质基础。国防交通工程设施建设投资规模大、周期长，必须通过专项规划进行统筹，以保证其合理布局、军民融合、协调发展。国防交通工程设施建设规划编制，涉及国家安全战略、国防和军队建设、国家和地方经济社会发展等诸多要素，需要明确职责、分工协作。

一、关于国防交通工程设施建设规划编制的主体与程序

与本法第四条“县级以上地方人民政府国防交通主管机构负责本行政区域的国防交通工作”“县级以上人民政府有关部门和有关军事机关按照职责分工，负责有关的国防交通工作”的规定相一致，国防交通工程设施建设规划编制的主体是县级以上地方人民政府国防交通主管机构和本级人民政府交通主管部门。县级以上地方人民政府国防交通主管机构是沟通军队与政府的桥梁，衔接军队与地方相关职能部门的纽带，由国防交通主管机构会同本级人民政府交通主管部门，共同编制国防交通工程设施建设规划，有利于搞好军地统筹协调，落实交通工程设

施建设的军民融合要求。

国防交通工程设施建设规划，应当根据国家安全形势、军事战略方针和军事斗争准备要求，结合国民经济和社会发展规划、交通行业的有关中长期规划，以及国家和地方财力的可能进行编制。在规划编制过程中，国防交通主管机构征求有关军事机关和本级人民政府有关部门的意见，归口受理、汇总国防交通工程设施建设布局、规模和项目需求。国防交通主管机构会同本级人民政府交通主管部门共同编制规划，经同级人民政府发展改革部门审核后，报本级人民政府批准。省级国防交通主管机构牵头编制的国防交通工程设施规划，须上报国务院、中央军委指定的区域性国防交通主管机构和国家国防交通主管机构，并抄送国务院交通主管部门。国务院、中央军委指定的区域性国防交通主管机构，应根据战区作战任务、兵力部署和装备特点等情况，对本区域内省、自治区、直辖市规划的建设项目进行综合平衡，编制本区域的国防交通工程设施建设规划，上报国家国防交通主管机构并抄送国务院交通主管部门。国家国防交通主管机构根据国家安全形势和军事战略方针，统筹各战略方向的军事斗争交通保障需要，对报来的建设项目进行综合平衡，会同国务院交通主管部门编制全国国防交通工程设施建设规划，报送国家发展改革部门审核后报国务院批准。发展改革部门是本级人民政府经济发展规划的制定和行业规划的衔接平衡部门，负有综合统筹协调的职能，明确“经本级人民政府发展改革部门审核后，报本级人民政府批准”，既与现行管理体制相适应，又利于发挥其在各级政府中统筹规划、综合协调、管理监督和宏观指导的职能作用，保证国防交通建设规划与经济发展规划的有效衔接，实现国家交通与国防交通的同步规划、有效实施、融合发展。

二、关于国防交通工程设施建设规划编制层级关系

规划项目需求汇总自下而上，规划编制自上而下。上一级国防交通工程设施建设规划是对下一级规划的引领和统筹，是下一级规划编制的依据。从我国规划编制实践看，在国防交通工程设施建设规划的体系中，分为国家，战区（军种）和省、自治区、直辖市三个层级。其中，国家国防交通工程设施建设规划，主要是统筹各战略方向建设任务，汇总和平衡中央军委有关部门、战区、军兵种的建设需求，将具有重要国防意义的重大建设项目，衔接纳入国家综合交通运输体系规划和铁路、公路、水路、航空等相关交通基础设施建设规划，确认相关省、自治区、直辖市需列入国防交通工程设施建设规划的具体项目和实施序列，确定总体建设规模、资金来源、中央专项资金补助标准，以及建设用地、项目审批等相关政策支持，是国防交通工程设施建设专项规划的最高层级。战区、军种国防交通工程设施建设规划，主要是依据中央军委赋予本战区、军种的使命任务和预定作战构想，提出本战区、军种的战场交通和部队机动战略战役通道建设需求和建设重点，是国防交通工程设施建设需求生成最为直接和关键的一个层级，也是规划编制过程中形势决定任务、需求引领建设特点最为鲜明的一个层级，是国家编制建设规划和确定建设项目的重要依据。省、自治区、直辖市的国防交通工程设施建设规划，主要是承接有关军事机关提出的建设需求，并结合本地区国民经济和社会发展综合规划、交通基础设施建设规划，确定具体建设项目和实施序列，明确资金来源和中央专项资金需求，以及建设用地、项目审批等需要上级和相关部门支持配合的事项与意见建议，是国防交通工程设施建设规划能够顺利实施，

确保需求项目得以建设落地的重要层级。因此,明确“下级国防交通工程设施建设规划应当依据上一级国防交通工程设施建设规划编制”,不仅是国防交通工程设施规划顺利实施的重要保证,而且也是本法第三条“统一领导、分级负责”原则要求的具体体现。

三、关于国防交通工程设施建设规划的编制衔接

本条第三款规定,“编制国防交通工程设施建设规划,应当征求有关军事机关和本级人民政府有关部门的意见”。主要是国防交通工程设施建设的需求,源于国家安全、国防建设和军事斗争准备需要,只有有关军事机关才能准确提出。为及时准确了解军队在交通工程设施建设方面的需求,加强规划阶段国家交通与国防交通建设的统筹协调,扎实推进军事斗争准备交通工程设施建设,确保军事战略方针得到有效贯彻落实,实现国防交通工程设施建设的军民融合发展,编制国防交通工程设施建设规划必须征求有关军事机关意见。同时,国防交通工程设施建设离不开国家交通基础设施建设的支撑和依托,为确保国防交通工程设施建设在发展基础、支撑条件、实施序列等方面,与国家和地方的发展水平相协调、与有关政策规定相适应、与其他规划相衔接,增强国防交通工程设施建设规划的操作性和可行性,也应当征求本级人民政府发展改革、交通运输、环境保护、国土资源等主管部门的意见,进行充分沟通和协商,争取得到最大限度的支持。

有关军事机关对国家和地方的综合交通运输体系发展规划、交通工程设施建设发展的具体情况,有时了解得不够及时和全面,难以把握提出军事需求的最佳时机,导致国防交通工程设施建设需求不能及时纳入国家和地方综合交通运输体系发展规

划、交通工程设施建设规划。为保证有关军事机关与人民政府有关部门在国防交通建设方面信息沟通的顺畅，确保人民政府有关部门在编制综合交通运输体系发展规划和交通工程设施建设规划时，能够将国防交通工程设施建设相关内容及时纳入规划，从制度上保证交通建设的军民融合发展，因此，本条第三款还规定，“县级以上人民政府有关部门编制综合交通运输体系发展规划和交通工程设施建设规划，应当征求本级人民政府国防交通主管机构的意见，并纳入国防交通工程设施建设的相关内容”。本款中的“本级人民政府有关部门”，主要是指本级人民政府的发展改革、交通运输、财政等职能部门。

第十七条　国防交通专业保障队伍建设规划，由国家国防交通主管机构会同国务院有关部门和军队有关部门编制。

【释义】　本条是关于编制国防交通专业保障队伍建设规划的规定。

国防交通专业保障队伍，是指按一定建制组织起来的，在战时和平时特殊情况下执行人员物资运输、交通工程设施抢修抢建、交通管制、通信保障等任务的组织，是国防后备力量的组成部分，是遂行平战时国防运输和交通保障任务的骨干突击力量。世界许多发达国家都建设有类似的专业保障队伍，如美国的国防后备船队、民航后备队等。

一、国防交通专业保障队伍的分类

我国的国防交通专业保障队伍，按功能分为运输、工程、通信和其他类的保障队伍；按行业分为铁路、公路、水路、航空、邮政和通信类保障队伍。其中，铁路行业，建有线路、桥隧、电力等工程保障队伍，以及与运输和工程保障有直接关系的其他保障队伍;公路行业,建有公路运输和工程保障队伍;水路行业,建有水路运输和港口装卸保障队伍,航务、航道、打捞等工程保障队伍,以及与运输和工程保障有直接关系的海事、救助等其他保障队伍;航空行业,建有航空运输和机场工程抢修保障队伍,以及与运输有直接关系的装卸、油料、机务等其他保障队伍;通信行业,建有机动通信和通信抢修队伍。为适应维护国家安全和军事斗争准备需要,国家通过编制国防交通专业保障队伍建设规划,不断优化国防交通专业保障队伍的布局结构,适时调整队伍的数量规模,加强国防交通专业保障队伍的建设管理。本法明确了国防交通专业保障队伍建设规划的法律地位,对于加强国防交通专业保障队伍的规划和建设具有重要意义。

二、国防交通专业保障队伍的建设发展

我国的国防交通专业保障队伍,创建于抗美援朝战争时期,当时主要由地方援朝的铁路、公路运输工程保障力量等组成。1962 年,为适应东南沿海紧急战备需要,中央批准设置公路专业工程抢修队伍。同年,中共中央批转了交通部党组关于加强交通运输战备工作的报告,并指出:“必须改进交通部门的民兵建设工作。交通部门的民兵建设,应以服从交通战备要求为方针,在‘生产结合战备、战备不忘生产’的平战结合原则下,从组织上、训练上,真正体现半军事化的精神,使之不仅具备一般民兵的军事知识和军事素养,而且成为交通战备的骨干力量,成为能够担负战时抢修抢险、护路护桥和参加军事运输的一种技术民兵。”1963 年,国防部、交通部在《关于加强交通沿线地区民兵建设的指示》中指出:“在组织上,应以汽车驾驶员、船员、装卸工、养路工、车船修理工以及工程队伍和交通院校的民兵为重点。并注意充分发挥专业干部和复员退伍军人在民兵中的骨干作用。”这些文件精神，原则上明确了交通专业保障队伍的组成、性质和任务。按照文件精神，铁道、交通系统相继组建了一批运输、抢修和装卸队伍。1978 年，中央恢复各级交通战备领导小组，铁道部、交通部、总参谋部、总后勤部联合发文，对铁道、交通系统专业保障队伍的任务进行了明确。20 世纪 80 年代中期，邮电通信和民航系统也开始组建应急通信、航空运输和抢修队伍。到 80 年代末，全国各类专业保障队伍已具相当规模。进入 90 年代，军委确定了新时期军事战略方针，队伍也进行了相应调整。1997 年，为适应“战场和市场”的新要求，按照规模适度、精干管用的原则对队伍进行了全面整组，使队伍数量减少，但结构、布局更加合理，素质质量进一步提高。2006 年，国家交通战备办公室下发了《国防交通专业保障队伍管理暂行规定》，进一步明确了国防交通专业保障队伍的地位作用、任务、建设管理原则和管理部门分工，规范了队伍的组建、编成、管理、训练、使用等工作。

对于交通专业保障队伍的建设，英美等西方军事强国非常重视，建有不同形式和数量的队伍，以备战时快速征用。美国工业动员法规定，在国家处于紧急情况时，民用交通力量将转为保障工业生产和军队后勤的主体力量。英美等国在交通企业内部都建有用于交通保障的专业队伍，在接受征用后连同运载工具和保障装备直接服务于军事需要。美国于 1951 年组建了民用后备航空队，作为美国战略空运的后备力量。20 世纪 70 年代中期，美国以第二次世界大战中征用的商船为基础组建了国防后备船队，作为军事海运的一支重要力量。美国海军特别重视商船队的军事价值，称其为“国防的第四条臂膀”“国防第四军种”。正是由于美国平时重视作为国防后备力量的交通专业保障队伍建设，使其在海湾战争和伊拉克战争中，成功运用了民航后备队和国防后备船队，有力地支援了战略海空运输。

三、国防交通专业保障队伍的地位作用

经过60多年的建设，我国的国防交通专业保障队伍已经成为企业生产的主力军，平时应急的突击队，战时保障的骨干力量，在支援作战、国防建设、抢险救灾、维护社会稳定、促进经济发展中，发挥了重要作用，做出了积极贡献。

一是发挥了战时交通保障生力军的作用。抗美援朝战争中，仅铁路部门就抽调3万多名职工组成保障队伍参加铁路运输和抢修抢建。中印边境反击作战中，地方支援汽车800余辆，运送人员9万余人，运输物资5万余吨，组织大量沿线民工抢修道路。东南沿海紧急战备中，仅交通沿线民兵组成交通保障队伍就出动21万余人。对越边境反击作战中，为保障部队的摩托化开进道路准备，广西动员全区交通部门的力量，进行了抢修边防公路510多千米的大会战；云南省交通部门动员职工民工2万人，确保5条主要干线公路畅通，清除塌方11万立方米，补砌挡墙9000立方米，加固险桥、窄桥23座，加宽多处窄路等，保障了部队输送和装备物资运输的道路畅通。

二是在应对突发事件中发挥了应急交通保障突击队的作用。国防交通专业保障队伍在军事或战争活动，以及处置公共突发事件和维护社会稳定中扮演着重要角色。如在抢险救灾、应对突发事件等重大活动中，紧急抢运物资，抢修道路，实施交通保障，都发挥了突击队作用。1998年抗洪抢险中，国防交通专业保障队伍抢运物资780万吨，抢修水毁公路1.5万千米，修复桥梁284座。汶川抗震救灾，出动国防交通专业保障队伍3万余人次，在极端困难危险的情况下，突击抢运救灾物资，抢修中断线路，开辟应急通道，调用战备钢桥70余座，架设临时桥梁40余座，为打通生命通道作出了重大贡献。

三是在交通企业生产中发挥了主力军作用。国防交通专业保障队伍在促进经济建设、社会发展和提高企业经济效益方面做出了积极贡献。在交通企业遇到急、难、险、重任务时大都由保障队伍承担，达到既完成任务又锻炼队伍的目的。交通企业结合运输生产、工程施工积极组织队伍演练，创造了经济效益，实现了生产、战备两利。实际上，平时组建的国防交通专业保障队伍所具有的保障能力并不限于其本身，其所依托的是潜力雄厚的交通运输行业和社会中蕴藏的巨大交通运输资源，因而具有强大的生命力。

四、国防交通专业保障队伍建设规划的编制

交通运输企业事业单位都有承担国防义务或参加抢险救灾的社会责任，但并非所有企业都必须组建专业保障队伍。我国的国防交通专业保障队伍建设，坚持以军事斗争交通保障需求为牵引，按照有利于完成战时保障任务、有利于应付公共突发事件、有利于促进企业发展的标准，确定规模结构，实行分类分级建设。因此，通过编制国防交通专业保障队伍建设规划，加强统筹安排，是队伍建设良性发展的客观要求和有效方法。

国防交通专业保障队伍建设规划是对一定时期内国防交通专业保障队伍建设种类、规模、布局，以及管理、训练和使用等工作的总体安排，是统筹安排专业保障队伍建设的基本依据。国防交通专业保障队伍建设规划的内容主要包括现状评估、形势要求、总体思路、建设目标、主要任务及经费需求、保障措施等。编制国防交通专业保障队伍建设规划，应当依据新形势下军事战略方针、军事斗争准备对交通保障的需求，以及交通运输企业事业单位的实际，按照整体规划、突出重点、规模适度、精干管用的原则，以全面提升专业保障能力和快速反应能力为目标，研究分析一个时期内国防交通专业保障队伍建设现状、面临形势和存在问题，明确队伍建设的指导思想、基本原则、建设目标、主要任务和保障措施等。国家国防交通主管机构在制定队伍建设规划时，应与军委机关部门和各战区、军兵种，以及联勤保障部队沟通协调，掌握需求，区分层次，统筹规划。战略层面的国防交通专业保障队伍建设规划，由国家国防交通主管机构会同交通运输部、工业和信息化部和军队有关部门编制。按现行管理体制，铁路、航空、邮政专业保障队伍的建设规划，由国家国防交通主管机构会同交通运输部和军队有关部门，以及中国铁路总公司、国家铁路局、中国民用航空局和国家邮政局编制。战区层面的国防交通专业保障队伍建设规划，按照国家国防交通主管机构的统一部署，由国务院、中央军委指定的区域性国防交通主管机构组织编制，区域内的省级国防交通主管机构以及地区性的铁路、民航、邮政、通信管理机构参与，并报国家国防交通主管机构备案。

第十八条　国防交通物资储备规划，由国防交通主管机构会同军地有关部门编制。

中央储备的国防交通物资，由国家国防交通主管机构会同国务院交通主管部门和军队有关部门编制储备规划。

地方储备的国防交通物资，由省、自治区、直辖市人民政府国防交通主管机构会同本级人民政府有关部门和有关军事机关编制储备规划。

【释义】　本条是关于编制国防交通物资储备规划的规定。

一、关于国防交通物资储备及其规划

国防交通物资,是指为保障战时或者平时特殊情况下实施交通运输抢运、抢修、抢建所需的专用物资及设备、器材、工具等。国防交通物资储备,是基于战时和平时特殊情况对国防交通物资进行的预先配置,是国家战略储备的重要组成部分。国防交通物资储备规划,是为满足国防交通保障需要,由军地有关部门对一定时期内国防交通物资储备的布局、规模、品种等作出的总体安排,主要包括现状评估、形势要求、指导思想、基本原则、发展目标、建设任务和保障措施等内容。

国防交通储备物资品种按交通方式和用途区分。按交通方式分为铁路、公路、水路、航空和战备通信储备物资;按用途分为专用储备物资和通用储备物资。目前,储备的国防交通制式器材,主要有桥梁器材、浮箱器材、舟桥器材、装卸机具、特种车船、通信装备等6大类50多个品种。我国国防交通物资储备是在抗美援朝战争实践的基础上,逐步形成并发展完善的。60多年来,中央和地方各级人民政府不断加大国防交通物资储备投资规模,调整国防交通物资储备布局和结构,加强维修养护和使用管理,构建了品类齐全、功能配套的国防交通物资储备体系,除传统的抢修器材外,还成功研制了浮箱式简易轮渡、双体承压舟、铁路深水浮墩、海上浮码头、可潜式滚装码头、多用途浮箱、新型装配式公路钢桥等一大批应急保通设施设备,逐步形成了集运输保障、工程防护、抢修抢建、应急通信等较为齐全的储备格局。在部队作战、战备演练、抢险救灾、维稳处突等重要交通保障中,发挥了不可替代的作用。如汶川抗震救灾中,国家先后调用公路战备钢桥76套、战备应急通信设备2000多套、铁路战备抢修器材数千吨,以及民航战储加油车和升降平台等,为救灾作出了突出贡献。为推动国防交通物资储备工作的良性发展，国防交通主管机构需要定期制定国防交通物资储备规划。国防交通物资储备规划分为中央物资储备规划和地方物资储备规划。本条明确了编制国防交通物资储备规划的法律地位，对于规范储备秩序，优化资源配置，全面提升国防交通保障能力具有重要作用。

二、国防交通物资的中央储备及其规划

由中央财政预算安排储备的国防交通物资为中央储备。中央储备由国务院交通主管部门组织有关企业事业单位代为储备和维护管理，主要用于全国范围内重要交通目标和大型国防交通活动的保障任务。国防交通物资的中央储备规划，主要依据国家国防建设需求、交通运输事业发展和经费保障能力，对一定时期内国防交通物资中央储备的布局、规模和结构等进行筹划安排，一般以5年为一个周期。

国防交通物资中央储备规划，由国家国防交通主管机构会同国务院交通主管部门和军队有关部门，依据国家安全形势、军事战略方针和军事斗争准备要求，结合国家交通运输发展状况和国防交通保障需求，以及财力保障可能进行编制。规划编制过程中，铁路、公路、水路、航空、邮政类国防交通物资储备布局、结构规模和品种数量等方面的需求，由国务院交通主管部门和军队有关部门向国家国防交通主管机构提出。需要说明的是，目前中国铁路总公司、中国铁路工程总公司、中国铁道建筑总公司等中央企业，在铁路物资储备规划的需求论证中也承担一定职能。通信类国防交通物资储备布局、结构规模和品种数量等方面的需求，由工业和信息化部向国家国防交通主管机构提出。军队对国防交通物资储备规模、结构、布局方面的意见建议，由国务院、中央军委指定的区域性国防交通主管机构汇总，向国家国防交通主管机构提出。国家国防交通主管机构对储备需求和规划意见进行综合平衡，并与国务院财政主管部门沟通协调后，会同国务院交通主管部门和军队有关部门，编制形成国防交通物资中央储备规划。

三、国防交通物资的地方储备及其规划

由地方财政预算安排储备的国防交通物资为地方储备。地方国防交通物资储备，由本级政府交通主管部门负责储备管理，主要用于本地区重要交通目标和重要国防交通活动。地方储备规划是在中央储备规划的基础上，结合本地区国防交通保障需求和交通资源配置实际，以及储备经费保障水平，对一定时期内本地区国防交通物资储备的布局、规模和结构的筹划安排，一般以5年为一个周期，由省、自治区、直辖市人民政府国防交通主管机构会同本级人民政府交通主管部门编制，并征求国务院、中央军委指定的区域性国防交通主管机构的意见。制定省、自治区、直辖市国防交通物资地方储备规划，可参照中央储备规划的编制方法进行。地方国防交通物资储备规划编制完成后，应报上级国防交通主管机构备案。

第十九条　国防交通科研规划，由国家国防交通主管机构会同国务院有关部门和军队有关部门编制。

【释义】　本条是关于编制国防交通科研规划的规定。

一、国防交通科研的内容

国防交通科研，即国防交通科学技术研究，是指为提高国防交通建设水平和战时保障能力而进行的学术理论研究和工程技术研究，是国防交通建设的重要组成部分。与通常意义上的交通运输科学技术研究不同，国防交通科研主要是针对战时交通运输系统遭到打击破坏后，为解决抢运、抢修、抢建和防护问题，保障战时交通运输需要而进行的科学研究。国防交通科研主要分为学术理论研究和科学技术研究两大类。

国防交通学术理论研究侧重于以对策措施为重点的应用理论研究，主要围绕现代信息化战争、新军事革命和社会主义市场经济对国防交通的影响与对策，应对多种安全威胁、遂行多样化军事行动交通保障的特点规律，国防交通组织机构、法律法规、政策措施的设计与建设，应战与应急国防交通保障指挥机构构建、保障力量运用、保障方式方法和手段措施，以及以信息化为核心的国防交通现代化建设与发展战略等方面的问题展开研究，目的是为国防交通决策和工作指导提供理论依据。

国防交通科学技术研究主要包括基础技术研究、应用技术研究和技术标准研究等。基础技术研究，主要研究战时交通设施设备结构的设计理论、设计参数、计算方法，国防交通装备与器材的相关技术试验、检验，大型交通设施武器破坏效应模拟试验等。应用技术研究，主要研究交通线抢修抢建技术、交通线防护技术、国防交通信息化技术，以及应急装卸、换装过驳、运载工具加改装等应用技术。其中，交通线抢修抢建技术，重点研究交通设施抢修抢建技术，新型高强、轻质材料，新型粘接、速凝材料等新材料应用，国防交通工程快速施工工艺，应急桥梁、应急浮渡等抢修抢建装备器材，国防交通工程设施设备检测工艺等；交通线防护技术，重点研究重点交通目标伪装、隐蔽器材与技术，对袭击破坏交通设施的敌兵器实施干扰的装备器材与技术，工程加固技术等；其他应用技术，重点研究应急装卸、换装过驳技术，运载工具加改装技术，运载工具应急修复、救援技术等。技术标准研究，主要研究交通建设贯彻国防要求技术标准，国防交通专用工程设计与施工技术规程，交通设施防护和抢修抢建技术标准，交通保障装备与器材设计、制造、试验、检验技术标准等。

我国国防交通科研工作从新中国成立初起，按照不同时期的战略重点，大致经历了吸收和应用国外技术、改造设计苏式、日式器材；自主研发六四式铁路军用梁、六五式铁路军用墩、六七式铁路舟桥、装配式公路钢桥、公路战备浮码头等交通战备器材与设备；以跨越江河障碍技术为主要目的，应用民舟拼组铁路浮桥和公路浮桥，应用浮箱拼组铁路浮桥和预沉式浮墩，应用制式器材拼组简易铁路轮渡等技术；在巩固铁路、公路跨越江河障碍技术手段的基础上，向港口码头保障、海上交通保障等领域拓展四个阶段。特别是 1995 年以来，紧紧围绕新时期军事斗争准备需要，适应现代战争条件下交通保障要求，加强了国防交通科研的规划和实施，取得了一批标志性的科研成果，先后获国家科技进步一等奖及其他奖项数十项，不但为战时交通保障打下坚实基础，而且在平时的抢险救灾和经济建设中发挥了巨大作用。

二、国防交通科研规划的编制

国防交通科研规划是对一定时期内国防交通科研工作的总体筹划和安排，是确定科研经费投向投量，以及制订三年滚动计划和安排年度科研项目的基本依据。国防交通科研规划的内容，主要包括现状评估、形势要求、总体思路、发展目标、主要任务及经费需求、保障措施等。

国防交通科研规划，由国家国防交通主管机构会同国务院有关部门和军队有关部门编制，依据军事战略方针和国防与军队建设发展规划，国家国防交通建设发展和军事斗争交通保障需求，国家交通通信行业发展战略及规划，国内外相关科学技术发展情况，国防交通科研工作现状和发展方向等方面的要求，采取自上而下、上下结合的方法进行编制。通常由国家国防交通主管机构对规划编制工作进行统一部署，提出原则要求；由交通运输部、工业和信息化部，各省、自治区、直辖市的国防交通主管机构，归口提出本行业、本地区的国防交通五年科研发展需求和项目建议。其中，涉及铁路、航空、邮政行业的科研需求和项目，由国家铁路局、中国民用航空局、国家邮政局归口提出。需要说明的是，在提报铁路国防交通科研需求和项目时中国铁路总公司、中国铁路工程总公司、中国铁道建筑总公司等中央企业，也承担一定职能。军队对国防交通科研规划的需求和项目，由战区、军兵种、联勤保障部队、武装警察部队的力量投送和运输投送主管机构，以及相关科研院校、军事代表机构归口向国家国防交通主管机构提出，或由国务院、中央军委指定的区域性国防交通主管机构汇总后向国家国防交通主管机构提出；中央军委有关部门和军兵种机关有关部门的国防交通科研需求和项目，由中央军委后勤保障部和军兵种后勤部的运输投送机构直接向国家国防交通主管机构提出。国家国防交通主管机构对上述单位提报的科研需求和项目建议进行汇总梳理后，研究确定规划思路，明确发展目标、发展方向和发展重点，对拟列入规划项目的必要性和可行性进行论证筛选，提出项目和经费安排意见，并与国务院有关部门沟通协调后，研究形成最终的国防交通科研规划。

第三章 交通工程设施

交通工程设施主要由交通线路、运营(作业)场(港)站及其附属和配套设施等构成。交通工程设施一般都具有军民通用性,是经济和国防活动的基础条件,但国防和军队常常有一些不同于普通民用的特殊要求,如军队部署调整、预设战场,要求交通工程设施建设布局与之相适应;军队规模化、快速化和武器装备重型化装载运行,要求交通工程设施能力达到一定标准,并增建相应的专项设施等。对此,国家通常采取在交通工程设施建设中贯彻国防要求和进行国防交通工程设施专项建设两种途径来满足军队特殊使用需要。本章主要就这两个方面进行规范,共9条,包括国防交通工程设施建设的依据、程序、管理职责以及保护措施;其他交通工程设施建设贯彻国防要求的程序、方法、职责以及经费保障和政策支持等。

第二十条 建设国防交通工程设施,应当以国防交通工程设施建设规划为依据,保障战时和平时特殊情况下国防交通畅通。

建设其他交通工程设施,应当依法贯彻国防要求,在建设中采用增强其国防功能的工程技术措施,提高国防交通保障能力。

【释义】 本条是关于国防交通工程设施建设依据和目的以及其他交通工程设施建设贯彻国防要求的规定。

一、关于国防交通工程设施

本法所称国防交通工程设施，是指国家为国防目的修建的交通基础设施以及国防交通专用的指挥、检修、装卸、仓储等工程设施。也就是说，国防交通工程设施实际上分为两个部分：一是为国防目的修建的交通基础设施；二是国防交通专用的指挥、检修、装卸、仓储等工程设施。

国家为国防目的修建的交通基础设施，包括具有重要国防意义的铁路、公路、国防(战备)公路，各类迂回线和联络线，边海防公路，部分部队特定机动道路，军民合用机场，公路飞机跑道，战备渡口、预备港口等。这些交通基础设施，平战结合，军民两用，但以国防和军事目的为主。新中国成立以来，国家为巩固国防在不同历史时期都进行过大规模交通基础设施规划和建设，如先后建成的具有重要国防意义的鹰厦、宝成、包兰、外福、兰青、兰新、贵昆、成昆、京原、湘黔、阳安、襄渝、宝中、青藏、龙岩、赣龙等铁路干线，青藏、川藏、新藏等公路干线，以及其他大量战备公路和边(海)防公路等，水路的长江、珠江、闽江、澜沧江、大清河战备航道和沿海港口战备设施等，对于完善战场交通建设、加强军事斗争准备和保障作战胜利发挥了支撑作用。这些以国防为主要目的交通基础设施建成后，自然融入国家交通基础设施，成为国家交通不可分割的组成部分。当前和今后一个时期，交通基础设施建设将按照军民融合发展战略，统筹兼顾经济与国防需要，进一步加强各战略方向战场交通建设和反恐维稳重点地区的交通基础设施建设。

国防交通专用的指挥、检修、装卸、仓储等工程设施，包括交通、通信系统的内部、外部指挥所，各类运载工具隐蔽洞库和检修基地，国防交通物资储备仓库，军用饮食供应站，军用到发、停车、供应、装卸线路和站台,军运备品仓库,战备码头,军用停机坪等。上述工程设施,部分是为战时坚持运输生产专建专用的,如指挥所、隐蔽洞库等,部分是为保障平战时国防运输专建专设的,如军用到发线、军用站台、战备码头等,后者在保障国防运输优先使用的前提下,大多可以民用。

二、国防交通工程设施建设依据

建设国防交通工程设施,应当以国防交通工程设施建设规划为依据。国家为国防目的修建的交通基础设施,主要通过列入国家和地方交通工程设施建设规划来组织实施,本法第十六条对此有明确规定。因此,为国防目的修建的交通基础设施,其建设依据是国家和地方交通工程设施建设规划,这一规划中包含了国防交通工程设施建设的相关内容。如果部分国防交通工程设施建设项目,由于项目较小或比较专业等原因未能列入上述规划但又需要建设,一般通过列入国防交通工程设施建设规划专项实施。所以,为国防目的修建的交通基础设施,主要依据国家和地方交通基础设施建设规划和国防交通工程设施建设专项规划来实施。同样,国防交通专用工程设施建设,也需要依据上述规划来实施。其建设目的是,按照军事战略方针和军事斗争准备要求,根据部队机动和作战任务需要,有计划、分步骤、有重点地进行建设,以保障战时和平时特殊情况下交通畅通和国防运输顺利实施。

三、其他交通工程设施及其贯彻国防要求

本条第二款所称其他交通工程设施,是指除国防交通工程设施以外的所有交通工程设施。相对于国防交通工程设施而言,其他交通工程设施具有广泛性。因此,本法规定建设其他交通工程设施应当依法贯彻国防要求,具有普遍意义。从这个角度说,“其他交通工程设施”等同于“交通工程设施”或“交通基础设施”。本法有关内容和相关法律也是按照普遍性原则进行表述的,如国防法第五十一条规定,“企业事业单位应当按照国家规定,在交通建设中贯彻国防要求”,其中“交通建设”的涵盖更加广泛。国防动员法第二十一条规定,“与国防密切相关的建设项目和重要产品应当贯彻国防要求,具备国防功能”。交通工程设施属于与国防密切相关的建设项目,应当贯彻国防要求,具备国防功能。

交通工程设施建设贯彻国防要求,目的是通过一定的组织措施和工程技术措施,增强其国防功能,提高国防交通保障能力。本法有关条款主要是规范贯彻落实国防要求的职责分工、程序方法、经费保障等组织措施,以保障技术措施的落实。增强交通工程设施国防功能的工程技术措施主要包括:改善交通运输网络布局和结构,增加运输方式,提高运输能力;兼顾军事部署和国防工业生产需要,合理确定线路走向、经由和主要控制点;大型工程设施地理位置选址,要符合安全、隐蔽和防护距离要求;提高基础设施能力标准,满足军队规模化、重型化输送要求;提高建筑物的抗毁能力,便于实施防护和修复;修建国防交通专用工程设施,以及其他工程技术措施等。

需要特别说明的是,交通工程设施建设应当贯彻国防要求,国防交通工程设施中为国防目的修建的交通基础设施,也应当进一步贯彻国防要求。这些交通基础设施,尽管在规划阶段已经贯彻了部分国防要求,如线路走向、经由、主要控制点以及技术标准等方面都考虑了国防需要,但进入具体设计阶段,仍有部分国防要求需要进一步得到贯彻落实,如军用饮食供应站点、军用危险品运输办理站点、国防运输装卸设施等的设置及其技术等级、建设标准的确定等。这些要求通常在规划阶段不易确定，只有等到具体建设方案明确后，才能提出具体的国防要求，并通过纳入具体设计得到贯彻落实。

四、交通工程设施贯彻国防要求的必要性和重要性

在交通工程设施建设中贯彻国防要求，是增强国家交通国防功能的基本方法和途径，是贯彻落实平战结合方针和军民融合发展战略的有效措施，能够以较少投入获得较大效益，具有较好的经济性和可持续性，因此也是世界发达国家的通常做法。如美国1995年建成的总长66000公里的联邦州际与国防公路网系统，是连接各主要城市、公共交通中心最便捷的干线公路系统，也是通向边境并连接墨西哥和加拿大的陆上交通要道。新中国成立以来，我国在交通工程设施建设中，坚持贯彻国防要求，取得了显著成效。政府和军队的高度重视，国家的大力支持，使得各项国防要求大部分得到了贯彻落实，即使是在国家经济困难时期，对新建交通设施贯彻国防要求，各级政府部门依然保持了一定的投入水平。经过长期坚持和不断积累，大量国防交通工程设施相继建成并投入使用，与国家整个交通网的配套率不断提高，极大地增强了国家交通的国防功能，保证了国防运输安全、快速、准确。除此之外，军队根据高新武器装备发展情况，对线路、枢纽、港站以及桥隧建筑物的技术等级和标准等也提出了大量国防要求并得到贯彻落实。这些虽然不是有形的具体建设项目，但对部队机动和国防运输安全与效率产生了深远影响，发挥了重要作用，同时也促进了国家交通网的升级，提高了其军民通用性。

近年来，在主要战略方向交通建设中，贯彻国防要求力度不断加大，在保障战略投送、部队快速机动以及战场建设和边防海

防建设中发挥了重要作用。比如，在沿海港口改建扩建中充分考虑重型武器装备运输快速作业、通载等方面的要求，提高了战略投送保障能力；藏疆方向交通设施布局兼顾部队机动和战役输送要求，凸显了国家交通的国防功能。交通工程设施建设贯彻国防要求是一项长期的战略任务，必须坚持以战略投送能力建设为牵引，以满足国家安全需要为目标，通过持续建设，逐步实现军民兼容、平战兼顾、立体综合、衔接配套、通达完备的综合交通网络体系，不断增强国家交通的国防功能。

本条确立了国防交通工程设施建设和其他交通工程设施建设贯彻国防要求的法律地位，对于规范国防交通工程设施建设和其他交通工程设施建设贯彻国防要求、实现经济效益和国防效益的有机统一，具有重要作用。

第二十一条 国防交通工程设施应当按照基本建设程序、相关技术标准和规范以及国防要求进行设计、施工和竣工验收。相关人民政府国防交通主管机构组织军队有关部门参与项目的设计审定、竣工验收等工作。

交通工程设施建设中为增加国防功能修建的项目应当与主体工程同步设计、同步建设、同步验收。

【释义】 本条是关于国防交通工程设施建设管理的规定。

一、国防交通工程设施建设程序、标准、规范和要求

国防交通工程设施应当按照基本建设程序组织实施。我国基本建设程序一般包括以下几个步骤：制定规划、组织开展前期工作、编制计划、立项论证和审批、组织招投标、设计和审查、施工和监理、竣工验收、交付使用。就国防交通工程设施而言，绝大部分建设项目都应按照国家基本建设程序进行管理，根据项

目来源及立项审批层级和权限，各级有关职能部门各负其责，并对设计、施工单位资质提出特殊要求。个别国防交通工程设施，如为应对突发危机、军事斗争急需的建设项目，可简化程序，组织专项立项审批，指定设计、施工单位进行工程设计和施工。

国防交通工程设施应当按照相关技术标准、规范和国防要求进行设计、施工和竣工验收。相关技术标准、规范，主要指国家和军队颁布施行的关于国防交通工程设施的设计、生产、施工、监理等方面的法规规章和技术标准、规范。国防交通工程设施，如无特殊要求，一般按照民用或军用通用标准、规范进行设计、施工。由于大多数国防交通工程设施，是通过交通建设贯彻国防要求的途径实现的，因此还应按照贯彻国防要求的相关规定执行，如《交通运输、邮电通信基本建设贯彻国防要求规定》《铁路军运设施设计规定》《公路飞机跑道工程建设标准》《铁路贯彻国防要求技术规程》《电信基本建设贯彻国防要求技术规定》等。对部分国防交通工程设施有特殊要求的，如对建筑物承载力、结构安全、抗毁性能、选址限制等方面的特殊要求，相关标准和规范不能涵盖时，应当按照本条专指的国防要求进行特殊设计、施工。

二、国防交通工程设施设计审定、竣工验收组织

本条规定，相关人民政府国防交通主管机构组织军队有关部门参与国防交通工程设施建设项目的设计审定、竣工验收等工作。由于项目来源不同，管理主体不同，因此组织形式也有所不同。大致分为两种情况：一是为国防目的修建的交通基础设施的设计审定和竣工验收，按照项目管理渠道，由建设单位牵头，设计、施工单位具体组织，相关国防交通主管机构和军队有关部门受邀参加。二是国防交通专用工程设施的设计审定和竣

工验收，专项建设的，由相关人民政府国防交通主管机构组织军队有关部门参加；在其他交通工程设施建设中通过贯彻国防要求建设的，按照主体工程管理渠道，由建设单位牵头，设计、施工单位具体组织，相关国防交通主管机构和军队有关部门参加。其中，军队有关部门主要包括：运输投送机构、战场建设主管部门、战勤部门等。如果情况复杂，还应扩大军队参加范围，如公路飞机跑道建设，涉及空军适用机型、起降条件、空勤保障等技术战术要求，码头设施建设涉及海军舰艇和陆空军船艇靠泊、通航条件、岸基保障等技术战术要求，军兵种有关部门应当参加。

三、设计审定和竣工验收内容及方法

设计审定，依据军地协商确定的贯彻国防要求内容，对所有贯彻项目的功能定位、性能参数、技术标准、设施布置、使用条件等进行审查、核定，并出具书面意见建议。竣工验收，对照设计文件，主要对工程数量、建设等级或标准、工程质量等进行验收，如无问题，相关国防交通主管机构和军队有关部门签字确认；如有异议，查明问题及原因，确定责任，提出处置意见，明确二次验收时间，形成会议纪要，由有关各方签字并遵照执行。

四、贯彻国防要求建设项目管理原则

本条第二款规定，“交通工程设施建设中为增加国防功能修建的项目应当与主体工程同步设计、同步建设、同步验收”，即在管理上实行“三同步”的原则。同步设计，主要是保证技术标准、功能结构、征地用地、设施布置等的协调一致；同步建设，主要保证施工技术、工艺、进度、质量标准的统一性；同步验收，主要是保证经济和国防使用效能的同步生成。

为增强交通工程设施国防功能而修建的项目，既有相对独立的有形的项目，如国防交通专用工程设施，也有与主体工程融为一体的无形的项目，如对基础设施能力和标准、线路走向、线型以及桥隧建筑物选址、结构、承载力、截面尺寸等方面的要求；既可能是主体工程不可分割的组成部分，也可能是相对独立的国防交通工程设施。与主体工程不可分割的贯彻国防要求项目，必然与主体工程同步设计、同步建设、同步验收；相对独立的项目，从以往实践看，有时不能完全保证与主体工程同步设计、同步建设、同步验收，或者能够同步设计，但施工和验收常常滞后，因此造成部分交通工程设施经济和国防效能不能同步生成。本款对此作出明确规定，旨在避免此类情况的发生，实际也是强调，贯彻国防要求项目无论是有形的还是无形的，都是主体工程的组成部分，如果不能与主体工程“三同步”，则主体工程不应通过竣工验收。

第二十二条　国防交通工程设施在满足国防活动需要的前提下，应当为经济社会活动提供便利。

【释义】　本条是国防交通工程设施服务经济社会活动的规定。

国防交通工程设施建设的主要目的，是满足国防活动的需要，以此为前提使之为经济社会活动提供便利，有利于资源共享，高效利用。实际上，绝大多数国防交通工程设施一直都在为经济社会活动提供便利并发挥了重要作用。如国边防公路，建设之初就考虑地方经济发展需要，建成后对沿线地区的经济社会发展、改革开放和边境贸易等产生了积极的促进作用。又如，遍布铁路场站的大量军用线路和站台，在满足国防运输需要的同时，一直都在为民用运输服务，有效地发挥了服务地方经济建设的功能。当然，国防交通工程设施为经济社会活动提供便利不是无条件、无限制的，如军用饮食供应站对外开放、战备仓库代储民用物资等，需要按照有关规定执行；没有规定的，需制定新的规定，明确国防交通工程设施服务经济社会的条件、时机、范围、权限以及责任主体等。本法站在军民融合、资源共享的立场上，原则规定国防交通工程设施在满足国防活动需要的前提下，应当为经济社会活动提供便利，既是对以往成功经验的肯定，也是为后续制定实施细则提供指导原则和法律依据。

第二十三条　国防交通工程设施管理单位负责国防交通工程设施的维护和管理，保持其国防功能。

国防交通工程设施需要改变用途或者作报废处理的，由国防交通工程设施管理单位逐级上报国家国防交通主管机构或者其授权的国防交通主管机构批准。

县级以上人民政府应当加强对国防交通工程设施维护管理工作的监督检查。

【释义】　本条是关于国防交通工程设施维护和管理的规定。

国防交通工程设施的维护和管理，是确保发挥其既有功能的重要环节，涉及设施的使用单位、管理单位和产权单位，包括日常检查、维护和报废等内容。本条明确了国防交通工程设施维护、管理职责和改变用途或报废的办理程序和批准权限，对规范国防交通工程设施管理秩序，保持国防交通工程设施良好的技术状态，具有重要作用。

本条共三款。第一款是对国防交通工程设施管理责任的规定。本款中的“国防交通工程设施管理单位”，是指国防交通工程设施所属人民政府交通、通信、民政等主管部门，以及相关企业事业单位。上述主管部门主要负责国防交通工程设施监督管理,受委托的企业事业单位负责具体管理。在实际工作中,由于管理职责和经费保障等方面的原因,部分国防交通工程设施维修养护不及时,有的甚至失修失养,造成个别国防交通工程设施使用功能下降或报废。国防交通工程设施类别庞杂,管理体制各不相同,需要分门别类制定具体办法。比如,在国防交通工程设施维护管理经费保障上,有中央财政全额拨款的,有中央和地方财政分担的,有中央财政和中央所属企业事业单位分担的,有地方财政和地方所属企业事业单位分担的,有企业事业单位全额承担的,不同类别,经费来源或出处不同,其中存在一些问题和争议需要研究解决。总体来看,国防交通工程设施管理,遵循的是政府和企业共同负责、经费共同承担的原则。在这一原则指导下,进一步细分管理职责,明确经费来源、分担比例和保障方式等,特别对一些管理难度较大的国防交通工程设施,如高原边防公路的维修养护等,制定特殊办法,是各级人民政府有关部门和相关企业事业单位加强国防交通工程设施管理的职责所在,也是本款的用意所在。对于维护和管理不到位而影响国防交通工程设施功能的,应依据本法追究管理单位相关责任。

第二款是对改变国防交通工程设施用途或报废的规定。国防交通工程设施需要改变用途或者作报废处理的,比如,由于运输方式或种类改变,铁路旅速提高、机车交路变化等原因,需要关闭个别军用饮食供应站;由于铁路管理体制和调度指挥体系调整改变,需要封存部分外部指挥所或改作他用;由于公路、铁路基础设施发展变化,需要调整、废弃一些老旧战备物资仓库;由于社会经济发展,需要利用国防交通控制用地等,由国防交通工程设施管理单位按管理渠道,逐级上报国家国防交通主管机构或其授权的国防交通主管机构批准后方可实施。之所以将改变用途或报废的批准权限收紧,是因为国防交通工程设施布局以及国防交通保障能力配置,是一个宏观统筹问题,影响重大,同时国防交通工程设施建设投资包含部分或全额国家投资以及土地政策支持,涉及国有资产管理问题,需要经过国家有关主管机构或其授权机构严格把关。如1988年广东九江大桥建成后,当地政府拟对九江战备汽渡码头作报废处理,由于广州军区国防交通主管机构未予批准得以保留。2007年6月15日,大桥遭河沙运输船碰撞,导致一墩被毁、两跨落江,交通中断,当地交通战备部门立即启用保留下来的九江战备汽渡码头,迅速恢复了两岸交通。

需要说明的是,改变用途或者作报废处理的审批范围,主要限定在为增强交通基础设施国防功能而修建的相对独立的有形项目,如国防交通专用工程设施、公路飞机跑道、战备渡口等。鉴于国防交通工程设施投资渠道多元、数量众多、分布广泛,改变用途或作报废处理,中央投资的重大项目,由国家国防交通主管机构审批;其他项目授权行业国防交通主管机构或省级人民政府国防交通主管机构审批。具体授权办法需在配套规章中予以明确。

第三款是对国防交通工程设施维护管理工作监督检查职责的规定。国防交通工程设施维护管理工作,由政府有关主管部门及相关企业事业单位负责,对该项工作监督检查,由县级以上人民政府负责。因维护管理工作不落实、不到位,造成严重后果的,各级政府要负领导责任。因此,本款规定各级人民政府应当加强对国防交通工程设施维护管理工作的监督检查,协调处理维护管理工作中的重大问题,针对工作实际,研究提出加强国防交通工程设施维护管理工作的政策措施和具体办法，提高监督检查工作的有效性和长效性。

第二十四条　任何组织和个人进行生产和其他活动，不得影响国防交通工程设施的正常使用，不得危及国防交通工程设施的安全。

【释义】　本条是关于国防交通工程设施保护工作的规定。

保持国防交通工程设施良好的技术状态和安全，是实现其国防功能的重要前提。组织和个人进行生产和其他活动，不得影响国防交通工程设施的正常使用。下列行为，可能影响国防交通工程设施的正常使用：擅自占用战备码头、渡口、地下指挥工程、战备物资储备仓库、军用饮食供应站等国防交通工程设施及其进出道路；擅自挤占设施场地及其相关水域、空域，影响国防交通活动或设施功能发挥；私自出租、挪用国防交通工程设施和配套设备等。上述行为直接或间接影响国防交通工程设施的正常使用，属于本法禁止行为。

危及国防交通工程设施安全的行为，主要包括在国防交通工程设施附近进行的采矿、取土、挖沙、爆破、焚烧、建筑、架设、堆放、修建水利设施等行为，是本法禁止行为。

第二十五条　县级以上人民政府国防交通主管机构负责向本级人民政府交通主管部门以及相关企业事业单位了解交通工程设施建设项目的立项、设计、施工等情况；有关人民政府交通主管部门以及相关企业事业单位应当予以配合。

【释义】　本条是关于掌握交通工程设施建设情况的规定。

从本条开始到第二十八条，是关于交通工程设施建设贯彻国防要求职责和程序的规定。本条主要是在具体交通工程设施建设项目进入立项、实施阶段，为提报国防要求进行准备，其前提是及时掌握交通工程设施建设情况。

一、关于情况了解范围

本条规定，县级以上人民政府国防交通主管机构负责向本级人民政府交通主管部门以及相关企业事业单位了解交通工程设施建设项目的立项、设计、施工等情况。了解范围包括进入该阶段的所有交通工程设施，无论这些交通工程设施是规划中的项目还是调整增补的项目，或是未列入各级政府规划的项目如交通运输企业自主安排的技术改造项目，无论这些项目出自哪个规划，无论其建设目的，无论前期是否征求过军队意见，应当有一项了解一项，做到一项不漏。因为任何一个项目都可能事关国防和军事，而县级以上人民政府国防交通主管机构特别是省级以下人民政府国防交通主管机构，并不能直接判断该项目与国防和军事的关联度，不能自行取舍和决定了解情况的范围。本法对了解情况的范围未加限定，是法的普遍性原则所决定的。

二、关于职责区分

根据项目立项审批、许可或备案层级，中央安排的项目，由国家国防交通主管机构会同交通运输部、中国民用航空局、国家邮政局、中国铁路总公司的国防交通主管机构，向国务院交通主管部门、发展改革部门以及相关企业事业单位，了解交通建设立项、设计、施工等情况；地方安排的项目，由省级人民政府国防交通主管机构向本级政府交通主管部门、发展改革部门以及相关企业事业单位了解地方交通建设立项、设计、施工等情况；交通运输企业事业单位自行安排的新建、改建、扩建项目，由所属人民政府国防交通主管机构，会同有关军事机关和军事代表机构，向企业事业单位了解项目情况。了解内容主要包括预计立项或立项时间、项目基本情况如线路走向、经由、等级、平纵断面、设施位置，投资、建设周期、设计单位等。

三、关于配合机制

国防交通主管机构了解交通建设立项、设计等情况时，有关人民政府交通主管部门、发展改革部门以及相关企业事业单位应当予以配合。以往，交通建设情况掌握实行的是通报制度，即交通建设规划、计划、前期工作、立项、初步勘测设计等工作情况，分别由相关责任单位在不同阶段向军队有关部门和国防交通主管机构进行通报，征求其贯彻国防要求的意见建议。根据本法第十六条规定，交通建设规划情况仍实行通报制度。计划、前期工作、立项、设计等情况掌握，按照本条规定实行配合制度，即国防交通主管机构主动了解情况，各级人民政府交通主管部门、发展改革部门和企业事业单位予以配合。如果项目较多且计划、前期工作、立项进程以及设计、施工过程中可能存在许多不确定性，各个项目也可能时间进度不一致，这就要求有关国防交通主管机构密切关注情况发展变化，及时掌握项目各阶段工作进程，避免遗漏或错过时机。这可能会对有关国防交通主管机构造成一定工作压力，所以如何配合就显得尤为重要。有关人民政府交通主管部门、发展改革部门以及相关企业事业单位，应当依法积极、主动与国防交通主管机构配合。各级国防交通主管机构，以及有关军事机关和军事代表机构，也应与政府有关部门和企业事业单位特别是大中型交通运输企业建立持续稳定的长效配合机制，并形成制度。

第二十六条 县级以上人民政府国防交通主管机构应当及时向有关军事机关通报交通工程设施建设情况，并征求其贯彻国防要求的意见，汇总后提出需要贯彻国防要求的具体项目。

【释义】 本条是关于征求军事机关贯彻国防要求意见和提出贯彻国防要求建设项目的规定。

一、向军事机关通报情况

县级以上人民政府国防交通主管机构应当按照前条规定的内容，及时向有关军事机关通报情况。有关军事机关包括与该交通工程设施相关的军委机关、战区、军兵种、联勤保障部队、武装警察部队的运输投送、力量投送、装备发展、作战指挥主管部门以及军事代表机构。国家国防交通主管机构就中央安排的重大项目，负责向中央军委有关部门，各战区、军兵种、联勤保障部队、武装警察部队的运输投送、装备发展、作战指挥主管部门以及有关军事代表机构通报情况；省、自治区、直辖市国防交通主管机构就地方安排的项目，负责向战区联合参谋部力量投送主管机构，战区军种、联勤保障中心、有关武警部队运输投送机构以及相关军事代表机构通报情况，同时抄报国家国防交通主管机构。地、县级人民政府国防交通主管机构就自主安排的项目，负责向当地有关军事机关运输投送机构通报情况。交通运输企业就自主安排的改、扩建项目，向军事代表机构通报情况。

二、通报时机

国防交通主管机构应当在可行性研究阶段、项目立项过程中、初步设计开始前，将了解掌握的有关情况及时向有关军事机关通报。这里特别强调及时问题，如果不及时将可能错过贯彻国防要求的最佳时机，造成诸多问题和损失，而事后弥补，不仅费时费力费钱，而且影响部队使用。如某市在制定绕城高速公路规划时，本级国防交通主管机构将线路初定走向及时通报有关军事机关，使原穿行军事指挥设施的设计线路得到调整，既保护了军事设施安全，又避免了开工后再重新改线设计、施工，或建成后不能开通使用等问题。又如，某市的快速干道建设，由于本级国防交通主管机构掌握情况、通报情况不及时，未能为沿线驻军开设专用进出口，导致干道建成后又补建进出口，造成成本增加。因此，各级人民政府国防交通主管机构责任重大，必须及时掌握情况、及时通报情况，把握贯彻国防要求时机和前提条件，增强工作的针对性和时效性。

三、征求军事机关意见

交通工程设施建设征求有关军事机关意见，是贯彻国防要求的关键环节。本法将以往由交通主管部门、企业事业单位直接向有关军事机关征求意见，改为由国防交通主管机构归口征求意见，主要考虑国防交通主管机构是军地之间的桥梁和纽带，与政府和军队有关主管部门联系密切，情况掌握及时、全面，工作渠道顺畅。但同时本法也并不排斥长期工作实践形成的原有工作渠道和机制，比如，民用机场建设，仍然可以由建设主管单位直接征求中央军委有关部门、空军有关主管部门贯彻国防要求的意见；交通建设规划、计划，政府有关主管部门仍然可以直接征求军队战略规划、军事需求、战场建设、运输投送等主管部门或机构的意见；交通运输企业事业单位与军事代表机构之间，原有的直接工作渠道仍然可以保留。但征求意见的主渠道由国防交通主管机构担当，有利于归口管理，综合平衡，统一提报，督促落实。

交通工程设施建设贯彻国防要求征求军事机关意见，分两个阶段进行：一是在交通规划布局阶段，国家和地方有关主管部门征求军队意见，贯彻国防要求，以满足军事部署、国防工业布局，以及主要方向作战和敏感、热点地区维稳等方面的需要。这一阶段属于集中征求意见阶段，主要协商研究国防需要的交通设施布局和项目总体安排，以及长大线路的大致走向和主要控制点等问题，一般不涉及具体的国防交通工程设施建设等级和技术标准。二是在具体交通工程设施可行性研究阶段、项目立项过程中、初步设计开始前，即本条所指阶段，不论在规划阶段是否征求过军队意见，都应就某个具体项目详细通报情况，并征求军队有关方面的具体意见。这个阶段涉及大量国防交通专用工程设施建设问题，如铁路军用停车线、到发线、顶端站台、军运备品仓库、战备码头、军用饮食供应站、战备器材仓库等的建设数量、配置、等级标准；大型桥隧建筑物安全防护距离，如桥隧与军用危险品仓库的距离、与其他重要目标的距离；军民用机场空域干扰，线路接近或穿越军事设施，局部路段桥梁载重、转弯半径，军用危险品运输作业站点设置等，主要目的是满足军队具体使用要求。事实上，大量具体国防要求是在这个阶段提出、并经军地双方协商确认，最终得到贯彻落实的。

需要特别说明的是，本条关于征求军事机关意见的规定，是交通工程设施建设贯彻国防要求必不可少的程序性规定，是否需要贯彻国防要求，由国防交通主管机构和有关军事机关研究确定，无论贯彻与否，都需要履行征求意见的程序。

四、贯彻国防要求建设项目的提出

国防交通主管机构就某一具体交通工程设施建设项目征求有关军事机关贯彻国防要求意见，汇总后向政府有关主管部门提出。国防交通主管机构在向有关军事机关征求意见时，征求来的意见可能很多，如青藏铁路，军队有关方面提出了 100 多项国防要求，也可能很少甚至没有，但不妨碍坚持程序。如果意见较多，虽然有关军事机关对贯彻国防要求意见事先进行了初步筛选和平衡，但仍然可能较多，提交到国防交通主管机构后，由其按照科学合理、实事求是、适度适量的原则进一步论证。国家国防交通主管机构进行统筹确定，并融入本级意见后向国务院交通主管部门、发展改革部门、工业和信息化主管部门，以及中国铁路总公司等单位提出；省级人民政府国防交通主管机构应将意见汇总并融入本级意见后向省、自治区、直辖市交通主管部门、发展改革部门提出；军事代表机构可直接向有关交通运输企业事业单位提出贯彻意见。各级国防交通主管机构，应正式行文提出贯彻国防要求书面意见。

五、贯彻国防要求具体项目的确定

政府有关主管部门接到贯彻国防要求书面意见后，应及时受理、研究并予以回复，必要时应召集专门会议或在初步设计审查鉴定时，邀请国防交通主管机构和有关军事机关参加，协商确定贯彻国防要求的具体项目。国防交通主管机构和军事机关贯彻国防要求的意见，提交政府有关主管部门后，政府有关主管部门应商有关军事机关、国防交通主管机构，根据需要和可能，区分轻重缓急，共同确定国防要求具体项目并明确建设数量、等级、标准等。达成一致后，形成会议纪要，并由政府有关主管部门通知设计单位，按要求进行设计。国防要求建设内容和标准等，纳入正式设计文件。至此，完成了具体交通工程设施贯彻具体国防要求的关键环节，并成为下一步协商确定贯彻国防要求具体事宜的依据。

需要特别说明的是，如果政府有关主管部门或投资部门，与有关军事机关、国防交通主管机构就贯彻国防要求问题意见有分歧时，一般情况下由政府主管部门或投资部门决策；遇有重大分歧难以达成一致时，各自按渠道报请上级协调解决。

第二十七条　对需要贯彻国防要求的交通工程设施建设项目，由有关人民政府国防交通主管机构会同本级人民政府发展改革部门、财政部门、交通主管部门和有关军事机关，与建设单位协商确定贯彻国防要求的具体事宜。

交通工程设施新建、改建、扩建项目因贯彻国防要求增加的费用由国家承担。有关部门应当对项目的实施予以支持和保障。

【释义】　本条是关于落实国防要求的规定。

国防要求的落实，涉及项目投资、产权划分、建成后的维修养护和运营管理等诸多具体事宜。本条明确了落实国防要求具体事宜的协商主体和经费来源，对于保证项目建设的顺利实施具有重要作用。

本条共两款。第一款是对落实国防要求具体事宜协商主体的规定。具体事宜，由有关国防交通主管机构会同本级人民政府发展改革部门、财政部门、交通主管部门和有关军事机关，按职责分工与建设单位协商确定。具体事宜的协商，是在前条确定的国防要求项目名称以及建设等级、标准等基础上，就投资来源渠道和规模、建设周期、工程监理、维护和运营、管理与使用以及其他国防义务等问题，与建设单位进一步沟通和研究确定。

第二款是对贯彻国防要求建设项目经费来源和相关部门支持和保障要求的规定。交通工程设施建设因贯彻国防要求增加的费用，主要包括因贯彻国防要求带来的线路走向改变、标高改变、工程设施技术等级提高、设施结构改变和位置调整、建材材质提高、桥梁净空增加、建筑接近限界扩大、土地占用面积增加以及修建国防交通专用工程设施等增加的费用。本法规定，交通工程设施建设因贯彻国防要求增加的费用，由国家承担。交通工程设施建设，大多属于国家投资，资金来源主要有财政拨款、银行贷款、专项基金、地方融资、政府发债等，贯彻国防要求增加的费用一般不单独计算，而是列入项目总概算一并解决，并按照事权划分原则，最终由中央和地方财政承担。其中，有中央财政全额承担的，有中央和地方财政按比例分担的，也有地方财政全额承担的。交通运输企业安排的技术改造项目，贯彻国防要求增加的费用，过去一直由企业承担。按照本条规定，今后该类项目确需贯彻国防要求的，应单独计算增加的费用，并由第三方评估后，根据项目管理属性，申请中央或地方财政解决。个别新建交通基础设施，如果产权所有制成分复杂，或为民营企业所有，确需贯彻国防要求的，也应单独计算增加的费用并由第三方评估后，根据项目批准层级，申请中央或地方财政解决。

国家承担因贯彻国防要求增加的费用，落实到每个具体项目上，资金渠道可能不完全一样，各级政府发展改革、财政、交通运输等主管部门，应当按照有关规定商定经费出处和额度，积极支持和保障国防要求项目的顺利实施。

第二十八条　各级人民政府对国防交通工程设施建设项目和贯彻国防要求的交通工程设施建设项目，在土地使用、城乡规划、财政、税费等方面，按照国家有关规定给予政策支持。

【释义】　本条是关于国防交通工程设施和贯彻国防要求的交通工程设施建设项目政策支持的规定。

国防交通工程设施和贯彻国防要求的交通工程设施建设项

目,涉及各级人民政府的土地(林地)使用、城乡规划、财政和税费征缴等方面。本条规定各级人民政府在上述方面给予政策支持,目的是为建设项目的顺利实施提供相应保障。

相关政策支持范围包括:为国防目的修建的交通基础设施、国防交通专用工程设施和其他所有贯彻国防要求的交通工程设施。其中,对涉及国防需要的建设内容,需要重点支持。在土地使用方面,对国防交通工程设施和贯彻国防要求项目建设用地指标的规划、审批和使用管理等给予政策支持。目前,国家土地利用计划指标实行分级管理,除国务院及其有关部门批准、核准的独立选址建设项目计划指标外,其他用地指标均下达到省、自治区、直辖市,由地方统一安排使用。《全国土地利用总体规划纲要(2006—2020 年)》对国防交通基础设施建设用地给予重点保障。在建设实践中,经国家国防交通主管机构与国务院国土资源主管部门协商,自 2007 年起,对国家国防交通主管机构确认的国防交通建设项目,其用地可使用国家预留计划指标,到目前为止已先后解决了多个省区共 7. 46 万公顷用地指标。中央交通企业使用国家预留计划指标的国防交通用地相关事宜,由各省、自治区、直辖市人民政府国防交通主管机构协助办理。

在城乡规划方面,各级人民政府应当根据国防交通工程设施和贯彻国防要求项目需要,优先纳入城乡发展规划;充分挖掘工程设施军民两利功能,优化空间布局;确保工程设施公共安全。城乡规划法第四条规定,制定和实施城乡规划应当"符合区域人口发展、国防建设、防灾减灾和公共卫生、公共安全的需要",本款规定与其相衔接。明确城乡规划方面的政策支持,把国防交通工程设施和贯彻国防要求建设项目纳入城乡规划布局,保障国防需要的项目顺利实施。

在财政政策方面，各级人民政府应当把国防交通工程设施和贯彻国防要求建设项目所需资金，纳入中央或地方财政预算，及时划拨，优先保障。长期以来，国家对国防交通工程设施和贯彻国防要求建设项目，都采取优先安排、重点扶持的财政政策，视情况给予差额补助或全额投资。如新疆、西藏地区的国边防公路建设，以及新建铁路贯彻国防要求，都采取了全额投资方式。在其他贯彻国防要求项目上，也在不断提高中央事权支付比例，加大保障力度。

在税费政策方面，各级人民政府对国防交通工程设施和贯彻国防要求建设项目，按照税法、税收征收管理办法规定，给予优惠支持。目前，国家对符合军事装备进口免税政策规定的国防交通专用设备进口，免征进口税；对交通运输企业从事国防交通建设或贯彻国防要求项目涉及的收入，免征印花税；直接用于国防交通科学实验、研究的仪器、设备销售、免征增值税；对符合国防工程和社会公益性建设项目有关规定的，享受相应优惠政策。

除上述政策支持外，国家在项目行政审批方面也给予支持。如国家将部分全额投资的国防交通建设项目的国土预审、环境影响评价报告，下放到省级国土资源、环境保护等主管部门办理，简化审批手续和降低审批层级，保证了项目顺利实施。

第四章　民用运载工具

民用运载工具，是铁路机车车辆、民用汽车、民用船舶、民用航空器及其相关设备的统称。民用运载工具贯彻国防要求，是指为增强民用运载工具的军事适用性，在设计、建造时采取的特殊工程技术措施以及所进行的相应管理活动，包括新造民用运载工具贯彻国防要求和既有民用运载工具军事适用性加装改造。

民用运载工具大多具有军事使用价值，并且军队运输投送也一直在大量使用和依赖民用运载工具。但在使用过程中，常常会遇到一些问题，如因民船跳板强度或尺寸不足而无法装卸重型、大型武器装备，因航速较慢而无法担负海上军事行动伴随保障任务等。因此，在民用运载工具设计建造之初，考虑国防需要，并以不对民用运载工具设计结构和性能造成太大影响为前提，进行必要的特殊设计，或者预留加装改造条件，以满足军队平战时使用要求，同时便于战时快速完成加装改造任务，快速投入使用。

本章共6条，主要规范需要贯彻国防要求民用运载工具的类别和范围及其鼓励，民用运载工具贯彻国防要求的职责程序、经费保障、政策支持，贯彻国防要求民用运载工具的维护管理等内容。

第二十九条　国家国防交通主管机构应当根据国防需要，会同国务院有关部门和军队有关部门，确定需要贯彻国防要求的民用运载工具的类别和范围，及时向社会公布。

国家鼓励公民和组织建造、购置、经营前款规定的类别和范围内的民用运载工具及其相关设备。

【释义】　本条是关于需要贯彻国防要求的民用运载工具类别和范围确定权限、发布以及鼓励对象的规定。

一、民用运载工具贯彻国防要求的意义

民用运载工具贯彻国防要求具有军民兼顾、平战结合、一举两得的优长，是贯彻落实军民融合发展战略最有效的方法途径。从长远来看，民用运载工具建造贯彻国防要求，有利于增强和保持国家战略投送实力和潜力，对于形成与国家安全发展要求相适应的基础性支撑条件和强大威慑力，具有重要作用和深远意义。

民用运载工具贯彻国防要求，是贯彻落实本法第一条“促进交通领域军民融合发展”的具体措施，是提高运输投送能力的有效方法，也是世界许多国家的普遍做法。美、英、俄等军事强国，建立了完备的民用运载工具贯彻国防要求法规体系和技术标准体系，明确了军事机关参与大型运载工具建造设计和竣工验收，所需经费由国家财政给予补贴。在马岛战争、海湾战争中，英、美等国军队依靠贯彻国防要求的落实，能迅速完成大型民用运载工具的加装改造任务，有的甚至可以直接征用，极大地提高了动员速度。如快速地将集装箱船、滚装船、客船等加装改造成载机舰、兵员运输船和大型医院船等，迅速形成战争保障实力。

改革开放以来，我国民用运载工具的数量质量和科技水平突飞猛进,为未来国防动员和军事征用提供了强大的保障潜力。民用运载工具大多可直接用于国防运输,部分需要通过贯彻国防要求以提高其军事适用性。为了提高贯彻国防要求的针对性,本条规定对需要贯彻国防要求的民用运载工具,由国家国防交通主管机构根据国防需要,会同国务院有关部门和军队有关部门,确定类别和范围,并及时向社会发布,目的是告知拟建造、购置相关民用运载工具的组织和公民,需要履行贯彻国防要求的责任和义务,同时约束政府和军队有关主管机构,不随意扩大类别和范围。

二、关于类别和范围的确定

民用运载工具种类繁多、数量庞大,但需要贯彻国防要求的,可能只是其中比较有限的部分。为增强贯彻国防要求工作针对性和有效性,需要用确定类别和范围的方式,将这个有限部分清晰界定下来,并向社会公布,以便各方自觉履行国防义务。确定类别和范围主要考虑以下因素:一是日常国防运输使用频度较高或使用量较大,并且在性能或保有量存在军用受限问题的,应当列入规定类别和范围,以便在后续建造中通过贯彻国防要求解决该问题,提高其军事适用性。比如,在铁路运载工具中,平车、罐车、棚车、客车国防运输日常使用量大频度高,但在使用过程中,满足国防运输条件的可用平车、客车、罐车数量不足。在铁路客车中,能与货车连挂满足军队人装合运、建制投送需要的客车只有非常有限的几个车型,这些车型必须纳入规定类别并按比例贯彻国防要求。铁路棚车数量充足,但运输弹药等危险品,需采用隔热、防火材料作内衬,建造费用较高,如全部贯彻国防要求所需费用极大,因此也需要按比例贯彻。二是虽然国防运输日常使用频度不高,但潜在军事使用价值较高且动员难度较大的,应当列入规定类别和范围。如客滚船、半潜船、集装箱船、散货船、大中型气垫船、成品油船、邮轮,民航客货飞机,民用运(加)油车、大型平板拖车等,应当列入规定类别和范围,并针对战时特殊需要贯彻国防要求。三是根据作战和装备部门要求,对需要改变民用运载工具用途,如使之成为武器平台或作其他用途的,可列入规定类别和范围,通过贯彻国防要求完成部分基础性工程或预留加装改造条件。四是针对军兵种特殊要求,需要列入规定类别和范围的。对于来源广泛、数量充足、容易动员征用且无特殊要求的民用运载工具,如普通客货汽车等,可不列入规定类别和范围。

根据民用运载工具建设发展情况、军队武器装备更新换代情况,以及对国防运输提出的新要求,国家国防交通主管机构应当适时调整、修订需要贯彻国防要求的民用运载工具类别和范围,并向社会公布。

三、关于类别和范围与贯彻数量和程度的关系

根据以往实践,已经贯彻或者需要贯彻国防要求的民用运载工具,因国防要求内容不同,在不同民用运载工具总量中所占比重不同。比如,在传统铁路客车建造中,普遍贯彻了国防要求,车窗尺寸设计和开启方式考虑了伤员担架进出,成为传统铁路客车建造标准;而在民用船舶建造中,则是有选择地贯彻国防要求,主要在滚装船、成品油船、杂货船等类别和范围内,部分地贯彻了国防要求。目前,需要贯彻国防要求的民用运载工具的类别和范围,正在制定当中。需要说明的是,规定类别和范围之内的民用运载工具,只表示这类民用运载工具适合贯彻国防要求,不等于全部都必须进行实质性贯彻国防要求。按照本条规定精神,可以认为凡是在规定类别和范围内的民用运载工具,都

有贯彻国防要求的义务。这是对计划建造、购置、拥有规定类别和范围民用运载工具的所有公民和组织的普遍法定义务。向社会公布，表示国家可以依法对规定类别和范围内的所有或者部分民用运载工具贯彻国防要求。具体贯彻与否，按照本法第三十条、第三十一条规定执行。本条主要是确定普遍性法定义务，实际贯彻的数量和程度，主要取决于国家对国防安全形势的判断、军事斗争准备和国防运输需要，以及国家财政承受能力。经费保障能力和水平，不影响类别和范围的确定，但影响具体贯彻数量和程度。

四、关于国家鼓励政策

本条第二款规定，国家鼓励公民和组织建造、购置、经营规定类别和范围内的民用运载工具及其相关设备。规定类别和范围内的，国家都鼓励，不论具体贯彻与否。原因在于：一是这类民用运载工具，军事上比较常用好用，贯彻的直接可用，未贯彻的经加装改造后也方便可用。二是可以促进适于军民两用运载工具的建设发展，增强民用运载工具国防动员潜力，保持战略投送能力的威慑作用和稳定存在。三是为制定具体鼓励政策提供法律依据。对规定类别和范围内的民用运载工具，国家将出台具体鼓励政策，如可以在型号许可、设计审核等方面提供便利和支持，对建造、运营、日常维护提供补贴或减免税费规费等。

第三十条　县级以上人民政府国防交通主管机构应当向民用运载工具登记管理部门和建造、购置人了解需要贯彻国防要求的民用运载工具的建造、购置、使用等情况，有关公民和组织应当予以配合。

【释义】　本条是关于了解民用运载工具建造、购置等情况的规定。

从本条开始到第三十四条,是关于民用运载工具贯彻国防要求职责和程序的规定。本条主要是为民用运载工具贯彻国防要求进行准备,前提是掌握民用运载工具建造和购置计划,以便通报情况、征求意见,落实国防要求。

一、关于情况了解职能划分

县级以上人民政府国防交通主管机构负责了解规定类别和范围内民用运载工具建造、购置计划。国家国防交通主管机构主要负责了解中央所属交通运输企业运载工具建造、购置计划情况,省级国防交通主管机构主要负责了解省属交通运输企业运载工具建造、购置计划情况。国家国防交通主管机构既代表中央政府履职,也代表军队履职,工作中可以直接向民用运载工具建造、购置人了解民用运载工具的建造、购置计划情况,也可以指定或委托下级国防交通主管机构或军队有关部门了解情况。实际上,过去的军区军交运输部门、装备部门,军兵种军交运输部门、装备部门,军事代表机构一直参与情况了解工作,一直担负重要职责。在了解情况过程中,有关公民和组织应当予以配合。由于民用运载工具建造和购置市场化程度高,企业自主性强,加之所有制成分复杂,这就要求有关公民和组织,包括民用运载工具的登记管理机构,建造商、购置人、法定代表人、经营人等,主动配合国防交通主管机构的调查工作,及时提供民用运载工具的有关情况。各级国防交通主管机构和军事代表机构,应当与有关公民和组织,特别是大中型运输企业、有关物流企业等建立持续稳定的长效配合机制。

二、关于工作对象

工作对象包括两类:一是民用运载工具登记管理部门。公路运载工具登记管理部门包括:公安交警部门设置的车辆登记、检验机构,县级以上人民政府交通主管部门设置的运营管理、资质审核机构等。铁路运载工具登记管理部门包括:中国铁路总公司和铁路局集团公司的车辆管理、统计部门等。水路运载工具登记管理部门包括:县级以上人民政府交通主管部门设置的海事机构、船舶检验机构等。航空运载工具登记管理部门包括:民用航空器适航审定部门等。除上述机构外,国防交通主管机构有权依法向其他掌握民用运载工具情况的部门或机构了解有关情况。民用运载工具登记管理部门通常掌握的是资源存量情况,可为民用运力国防动员准备提供数据支持,并为调整民用运载工具贯彻国防要求类别和范围提供参考。登记、统计部门可以掌握存量情况而不能左右增量,但在进行登记时有权审核建造手续是否完备。本法这样规定有利于责任追究,同时可为下一步制定实施办法时,利用这一规定赋予相关单位或机构职责和任务。

二是民用运载工具建造、购置人。民用运载工具建造、购置人是各级国防交通主管机构了解情况的主要对象。本法所称"建造、购置人",指所有计划拥有规定类别和范围内的运载工具的组织和公民,其中,组织既包括国有和民营交通运输企业,也包括非交通运输企业如能源、采矿企业所属的运输单位。就目前现实情况而言,重点应放在国有大中型铁路、公路、海运、航空运输企业,这些企业是大型运载工具建造、购置和使用的主要单位,可按照其管理体制和工作渠道进行情况了解。如近几年国家国防交通主管机构及时掌握中央企业油船建造情况,通过结构改造和增加附属设备,增强了油船服务国防的能力,填补了油船建造贯彻国防要求的空白。了解内容包括计划建造、购置规定类别和范围内民用运载工具的国籍,名称,类型,计划建造或购置时间、地点,设计和承建单位,造价概算以及初定的载重、容积、构造、速度等。

第三十一条　县级以上人民政府国防交通主管机构应当及时将掌握的民用运载工具基本情况通报有关军事机关,并征求其贯彻国防要求的意见,汇总后提出需要贯彻国防要求的民用运载工具的具体项目。

【释义】　本条是关于民用运载工具建造征求军事机关贯彻国防要求意见和提出贯彻国防要求项目的规定。

一、关于情况通报

县级以上人民政府国防交通主管机构应当将掌握的民用运载工具基本情况及时向有关军事机关通报。本条的"有关军事机关"是指,与该民用运载工具使用相关的中央军委的作战指挥、后勤保障、装备发展等部门,陆军、海军、空军、火箭军、战略支援部队、联勤保障部队、武装警察部队,以及军事代表机构等,国家国防交通主管机构向上述单位通报情况。省、自治区、直辖市国防交通主管机构向所在区域指定的军事机关、相关军事代表机构通报情况,同时抄报国家国防交通主管机构;市、县级国防交通主管机构向省级国防交通主管机构报告情况,由省级国防交通主管机构汇总后向相关单位通报情况。

本条特别强调了关于及时通报的重要性。所谓及时通报,是要求在民用运载工具建造、购置计划确定之后、进行技术设计之前,而不是在开工建造之前,更不是在建造完工之后。通报不及时,将会错过贯彻国防要求的最佳时机,事后进行加装改造,不仅会造成浪费,而且可能需要重新进行运载工具检验,同时,一定类别的民用运载工具，都有一个建造、购置周期，错过时机，可能需要等待较长时间。

二、关于征求意见

规定类别和范围内的民用运载工具，在设计建造之前，由有关国防交通主管机构征求有关军事机关的意见。征求意见按照情况通报的对应关系办理，国家国防交通主管机构向有关军事机关征求意见；省、自治区、直辖市国防交通主管机构向所在区域指定的军事机关、相关军事代表机构征求意见，同时征求国家国防交通主管机构的意见。

征求意见主要包括：用于运送军队人员和武器装备、油料弹药等军用危险品的特殊使用要求；用于遂行侦察预警、预留武器装备平台等作战任务的特殊使用要求，以及数量规模要求等。具体内容包括运载工具的安全性能、运行性能、承载性能、结构尺寸、材质及其他战技性能等。如民船的航速，适航航区，抗沉性，跳板承载力，舱门开启尺度，甲板承载力，加固捆绑装置，装备升降装置及能力，吊装能力，补给设备接口，直升机或武器平台位置、尺寸、强度等。再如，部分铁路客车建造，要能与平车联挂并具备独立供电能力，同时要求达到一定的数量规模，目前，某型铁路客车新造贯彻国防要求正在进行当中，高速铁路货车动车组研发贯彻国防要求也正在进行预研。

三、关于国防要求的提出

国防交通主管机构就某一具体民用运载工具建造征求有关军事机关贯彻国防要求意见时，如果军事机关认为该民用运载工具需要贯彻国防要求，并提出了贯彻内容和标准，则国防交通主管机构应及时向政府有关主管部门转达军队需求。国家国防交通主管机构负责向国家财政、交通等主管部门提出贯彻内容和标准;省级人民政府国防交通主管机构负责向本级政府财政、交通等主管部门提出贯彻内容和标准。各级国防交通主管机构,应正式行文向政府有关主管部门提出贯彻国防要求书面意见。如果军事机关认为该民用运载工具不需要贯彻国防要求,则贯彻国防要求程序自动终止。

四、关于贯彻国防要求内容的确定

政府有关主管部门接到贯彻国防要求书面意见后,应及时受理、研究并予以回复。由于国防交通主管机构从军事机关征求来的意见可能较多并且比较复杂,对此,政府有关主管部门和国防交通主管机构应召集专门会议,邀请有关军事机关以及所涉交通运输企业事业单位或公民参加,协商确定贯彻国防要求内容和标准,比如贯彻规模和程度、战术技术指标等,如铁路车辆建造贯彻数量,大型客滚船舱门及跳板设置数量、尺寸、强度等,达成一致后,形成会议纪要,由政府有关主管部门通知设计单位按国防要求进行设计。国防要求内容和标准等,纳入正式设计文件后,完成该民用运载工具建造贯彻具体国防要求的关键环节,并成为下一步协商确定贯彻国防要求具体事宜和开工建造的依据。

需要特别说明的是,如果政府有关主管部门或投资部门,与有关军事机关、国防交通主管机构就贯彻国防要求问题意见有分歧时,一般情况下由政府有关主管部门或投资部门决策;遇有重大分歧难以达成一致时,各自按渠道报请上级协调解决。

第三十二条　对需要贯彻国防要求的民用运载工具的具体项目,由县级以上人民政府国防交通主管机构会同本级人民政府财政部门、交通主管部门和有关军事机关,与有关公民和组织

协商确定贯彻国防要求的具体事宜，并签订相关协议。

【释义】　本条是关于确定民用运载工具贯彻国防要求具体事宜的规定。

需要贯彻国防要求的具体项目，是指前条经过政府、军队、企业、公民协商确定的贯彻国防要求内容和标准；具体事宜，主要包括贯彻国防要求质量标准，补助资金额度及来源，设计审定和竣工验收，运营和维修养护、报废，产权和使用权转让，参与国防活动的方式和要求等。具体项目和具体事宜可以一并协商确定，但前者的协商主体是政府和军队，军队是需求方，政府是出资落实方，企业是执行方，只有在政府和军队协商一致的前提下，企业或民用运载工具拥有者才能执行。协商组织单位，按照实际做法，可以是县级以上人民政府交通、财政主管部门，也可以委托同级国防交通主管机构组织；具体承办单位，可由所涉交通运输企业负责。

协商工作完成后，应形成会议纪要并签署协议，作为有关各方共同遵照执行的依据。由于民用运载工具贯彻国防要求项目和具体事宜涉及军队、政府多个部门，关系企业、公民多项权利和义务，因此协议可能需要多方联署，目前可暂定由国防交通主管机构作为甲方代表与企业或公民签署，政府和军队有关部门监督执行。协议内容、文本格式及管理要求，由国家国防交通主管机构予以明确和规范。

第三十三条　民用运载工具因贯彻国防要求增加的费用由国家承担。有关部门应当对民用运载工具贯彻国防要求的实施予以支持和保障。

各级人民政府对贯彻国防要求的民用运载工具在服务采

购、运营范围等方面，按照有关规定给予政策支持。

【释义】 本条是关于民用运载工具贯彻国防要求费用保障和政策支持的规定。

本条共两款，第一款规定了民用运载工具贯彻国防要求经费来源，并对有关部门提出了要求。第二款规定了民用运载工具贯彻国防要求后的政策支持。民用运载工具贯彻国防要求是提高战略投送能力的重要手段。为保障公民和组织履行民用运载工具贯彻国防要求权利、义务，发达国家在经费和后续政策上都给予了支持。如美国的《战略海运发展计划》，鼓励和支持远洋运输企业优先建造、购置符合发展计划要求的船型，建造之初有补贴，建成之后纳入预备船队管理，优先承接国防运输订单。我国的国防动员法、《民用运力国防动员条例》，以及国务院、中央军委《关于进一步加强交通战备工作的意见》，都规定或要求对民用运载工具贯彻国防要求给予经费补助和政策支持。在总结国内外做法和经验的基础上，本条规定给予民用运载工具贯彻国防要求费用保障和政策支持，对于调动、保护公民和组织履行贯彻国防要求义务的积极性，具有重要作用。

一、关于贯彻国防要求费用来源

本条规定，民用运载工具因贯彻国防要求增加的费用由国家承担。民用运载工具贯彻国防要求，是国家行为，属国防事务，发生的费用理应由国家承担，这也是世界主要发达国家的通常做法。因贯彻国防要求增加的费用，主要有两个部分构成：一是建造过程中贯彻国防要求发生的直接费用，包括科研费、成本费、税金和利润。科研费包括论证、试验、验收、标准和规范制订等费用；成本费包括特殊设计、审查费，施工、安装、监理、监造、检验费，增加的材料、设备购置费（含进口设备的关税），性能升级差价以及人工费、水电和设备损耗费等费用；税金是指实际由民用运载工具所有权人或管理人负担的税额；利润是指企业生产贯彻国防要求产品应得的收入（可参照军品定价规则确定）。二是民用运载工具因贯彻国防要求增加的运营成本，如因提高航速而增加燃油消耗，因提高强度或加装国防设施设备而降低有效承载，因加装特殊设施设备发生维护、管理费用等。发达国家对两部分费用一般都予以财政补贴，我国目前主要对第一部分费用进行财政补贴，对第二部分未补贴但已着手研究解决。其中，对加装特殊设施设备维护、管理费用拟实施补贴，对贯彻国防要求后产生的其他损耗补偿，也在研究可能的补贴范围、方式和标准。

二、关于费用承担方式

民用运载工具因贯彻国防要求增加的费用，第一部分，按照“谁立项，谁支出”的原则，由中央或地方财政承担。由国家国防交通主管机构审批立项的，经国务院财政部门审核批准后列入中央预算；由地方政府国防交通主管机构审批立项的，经本级政府财政部门审核后列入本级政府预算。中央财政承担的，按照国家有关民用运力贯彻国防要求经费管理的规定执行；地方财政承担的，参照财政部有关规定执行或由省、自治区、直辖市人民政府制定具体办法予以保障。从目前实践环节看，民用船舶、铁路车辆、民航飞机贯彻国防要求发生的费用，全部由中央财政承担，地方财政承担了部分汽车特别是大型平板拖车因国防需要加改装发生的费用。

第二部分费用，目前全部由企业承担。按照本条规定，该部分费用也应由国家承担，为此需要依据本法制定具体办法。针对不同所有制企业，可以采取财政直补的方式，也可以用运价、税费、绩效调节等手段予以平衡，以减轻企业或公民负担，保护其履行国防义务的积极性，维护社会主义市场经济的公平正义。

三、关于费用的核算

贯彻国防要求增加的费用，第一部分，由设计单位编制概预算，报政府财政主管部门和有关国防交通主管机构审核，由政府财政主管部门委托第三方机构评估后，及时安排资金以保障项目的顺利实施。对第二部分费用，如果将来考虑给予财政补贴，可参照国际通行的年均算法和有关设施设备维护管理费用标准，由财政主管部门给予适当补贴。

四、关于支持和保障

除了经费问题，民用运载工具贯彻国防要求实施还涉及其他诸多事宜。本条规定，政府有关部门对民用运载工具贯彻国防要求的实施给予支持和保障，具体包括各级人民政府的规划、财政、工信、交通等主管部门及其所属有关机构，对贯彻国防要求的民用运载工具在型号许可、运力增长指标、设计审查、经费安排、试验试航、税费减免等方面给予支持和保障。

对民用运载工具贯彻国防要求投入运营后的政策支持，本条第二款也进行了专门规定，要求各级人民政府在服务采购、运营范围等方面，按照有关规定给予政策支持。比如，在签订运输合同、租赁民用运载工具等政府采购中，优先考虑贯彻国防要求的民用运载工具；对贯彻国防要求的民用运载工具，减征车船使用税，在市场准入、市场份额分配等方面给予便利和支持；允许部分贯彻国防要求的民用运载工具扩大运营范围，如贯彻国防要求的客滚船经批准可以离开原固定区域到其他航线运营，货滚船允许人装合运承运成建制部队；将因贯彻国防要求增加的支出和损耗，列入社会责任清单，并考虑在国有交通运输企业事业单位经营考核指标中予以减除等。实际上,我国在这方面已有大量实践活动,但一直缺乏专门的规定,可参照的相关规定又不便操作或难以坚持,致使制度建设进展缓慢。本法的颁布实施,将为配套制度的制定和出台提供法律依据,为政策落地提供强大动力。

第三十四条　贯彻国防要求的民用运载工具所有权人、承租人、经营人负责民用运载工具的维护和管理,保障其使用效能。

【释义】　本条是关于贯彻国防要求民用运载工具维护管理的规定。

贯彻国防要求的民用运载工具,不论其所有制性质,都含有国家为国防目的投入的国防资产。按照国防法第三十八条第二款的规定,国防资产的管理机构和占有、使用单位,应当依法管理国防资产,充分发挥国防资产的效能。本条明确了贯彻国防要求的民用运载工具的维护和管理,是所有权人、承租人、经营人的共同责任。加强贯彻国防要求的民用运载工具的维护和管理,对于保持其良好技术状况,保证战时和平时特殊情况下快速投入使用,具有重要作用。

一、关于维护和管理责任主体

民用运载工具的所有权人、承租人、经营人,既可能是一个主体,也可能是多个主体。如果贯彻国防要求的民用运载工具属国有企业,政府作为所有权人代表,应负主要责任,企业负责按标准和要求进行日常维护和管理;如果贯彻国防要求的民用运载工具属民营企业,则企业法人应负主要责任,除负责按标准和要求进行日常维护和管理外,还应接受政府的监督管理;如果贯彻国防要求的民用运载工具所有权属于公民个人，由公民个人负责按标准和要求进行日常维护和管理，同时接受政府监管。贯彻国防要求的民用运载工具，不论属于全民所有制企业、股份制企业、私营企业或公民个人，政府国有资产管理、财政、交通等主管部门都可依法进行监管。所有权人直接经营管理的，所有权人自行维护管理；所有权人委托或出租他人经营的，所有权人应当通过适当方式，明确经营人、承租人的维护管理职责、标准和要求，并督促落实。

二、关于监督管理

政府有关主管部门对贯彻国防要求的民用运载工具的监督管理，主要包括三个方面：一是行业监管。政府有关主管部门按照行业管理质量标准和规则，对该运载工具的维护和管理进行正常监管，可以采取定期不定期抽查维护记录、调阅年检报告等方式掌握贯彻国防要求的民用运载工具的技术状况。二是专项监管。主要对加装的特殊设施设备的维护、保养以及使用情况进行监管，可以采取由所有权人定期报告、政府有关主管部门抽查的方式进行监管，以保持民用运载工具全寿命期内的国防效能。三是资产监管。贯彻国防要求的民用运载工具的所有权、经营权发生变更、转移，需经有关国防交通主管机构同意，并报政府国有资产管理、财政、交通主管部门批准后方可实施；运载工具损毁、灭失的，所有权人应及时书面报告有关国防交通主管机构和政府有关主管部门，待明确责任后提出国防资产处理意见；运载工具达到使用年限需作报废处理的，所有权人应提前向有关国防交通主管机构报备，然后履行正常报废程序。

上述监督管理工作，各级人民政府可委托国防交通主管机构组织实施，政府有关主管部门按照贯彻国防要求项目立项审批、投资管理层级和渠道分工负责,落实监管把关责任。

三、关于维护管理内容和要求

民用运载工具所有权人的维护管理职责主要包括:负责日常检查、保养、维修和技术检测,以及贯彻国防要求功能构件和附属设备检修或更换;配合政府有关主管部门的监督管理工作,为监督管理提供便利;按照国家有关规定,定期为国防潜力调查提供有效数据;因事故或其他原因,致使运载工具国防功能受到影响时,及时恢复并向国防交通主管机构报告;在运载工具使用范围和经营空间发生变更前,及时向有关国防交通主管机构报告备案;督促运载工具承租人、经营人及时维护运载工具和加装的特殊设施设备,保持运载工具国防功能;按照贯彻国防要求立项审批渠道,申请贯彻国防要求的民用运载工具所有权的变更、转移以及运载工具的报废;报告、处理其他与运载工具国防功能相关事宜。

第五章 国防运输

国防运输,是指政府和军队为国防目的运用军民交通运输资源,运送人员、装备、物资的活动。国防运输在保障国防和军队建设,特别是军队作战、训练演习、应急救援等多样化军事行动中,具有十分重要的地位和作用。

满足国防运输需要,是国防交通建设的主要目的,提高国防运输能力,是国防交通建设的出发点和落脚点。由于国防运输涉及部门多,政策性强,组织协调复杂,故设专章予以规范。鉴于军用和民用交通运输资源管理体制不同,本章主要规范运用民用交通运输资源运送人员、装备、物资的国防运输;运用军队交通运输资源运送人员、装备、物资的国防运输按照军队有关规定办理。本章共6条,规定了国防运输的基本政策制度,明确了政府和军队有关部门及交通运输企业等各有关方面的职责与要求,主要包括国防运输原则和要求、战略投送支援力量建设、国防运输保障、海外军事行动运输保障、国防运输计费付费、军事代表制度等。

第三十五条　县级以上人民政府交通主管部门会同军队有关交通运输部门按照统一计划、集中指挥、迅速准确、安全保密的原则,组织国防运输。

承担国防运输任务的公民和组织应当优先安排国防运输任务。

【释义】 本条是关于国防运输组织实施主体、组织原则和实施要求的规定。

一、关于国防运输组织实施主体

本条明确了国防运输的组织主体是县级以上人民政府交通主管部门和军队交通运输部门。“县级以上人民政府交通主管部门”同第八条的解释。“军队有关交通运输部门”是指军委机关、各战区、各军兵种、联勤保障部队、武装警察部队运输投送机构，以及军队派驻交通沿线各级军事代表机构。国防运输的实施主体主要指各类交通运输企业。

国防运输涉及铁路、公路、水路、航空等多种运输方式，涵盖计划、准备、装载、运行、转载、卸载等多个环节，关联军队、政府和企业，组织实施十分复杂，责任主体也不尽相同。在实际工作中，因使用交通运输资源军民属性不同或因运输任务的性质不同，其责任主体大体分为三种情况：一是军队归口办理的、利用民用运力组织的运输，包括军事行动和国防科研、国防施工、装备订购、物资补给、军事援助等。该类运输在长期实践中，已经形成了完整的组织管理办法和规章制度，铁路、水路、航空运输计划，由军队规定的计划提报单位归口提报，按照计划管理权限进行审批，汇总后纳入国家运输计划，由政府交通主管部门和军队运输投送机构按渠道逐级下达至有关单位执行。公路运输一般由军队团以上单位归口安排，直接与承运单位联系办理，需要动用战略投送支援车队的，逐级上报。二是军队运用自身资源组织的运输，如运用军队铁路自备车辆、汽车运输部（分）队、船艇运输部（分）队、运输航空兵等运力，使用铁路军事专用线、军港码头、军用机场等设施，组织军队人员和装备物资的运输，由军队自行组织，按照军队有关规定执行。三是政府组织的国防运输，如保障作战的支前运输、战时城市疏散和重要机构与单位的搬迁运输、涉及国家安全的有关运输等。该类运输计划通常由县级以上人民政府有关部门提出，由交通主管部门审批并下达有关单位执行。

二、关于国防运输组织原则

本条规定了国防运输应当按照“统一计划、集中指挥、迅速准确、安全保密”的原则组织。这是国防运输的基本行为准则，也是长期国防运输实践的法律化成果。

统一计划，是对国防运输活动的统筹安排。平战时国防运输任务组织工作复杂，只有预先统一计划，才能区分轻重缓急，合理统筹使用陆、水、空交通基础设施和运力资源，以利于参与国防运输活动的有关部门和单位的统一行动。平时国防运输计划，纳入国家或军队计划统一安排，体现了社会主义市场经济条件下国防运输的指令性地位；战时和平时特殊情况下国防运输计划，如果设立国防交通联合指挥机构，则由其统一制定，并直接下达执行，以达到国防运输的时效性要求；如果不设立国防交通联合指挥机构，则按现行计划管理程序办理，必要时特事特办。在长期国防运输实践中，以“统一”为核心的计划管理制度不断得到完善，军地已健全了运输计划管理规定，明确了运输计划的归口管理部门，规范了计划编制、提报、审批、下达和变更程序，增强了统一计划原则的可操作性。

集中指挥，是指国防运输在政府交通主管部门和军队运输投送机构的统一指挥下组织实施。集中指挥既是军事指挥的通则，也是现代交通运输调度控制的基本方式。国防运输与军事行动关联紧密，对军事行动的进程和结局具有重要影响。为保证国防运输与军事行动的一致性，必须对国防运输活动实施集中指挥,以统一各方步调、协调各方行动。同时,国防运输具有任务量大、时限要求紧、空间范围广等特点,集中指挥可以确保统一计划的有效执行,实现国防运输的一体联动和有序运转,保证按时按质按量完成运输任务。平时的集中指挥,可按照国家交通主管部门和军队运输投送机构与交通运输企业之间形成的制度和机制,实施协调式联合指挥;战时和平时特殊情况下的集中指挥,由国家设立的国防交通联合指挥机构实施集中指挥,如果不设立国防交通联合指挥机构,则按平时集中指挥的要求办理。

迅速准确,是指在规定的时间内把指定对象运达指定地点。平时国防运输应当做到迅速准确,战时和平时特殊情况下更是如此,战机稍纵即逝,应对突发事件刻不容缓,特殊涉外紧急运输事关重大,一旦延误或错漏,造成的后果可能无法弥补。因此,既要优选运输力量、优化组织实施程序,力争高效完成运输任务;又要精心组织,严密调控,避免人员、装备、物资错乘漏乘、错装错到。

安全保密,既是国防运输的基本要求,也是运输管控的关键环节和参与国防运输活动人员的行为准则。国防运输,以安全保密为基本原则,不符合安全保密规定、达不到安全保密要求的,不得启运。国防运输安全,包括人员乘行安全,武器装备、军用物资特别是军用危险品运输安全,以及对重要国防运输全程的安全警戒和防护,如铁路运输中的警卫方案运输。要深刻汲取国防运输安全的经验教训,千方百计消除一切事故隐患,防止在装运卸等作业过程中发生人员伤亡,武器装备损毁,军用物资被盗或遗失、损坏等安全责任事故。国防运输的保密,是国防运输安全的重要内容。国防运输活动,包含军事部署、部队调动、重要指挥人员行程以及武器装备特别是国防尖端产品性能和参数等重要信息，一旦泄露，可能对国防安全和军事利益造成难以预料的严重后果。保密就是保安全、保胜利。因此，在组织国防运输过程中，必须严格执行保密规定，确保不发生失泄密事故。

三、关于国防运输优先

本条第二款规定，承担国防运输任务的公民和组织应当优先安排国防运输任务。国防运输优先，是由其性质和地位作用决定的。战时和平时特殊情况下，国防运输事关作战进程和结局、涉及国家安全稳定和人民群众生命财产安全，需要予以优先安排。平时正常情况下，国防运输在保障国防建设和军事活动中的“先行”作用不可或缺，同样应当优先安排。本条第二款对国防运输优先问题作出规范，既强调了公民和组织的责任义务，也为制定国防运输优先具体办法提供了法律依据。实际上，世界主要国家对国防运输优先问题都有制度设计。比如美国，将国防运输优先等级分为三级，对各级包括哪些性质的国防运输以及具体优先措施和要求等都有明确规定。英、法、俄等国也有类似的规定。目前，我国国防运输虽然也有优先的要求，但还需要进一步细化和完善。一般来说，国防运输优先需要针对不同性质、不同类别的运输，并参照不同标准制定具体办法。优先安排具体措施通常包括：优先将国防运输计划纳入运输生产计划，优先为国防运输调配合适的运载工具，选调政治素质好、业务能力强的操作人员，优先安排配空、装载作业，加强运行掌控，优先安排运行通行，优先安排卸载；在车站、港口、机场、高速公路收费站等，为部队开辟专用通道，保障人员快速登乘、车辆装备优先通行等。另外，在上述场所开设或指定军人优先购票、等候、安检、通关位置等，同样具有国防运输优先意义。

第三十六条 国家以大中型运输企业为主要依托，组织建设战略投送支援力量，增强战略投送能力，为快速组织远距离、大规模国防运输提供有效支持。

承担战略投送支援任务的企业负责编组人员和装备，根据有关规定制定实施预案，进行必要的训练、演练，提高执行战略投送任务的能力。

【释义】 本条是关于战略投送支援力量建设的规定。

战略投送力量，由战略层面的军队建制投送力量和地方支援投送力量构成，战略投送支援力量即指后者。战略投送支援力量主要用于弥补战时军队建制战略投送能力的不足。军队建制投送力量缺口越大，对地方支援力量建设需求就越大，即使将来军队建制战略投送力量发展到一定水平，仍然离不开地方战略投送力量的支援。因此，建设发展并保持一定规模的战略投送支援力量，是强国强军的一项重要而长期的任务。需要说明的是，在战略投送支援力量构成中，对于军地共用的唯一性战略投送资源如铁路运输力量，不存在建制与非建制之分，其整体属于国家和军队共用的战略投送力量。因此，本条主要对海上、空中和公路战略投送支援力量建设进行规范。本条共两款，第一款是对战略投送支援力量建设主体和建设目的的规定，第二款是对建设方法和建设内容的规定。

一、战略投送支援力量建设目的和意义

战略投送能力是国家综合国力和军事实力的标志，是国家战略能力的核心内容之一，是军队实施现代条件下联合作战和非战争军事行动必不可少的力量支撑，也是国家应急处突能力、战略威慑能力的重要体现。大力加强战略投送能力建设，是发达国家军事建设的重要内容。战略投送力量是形成战略投送能力的主体，建设以军队力量为骨干、民用力量为支援的陆、海、空三位一体的战略投送力量，是世界主要军事强国战略投送能力建设的通常做法。长期以来，美军为适应不断扩大的“全球军事战略”方针，确保在应对危机中能够及时取得战略主动权，除建设军队自身的战略运输力量外，还建立了航空后备队伍、海上战略运输船队等后备力量，达到了陆军在96小时内将1个旅、120小时内将1个师、30天内将5个师的作战部队部署到全球任何地区的战略投送目标。借鉴发达国家军队的有益经验，结合我国国防建设特别是军队战略投送能力建设的实际，把战略投送支援力量建设纳入法律规范之中，对深化交通运输领域的军民融合发展，推进我国战略投送力量建设，具有极其重要的作用。

二、关于建设主体

本条规定，国家是战略投送支援力量建设的责任主体，大中型运输企业是战略投送支援力量建设的实施主体。国家根据国防需要和应对重大突发事件需要，整体筹划战略投送支援力量建设规模和布局，所涉及的大中型运输企业按要求依法组织实施。我国具有人民战争的光荣传统，新形势下继续发挥这一优势，是确保军队能打胜仗的基础。在战略投送支援力量建设上，坚持由国家统筹，军民运输力量互补，形成军民融合、寓军于民的战略投送力量体系。战略投送具有远距离、大规模、成建制等特点，对运载工具质量和性能、操作人员素质与技能、运输调度水平和资源运用效率等都提出了很高的要求。大中型运输企业作为骨干力量，具有组织程度高、装备实力强、人员素质好、运营管理规范等优势，是承担国防运输任务的骨干力量，是国家组建战略投送支援力量的坚实基础。

需要说明的是,本条所称“运输企业”,既可以是国有企业,也可以是民营企业,不受所有制性质限制,如战略投送支援船队某大队,就是依托民营企业组建的;主要依托大中型运输企业进行建设,并不排除小型运输企业甚至公民个人拥有的运输资源。如作为补充,可将部分登记在个人名下的大型平板拖车编入战略投送支援车队。同时,主要依托大中型运输企业进行建设,也不排除非运输企业拥有的运输资源。如许多大中型石油、工矿、物流等企业,运输实力强大,拥有大量特种运载工具和专业化的运输队伍,是战略投送支援力量建设发展的潜在力量。

三、关于建设内容和要求

本条第二款规定,承担战略投送支援任务的企业负责编组人员和装备,根据有关规定制定实施预案,进行必要的训练、演练,提高执行战略投送任务的能力。承担战略投送支援任务的企业,既可能是组建战略投送支援队伍的企业,也可能是未组建队伍的企业,如铁路运输企业等,无论是否组建队伍,凡是承担战略投送支援任务的企业,都应当依法进行必要的准备。

1. 编组人员和装备。人员和装备是构成战略投送支援力量的基础。承担战略投送支援任务的企业,应当根据任务需要,按照运力编配合理、专业工种配套、人员职责明确的要求进行编组,保持人员、装备相对稳定;组建队伍的企业,可根据任务需要进行必要调整。未组建队伍的企业承担国防运输任务时,应临时进行编组。

2. 制定实施预案。预案是执行战略投送支援任务的基本依据。实施预案应对运载工具集结与整备、调度指挥、配积载、装卸载、油水和物料补充、重装备捆绑加固等方面作出预先安排,制定多种措施和进行多手准备,以便优质高效地完成战略投送支援任务。

3. 组织训练、演练。训练、演练是提高企业执行战略投送支援任务的重要途径。预定担负战略投送任务的企业，应当根据自身实际，突出实战化要求，针对保障重点和难点，制定训练、演练计划，明确参训人员和装备，确定训练内容和质量标准，并适时组织落实。既可组织专项训练、演练，也可结合运输生产和保障任务进行训练。要加强常态化的训练、演练，不断提高执行战略投送支援任务的组织指挥、协同配合和专业保障能力。

四、关于组织建设方法

军队建设发展有关规划计划都明确提出，要依托公路、水路、航空大中型运输企业，组建战略投送支援队伍。目前，国家国防交通主管机构协调军地有关部门，在相关企业组建了战略投送支援机队、船队和车队，探索我国战略投送支援力量建设的路子。

组织建设战略投送支援队伍，由企业按国家下达的计划和要求完成建设任务。承担组建战略投送支援队伍任务的运输企业，通常在企业原有生产建制基础上，抽组力量，编成大队，明确组织指挥关系并基本按企业内部组织领导关系进行管理。确需在多个运输企业或个人进行抽组的，由国家国防交通主管机构指定牵头企业负责组建，同时告知所有预定抽组对象；抽组时，尽量避免单车、单船抽组，以便管理、使用。在人员配备上，应由政治思想坚定、战备意识强、技术水平高、作风过硬的员工组成；各级各类指挥管理人员，应由企业有关负责人担任。队伍所有人员，都应履行注册登记手续，并报上级主管部门备案。遇有人员和装备变化时，企业应及时调整并上报情况，保证力量的完整性和执行任务能力。

第三十七条 各级人民政府和军事机关应当加强国防运输供应、装卸等保障设施建设。

县级以上地方人民政府和相关企业事业单位，应当根据国防运输的需要提供饮食饮水供应、装卸作业、医疗救护、通行与休整、安全警卫等方面的必要的服务或者保障。

【释义】 本条是关于国防运输保障设施建设和为国防运输提供服务或者保障的规定。

本条关于国防运输保障设施建设和为国防运输提供服务或者保障的规定，既适用于利用社会交通运输资源组织的国防运输，也适用于利用军队自身运力组织的摩托化机动或国防运输。比如，保障部队铁路输送，政府或有关企业事业单位应当修建军用饮食供应站，为部队提供途中饮食饮水服务；部队摩托化机动，同样也需要政府或企业提供必要的休整场所、医疗救护、车辆维修、交通管制等方面服务和保障。本条共两款，第一款是对国防运输保障设施建设责任主体和建设内容的规定，第二款是对提供服务或者保障责任主体和服务内容的规定。

一、关于建设责任主体和建设内容

各级人民政府和军事机关是国防运输保障设施建设的责任主体。其中，军队建设的国防运输保障设施按照军队有关规定办理；各级人民政府建设国防运输保障设施，按照本法第三章有关规定办理。需要说明的是，以往相关企业也承担了部分铁路、港口中的国防运输保障设施建设任务。国防运输保障设施，主要包括军用饮食供应站、军运备品仓库、军用站台和码头、军用物资装卸线、军用列车到发线、部队装卸载地域及其进出通道等，其中多数属于本法第三章规范的国防交通工程设施范畴。

二、关于提供服务和保障责任主体与内容

县级以上地方人民政府和相关企业事业单位，为国防运输提供必要保障,是我国组织国防运输的传统做法,也是其责任和义务,本条明确了为国防运输提供服务或保障的内容和职责。

1. 饮食饮水供应。国防运输特别是部队机动途中的饮食饮水供应,是保持和恢复部队战斗力的重要手段,主要通过输送径路上设置的军用饮食供应站实施保障。军用饮食供应站是人民政府支援过往部队的组织机构和战备设施,由民政部门负责管理。军用饮食供应站通常由有关军事机关和政府有关主管部门,根据国防运输需要,在铁路、公路和水路交通沿线重要节点设置,分为常设站和临时站,临时站根据任务需要设置,任务完成后随即撤销。军用饮食供应站的主要任务是保障成批过往部队、入伍新兵、退伍老兵、支前民兵和民工等在运输途中的饮食饮水供应,多数军用饮食供应站还承担着过往部队中转休息保障。运用军用饮食供应站实施部队机动途中的饮食饮水保障,是党和政府对军队关心的体现。从 1948 年 4 月兖州军用饮食供应站成立至今,全国已设立军用饮食供应站×××座,年均供应达×××余万人次。现有军用饮食供应站负责所在保障区域内的军用饮食饮水供应保障,具备了军用饮食供应站内供应、送餐供应、开设临时制膳点供应、开设野战军用饮食供应站供应、组织动员社会力量供应等多种形式的持续保障能力,在保持并恢复部队战斗力方面,发挥着不可替代的作用。需要军用饮食供应站进行饮食饮水供应和人员休整、物资代购等保障的,由部队按照有关规定向所在地军事代表机构提出并办理“供应通报”,由军事代表向军用饮食供应站下达任务,由军用饮食供应站按要求提供饮食服务,部队就餐后应及时结算费用,同时办理前方军用饮食供应站“供应通报”。铁路车站、高速公路服务区、水路港口、航空港等,应当提供人员安全通行、送餐车辆进出、就餐场地、盥洗如厕等便利。

2. 装卸作业。装卸载作业是国防运输的重要环节，直接影响着国防运输的速度和质量。装卸作业主要由交通运输企业组织实施，其主要内容包括：作业场地、仓库、堆场，站台、码头、机位，装卸机具、系固器材、照明、供水、供电、进出通道，集结、待运和疏散地域，专业装卸力量等的准备；运载工具的选扣、整备、集结；装载定位和捆绑加固、安全检查；拆除捆绑加固器材、组织快速卸载、回收备品器材等。在成建制部队输送时，装卸载作业由军事代表组织，部队会同车站、港口、机场等有关交通运输企业具体实施。部队应当听从军事代表的指挥和安排，部队自身的管理和指挥由部队首长负责。战时或平时特殊情况下的国防运输倒运保障，由所在地地方人民政府国防交通主管机构、组织交通运输企业和地方专业保障力量共同实施。

3. 医疗救护。医疗救护是指对国防运输过程中发生的伤病员进行急救治疗和后送的活动。急救治疗包括组织当地医疗机构和医护人员对伤病员进行的紧急处置和救治；医疗后送，包括组织运载工具后转，或换乘救护舰船、飞机、直升机、火车、汽车，将伤病员送至后方医疗机构。

4. 通行与休整。通行是指顺畅通过，休整即利用输送途中经停时间进行的休息、调整和训练活动。通行保障主要包括：道路拓宽与清障、高速公路开辟专用通道、交通调整与管制，桥梁和隧道及易毁损路段监测和卡脖子路段疏解等。休整保障主要是为执行国防运输任务的车队、船队、机队等运载工具和操作人员及被输送人员，提供运载工具维修、加油加水、技术检查、物资补充，以及临时休息和训练场地等保障。通行、休整需要地方保障的，通常由部队向省级或地市级人民政府国防交通主管机构提出,由其协调交通运输、城管、公安和民政等部门组织实施。

5. 安全警卫。安全警卫是指为确保国防运输活动的人员、装备安全保密而采取的警戒和防范措施。主要内容包括:对沿途和周边可疑人员的排查,对车站、桥梁、隧道等重要交通节点的防范,对重点路段的交通管理,对国防运输休整、饮食饮水地段、场地的安全布控,对国防尖端保密产品和重要保密物资的警戒等。安全警卫按照国防运输等级,分专业按渠道提报,由各级人民政府国防交通主管机构和有关军事机关按规定程序协调公安、沿线民兵组织实施。

上述保障活动,涉及军队、地方多个单位和部门。为提高国防运输保障的时效性,地方人民政府国防交通主管机构,平时应将民政、卫生、公安、交管、军事代表机构等保障部门或机构作为成员单位,与运输企业一道完善计划统筹、需求对接、协商协调、资源共享和社会化保障机制,明确职责分工,搞好保障条件建设和服务工作,保障国防运输顺利实施。

第三十八条　国家驻外机构和我国从事国际运输业务的企业及其境外机构,应当为我国实施国际救援、海上护航和维护国家海外利益的军事行动的船舶、飞机、车辆和人员的补给、休整提供协助。

国家有关部门应当对前款规定的机构和企业为海外军事行动提供协助所需的人员和运输工具、货物等的出境入境提供相关便利。

【释义】　本条是关于为海外军事行动提供相关协助与便利的规定。

国家安全法明确,我国武装力量在维护国家安全中的主要职责之一是"开展国际军事安全合作,实施联合国维和、国际救援、海上护航和维护国家海外利益的军事行动,维护国家主权、安全、领土完整、发展利益和世界和平"。为与国家安全法相衔接,本法规定国家驻外机构和我国从事国际运输业务的企业及其境外机构,为我军海外军事行动运输保障提供支持的职责,为开展工作提供了法律依据。实际上,我国众多的驻外机构特别是从事国际运输业务的企业,多年来在我军海外军事行动交通运输保障活动中发挥了重要作用,积累了有益的实践经验,为实施海外军事行动交通运输保障创造了一定条件。本条共两款,第一款是协助责任主体、适用范围和协助内容的规定,第二款是为相关活动出入境提供便利责任主体的规定。

一、关于提供协助责任主体

国家驻外机构,包括我国驻外国的大使馆、领事馆;从事国际运输业务的企业及其境外机构,包括在我国注册登记的铁路、公路、海运和航空公司及其境外办事处、代办处等,是为实施海外军事行动提供有关协助的责任主体。这些机构熟悉驻在国情况和法律,有较好的海外工作基础,是组织海外军事行动运输保障的重要依托。改革开放以来,我国交通运输企业海外业务规模不断扩大,外派外设分支机构已成体系。截至 2015 年年底,在境外 170 多个国家和地区设立的企业已超过 1 万家。从国有航运企业驻海外办事机构看,仅中国远洋海运集团和中国外运长航集团,就在 150 多个国家和地区派有 760 多个办事机构,在全球形成保障网络并拥有较高的信誉度和影响力,也为我构建海外战略投送保障体系奠定了坚实基础。

二、关于适用范围和协助内容

本条主要适用于我国实施国际救援、海上护航和维护国家海外利益的军事行动。所谓军事行动，既可能是作战行动，也可能是非作战行动，如军队参加的国际维和、海上护航、防御和打击恐怖组织等作战行动，或军队参与的医疗救援、抗震救灾、军事援助、境外人员撤离等非作战行动；既包括军队组织的行动，也包括军队参与的行动，如军队组织的海上护航，或军队参与由政府组织的国际救援等。需要特别指出的是，维护国家海外利益的军事行动，涵盖非常广泛，随着我军维护国家海外权益和履行的国际义务逐渐增加，行动样式、内容和手段日趋多样，凡是涉及保障军队海外军事行动交通运输相关事宜，都适用本法。

协助内容主要包括：为实施海外军事行动的船舶、飞机、车辆和人员的补给、休整提供条件，比如，协助安排船舶、飞机、车辆中转、停靠、作业等事宜；协助安排油料、淡水、主副食品等物资补给和装备、器材储运；协助安排人员运输和提供临时休整场所；协助安排危重伤病员转运后送等。需要说明的是，执行海外军事行动任务的船舶、飞机、车辆和人员，既包括军队装备和保障人员，也包括参与保障的地方运输工具和人员。

三、关于为相关活动出入境提供便利

本条第二款规定，国家有关部门应当对前款规定的机构和企业为海外军事行动提供协助所需的人员和运输工具、货物等的出境入境提供相关便利。与前款不同，本款主要针对保障海外军事行动的地方人员和运输工具。武装人员、武器装备以及军用物资的出入境，按国家和军队有关规定办理。对地方支前力量的出入境，目前尚无明文规定，通常按照一般公务或商业活动出入境管理程序办理。由于其中涉及部门多、程序复杂，需要国家有关部门提供便利，比如，指定受理窗口和人员，简化办事流程，为相关人员办理护照、签证，运输工具和装备物资报关、出入境手续审验,货物检疫检验等方面,提供高效快捷的服务。随着海外军事行动的保障任务越来越多,军队和政府有关部门或机构需要对此进行常态化、制度化管理,需要依据本条制定具体办法。第二款中国家有关部门主要指国家外交、边检、海关、检疫检验等有关部门;人员和运输工具是指为海外军事行动提供协助的机构和企业所属的地方人员和民用运输工具;货物是指利用民用运力为执行海外军事行动的部队和参与保障的地方力量运送的装备、器材和物资等。

第三十九条 公民和组织完成国防运输任务所发生的费用,由使用单位按照不低于市场价格的原则支付。具体办法由国务院财政部门、交通主管部门和中央军事委员会后勤保障部规定。

【释义】 本条是关于国防运输费用支付原则的规定。

本条规定,公民和组织完成国防运输任务所发生的费用,由使用单位按照不低于市场价格的原则支付。国防运输大多数执行的是固定价格,但运输市场价格常常是波动的,情况比较复杂。因此,需要区分国防运输类别和等级,遵循市场规律对现行支付办法进行调整。

一、关于国防运输费用

计划经济时期,国家对国防运输特别是铁路、水路国防运输,实行优先、优质、优惠的“三优”政策,国防运输任务作为国家指令性计划优先安排,优质完成,运输费用按国家规定运价享受优惠。随着社会主义市场经济逐步建立和完善,国防运输费用优惠幅度从50%逐步缩小至30%。2008年起,国家分4步调整了军运运价水平,2010年以后,国防运输运价与市场运价基本持平。由于国防运输与商业运输相比,普遍具有任务性质特殊、时限要求紧、质量要求高、安全保密要求严、组织工作复杂等特点,因而通常需要比商运投入更多的人力、物力。按照市场机制,国防运输费用计价标准,应当不低于市场运价。一般国防运输,照此办理;有特殊要求的国防运输,应当高于市场运价,只有这样,才能调动企业承担和完成国防运输任务的积极性,确保国防运输任务优先安排、优质完成。目前的运价,尚未完全反映国防运输成本,特别是铁路警卫方案运输等,运输成本可能远高于商业运输,运输企业乃至地方政府都为此承担了一定的经济压力。从维护社会主义市场经济体制正常运行的角度出发,本条首先确定了国防运输费用按不低于市场价格的原则支付。

由于国防运输使用铁路、水路、航空和公路等多种运输方式,又有人员和物资运输等多种类别,加之我国幅员辽阔,地区之间存在差异,需要对各方式、各类别、各等级国防运输费用标准、结算和支付方式等,予以进一步明确。为此,本法授权国务院财政部门、交通主管部门和中央军事委员会后勤保障部制定具体办法。

二、关于不低于市场价格

运输市场价格,包括政府定价、政府指导价和市场调节价。目前,不同运输方式及相关领域、环节价格分别实行市场调节价、政府指导价和政府定价。国防运输费主要按照政府定价和政府指导价支付,部分按照市场竞争形成的价格支付。在承担国防运输任务时,运输企业可能需要在社会同类运输作业基础上额外提供一些劳动服务,且此类情况在以往的国防运输中经常和大量发生。因此,为调动运输企业积极性,国防运输支付的运费不应低于社会同类运输运费水平,使运输企业在经济上不吃亏,以更好保障国防运输。比如,《美国法典》第9511a条“民航后备队:付费标准”规定,国防部长应就加入民航后备队的航空承运人向国防部提供的空运服务制定公平、合理的付费标准;实践中,对于飞往战争地区的运输,费用标准在平时基础上提高20%~70%。如海湾战争期间,美国直接飞往海湾地区的民航后备队运费标准提高了70%,飞往海湾地区周边的,运费标准提高了20%左右。鉴于交通运输市场价格变化较快,且国防运输保障的范围不断调整扩大,我国也需要根据运输市场的变化情况适时调整国防运输计费标准。

三、关于国防运输费用支付方式

在国防运输中,被运单位、运力使用单位和运费支付单位因运输类别和运输计划审批权限的不同,有时是同一个主体,有时是不同的主体,多数情况下运费支付单位是被运单位或运力使用单位的上级机关。本法所称使用单位主要是指安排国防运输任务的军队各级运输投送机构。

国防运输费用支付分为“后付”和“现付”两种方式:“后付”,是在完成国防运输任务后,由军队运输投送机构统一组织与承运单位结算并支付,与被运或托运单位无关,只与国防运输计划审批机关有关;“现付”,由被运或托运单位在装载作业完毕后向承运单位支付。大多国防运输属于后付范畴,特别是与军队、军事密切相关的运输。

第四十条　军队根据需要,可以在相关交通企业或者交通企业较为集中的地区派驻军事代表,会同有关单位共同完成国防运输和交通保障任务。

军事代表驻在单位和驻在地人民政府有关部门,应当为军

事代表开展工作提供便利。

军事代表的派驻和工作职责，按照国务院、中央军事委员会的有关规定执行。

【释义】 本条是关于军队向交通运输系统派驻军事代表的规定。

本条中“军事代表”是指中国人民解放军在铁路、水路、航空等交通企业或者交通企业较为集中的地区派驻的各级军事代表机构，是代表中国人民解放军履行国防运输和交通保障职能，协调部队、驻在单位和地方人民政府有关部门，实施国防运输和交通保障的办事机构。

我军实行向交通沿线派驻军事代表制度，始于解放战争时期的东北战场。新中国成立后，随着我军军事交通运输机构和地方交通运输管理体制的建立和完善，军队向全国的铁路、水路沿线交通部门派驻军事代表。民航系统从军队管理分离出去后，也相继采取专门派驻和兼管的方式。60 多年来，经过多次调整改革，已经形成了比较完善的军事代表机构布局结构、管理体制和工作机制。各级军事代表机构始终坚持为部队服务，为国防建设服务和为经济社会发展服务的宗旨，协调交通运输单位和地方各级人民政府，积极支持军队建设和国防建设，圆满完成了各项国防运输和交通保障任务，充分发挥了联结部队、交通运输单位和地方各级政府的桥梁纽带作用；通过对部队输送和人员物资运输的装载、运行和卸载组织实施，提高了部队输送速度，圆满完成了抗美援朝、抗美援越、边境反击作战、紧急战备、国事活动、抢险救灾、反恐维稳、国防科研、军事训练演习等重大国防运输和交通保障任务；协助驻在单位加强国防交通建设，积极开展国防教育和宣传，做好专业保障队伍的训练工作，提高了驻在单位人员的国防交通观念和保障能力;积极挖掘潜能,减少不合理运输,为军队和国防建设节约了大量经费,提高了军费使用效益,成为一支不可替代的专业力量。

现行的军事代表机构是依据1978年6月国务院和中央军委颁发的《中国人民解放军驻铁路、水路沿线交通部门军事代表条例》派驻的。截至2017年年底,铁路军事代表机构按照师、团、营三级分别设在铁路局集团公司、铁路地区(原铁路分局)和主要车站;水路军事代表机构按照师、团(营)两级分别设在沿海、长江、内河的有关港航单位和水运企业;航空军事代表机构的派驻,主要设在民航有关单位,由于编制体制的原因,有些航空单位由驻铁路、水路军事代表机构兼管。也有部分师级军事代表机构承担着管辖范围内的铁路、水路、航空军事运输和交通保障任务,或者水路、航空军事运输和交通保障任务。

本条规定将我军军事代表制度成功实践固化为法律条文,为今后的军事代表派驻和工作提供了法律依据,对于促进我军军事代表制度的完善与发展具有重要作用。

本条共三款。第一款为军事代表派驻提供了法律依据并规定了其主要任务。一是明确了军队可以根据国防运输和交通保障任务需求依法派出军事代表,有利于提升军事代表的地位,有利于其发挥“桥梁纽带”和“参谋助手”的职能作用。二是明确了派驻单位和地区为相关交通企业或者交通企业较为集中的地区。其中,“相关交通企业”是指承担国防运输任务的铁路、水路、航空大中型运输企业,包括铁路局集团公司、海洋与内河运输集团和港务集团公司、航空和机场集团公司等;“交通企业较为集中的地区”是指交通运输资源丰富、综合运输体系发达、承担国防运输任务企业多的区域。实际表明,军事代表机构可以采取向企业派驻和地区性派驻两种方式。三是明确了军事代表机构的主要职能。即“会同有关单位共同完成国防运输和交通保障任务”,“有关单位”是指国防运输的被运或托运单位、驻在的交通运输单位等。

第二款是对驻在单位和驻在地人民政府支持军事代表工作的规定。军事代表机构工作的展开,离不开驻在单位和驻在地人民政府有关部门大力支持。按照《中国人民解放军驻铁路、水路沿线交通部门军事代表条例》和《国防交通条例》的要求,其后勤、装备和军用通信保障由军队负责,办公房舍、办公设备和通信设备、工作资料和交通运输信息、乘坐交通工具票证等由驻在单位提供便利并落实。

第三款是对驻交通沿线军事代表派驻和工作职责的规定。本款中的“有关规定”,主要是指《中国人民解放军驻铁路、水路沿线交通部门军事代表条例》和其他有关规章制度。其中,关于工作职责的规定,既包括军事代表机构的,也包括驻在单位和驻在地政府的,主要内容有:贯彻执行国防运输和保障工作的方针、政策及法规、规章制度和标准;共同加强军事代表机构建设,做好相关保障工作;组织完成本地区重大军事行动和其他紧急行动的国防运输任务;组织指挥国防运输,做好国防运输现场工作,落实安全保障措施;协助制定相关国防交通保障方案,编制部队战备输送保障方案;参加新建铁路军事专用线、战备码头和民航机场战备设施的勘察定点、设计审查和竣工验收,负责日常维修工作;参与交通工程设施建设和民用运载工具建造贯彻国防要求工作,负责国防运输备品器材的添置与管理;做好军用饮食供应相关保障工作;做好执行紧急或者特殊任务的零星军人乘车、船、飞机的保障工作；负责向上级机关提供有关资料信息，通报有关情况；督促检查驻在单位和其他有关单位履行工作职责情况，协调处理有关问题等。

第六章　国防交通保障

国防交通保障，是为保证交通线稳定、畅通，有效实施部队机动和人员、物资运输所采取的措施和活动的统称。其主要任务是交通网组织运用、交通管理控制、交通防卫防护、交通抢修抢建等。本章是关于国防交通保障组织实施的规定，共10条，主要包括国防交通保障方案和重点交通目标保障预案编制，国防交通保障组织实施的主体、程序和方法，国防交通专业保障队伍建设、使用，以及实施国防交通保障的政策支持等。

第四十一条　各级国防交通主管机构组织人民政府有关部门和有关军事机关制定国防交通保障方案，明确重点交通目标、线路以及保障原则、任务、技术措施和组织措施。

【释义】　本条是关于制定国防交通保障方案的规定。

本条中的"国防交通保障方案"，是为保证战时和平时特殊情况下交通稳定、畅通而作出的预先安排，是作战保障方案的组成部分，是平时进行国防交通保障准备、战时和平时特殊情况下组织实施交通保障的重要依据。本法将《国防交通条例》和《民用运力国防动员条例》中所称的"交通保障计划""交通保障方案""民用运力国防动员预案"等，统称为"国防交通保障方案"。

国防交通保障涉及部门多、力量多元，且时间紧迫、任务艰巨、组织复杂，只有预先谋划、健全方案，才能依案保障、临危不乱。从1955年起，各军区相继展开编制铁路交通战备方案工作。1965年，铁道部、总参谋部联合发布《关于拟制铁路应急战备计划的指示》，为统一编制铁路保障计划、方案提供了指导和依据。1970年总参谋部下发了《战时铁路保障计划》。1972年，总后军事交通部与交通部、铁道兵司令部等共同编制了全国《战时交通保障计划》。1996年，国家交通战备办公室统一组织修订应急交通保障计划，要求作战任务明确的军区制定战役交通保障计划。1998年以来，国家交通战备办公室着眼新形势和新的使命任务，规范了国防交通保障方案编制的类别、组织、内容、程序和方法，推动国防交通保障方案编制工作步入规范化轨道。本条明确了国防交通保障方案的编制主体和内容，对于提高国防交通保障方案的针对性、实用性，具有重要的指导作用。

一、制定国防交通保障方案的主体

国防交通保障方案，按保障范围通常划分为全国保障方案、战区或战役方向保障方案、省级及以下区域性保障方案；按专业分为铁路、公路、水路、航空、邮政和应急通信等保障方案。编制上述方案的主体是各级国防交通主管机构。

全国交通保障方案，根据军事战略方针和未来战争需要，对全国战时交通保障所确定的统一要求和基本措施，由国家国防交通主管机构组织国务院交通主管部门和中央军委有关部门编制，报中央军委联合作战指挥中心备案。

战区或战役方向交通保障方案，是根据区域性作战和保障任务需要所制定的交通保障方案，由国务院、中央军委指定的区域性国防交通主管机构，组织区域内相关省级人民政府国防交通主管机构、交通主管部门和相关军事机关等编制，征求国家国防交通主管机构的意见后，报战区联合作战指挥中心备案，抄报国家国防交通主管机构，相关内容抄送国务院交通运输主管部门。

省级区域性交通保障方案，由省级人民政府国防交通主管机构依据上级要求和本级交通保障任务，组织本级人民政府交通主管部门和有关军事机关编制，征求上级国防交通主管机构意见后，报本级人民政府审批，报上级国防交通主管机构备案。

地、县级区域性交通保障方案，由地、县级人民政府国防交通主管机构会同驻地有关军事机关，依据上级国防交通主管机构的部署要求编制，报本级人民政府审批，报上一级国防交通主管机构备案。

全国性专业交通保障方案，由国家国防交通主管机构组织交通运输部、工业和信息化部及军队有关部门编制，报中央军委联合作战指挥中心备案。其中，公路、水路交通保障方案由国家国防交通主管机构组织交通运输部和中央军委有关部门编制，中国交通建设集团有限公司等相关单位参加；铁路交通保障方案由国家国防交通主管机构组织国家铁路局和中央军委有关部门编制，中国铁路总公司、中国铁路工程总公司、中国铁道建筑总公司等相关单位参加；航空交通保障方案由国家国防交通主管机构组织中国民用航空局和中央军委有关部门编制，中国民航机场建设集团公司等相关单位参加；邮政保障方案，由国家国防交通主管机构组织国家邮政局和中央军委有关部门编制，中国邮政集团公司等单位参加；应急通信保障方案，由国家国防交通主管机构组织工业和信息化部和中央军委有关部门编制，国家专用通信局和中国电信集团公司、中国移动通信集团公司、中国联合网络通信股份有限公司等单位参加。

战区或战役方向专业交通保障方案，由国务院、中央军委指定的区域性国防交通主管机构，依据全国专业交通保障方案，组织战区或战役方向范围内的交通行业地区性管理机构、省级人民政府国防交通主管机构和战区、战区军种、联勤保障中心、省军区，以及军事代表机构等有关单位编制，承担交通保障任务的相关单位参加。战区或战役方向专业交通保障方案编制完成后，报战区联合作战指挥中心和国家国防交通主管机构备案。

二、国防交通保障方案编制的主要内容

国防交通保障方案是交通保障准备与组织实施的综合性安排，主要依据军事战略方针、军委和战区作战总体构想和上级作战意图，作战方式、作战规模等对交通保障的要求，敌对我交通基础设施可能的破坏手段，现有人力物力和防护抢修能力，上级的有关规定、办法等编制。国防交通保障方案通常由交通网运用、运输投送保障、重点交通目标保障、民用运力动员、国防交通物资器材筹措等方案构成。具体内容包括：任务背景、编制依据、指导思想和保障原则，战时交通保障组织指挥，交通网的组织运用，重点交通目标、线路及其保障措施，保障任务分工及力量筹划、部署，交通防护、抢修抢建的手段和措施，物资器材储备和筹措，交通遮断的措施和建议等。

重点交通目标，是指具有重要政治、军事、经济意义，对交通控制作用明显、破坏后修复困难的交通设施。通常指重要的交通线路、枢纽、港口、机场、车站、桥梁、隧道、隘口等，是战时交通保障的重点。目前，我国将重点交通目标划分为三个等级：一级目标为国家级重点目标，由国家国防交通主管机构会同中央军委有关部门和国务院交通主管部门确定；二级目标为战区级重点目标，由国务院、中央军委指定的区域性国防交通主管机构会同区域内有关军事机关和相关省级人民政府国防交通主管机构确定;三级目标为省级重点目标,由省级人民政府国防交通主管机构确定。

重点线路,是指具有重要政治、军事、经济意义的交通干线,是战时和平时特殊情况下必须确保通畅的线路。重点线路保障等级的确定与重点交通目标相同。

保障原则,是指交通保障活动应遵循的基本要求,对整个交通保障活动具有指导作用。我国在长期保障实践与理论研究的基础上,形成的交通保障原则主要有:预有准备、力争主动,统一指挥、密切协同,严密防护、积极打击,多种手段、综合运用,把握全局、重点保障等。

保障任务,主要依据作战任务和军队机动所产生的交通保障需求确定,主要有重点交通目标和交通线的防护抢修,人员和装备物资的抢运等。

技术措施,是指基于交通保障任务和战时交通工程设施可能遭受毁损情况的研判,在交通网络运用、工程设施防护和抢修抢建、交通线遮断等方面,所采取的技术手段和替代方法。在交通网络运用方面,主要有既有交通线路的选定与使用分配,以及交通线运用的应急调整措施等;在工程设施防护和抢修抢建方面,采取的技术措施主要有整修加固、原址抢修、便桥便线、迂回倒运等,以及对重点交通目标的隐蔽伪装、隐真示假、电磁干扰等;在交通线遮断方面,主要有拆除后迁、设置障碍、爆破摧毁等。

组织措施,是指为完成交通保障任务所采取的组织指挥、力量筹措、编组与运用等。其中,组织指挥主要明确组织指挥机构设置、职责权限和指挥关系、指挥手段等;保障力量运用和资源分配,主要明确动用的保障队伍种类、数量、编组、批次、集结方式、时间、地点和联络方法，以及运载工具征用、国防交通物资器材和其他保障资源的筹措分配等。

国防交通保障方案应当根据军事战略方针、作战任务、交通条件、保障力量等调整变化情况进行及时修编。

第四十二条　国务院有关部门和县级以上地方人民政府按照职责分工，组织有关企业事业单位实施交通工程设施抢修、抢建和运载工具抢修，保障国防活动顺利进行。有关军事机关应当给予支持和协助。

【释义】　本条是关于交通工程设施抢修、抢建和运载工具抢修责任主体的规定。

“交通工程设施抢修、抢建和运载工具抢修”，是指在战时和平时特殊情况下，交通工程设施和运载工具由于遭敌打击、敌对势力破坏，以及自然灾害毁坏时，由相关部门和单位按职责分工采取技术和组织措施，快速恢复其交通运输功能的活动。交通工程设施抢修、抢建和运载工具抢修，涉及政府部门、军事机关和交通运输企业事业单位等社会团体，包括铁路、公路、水路、航空、邮政和管道多个行业领域。本条通过法律明确国务院有关部门、县级以上地方人民政府、有关企业事业单位和军事机关，在战时和平时特殊情况下的职责任务，对于规范战时和平时特殊情况下的交通工程设施抢修、抢建和运载工具抢修活动秩序，具有重要作用。

一、交通抢修抢建在战争中的地位作用

为确保抢修任务完成，许多国家在战时都指定专门的机构负责，并明确职责，进行有组织的交通保障。1861—1865 年美国内战期间，联邦军设有专门机构，负责铁路的修复。第一次世界大战，德军组建铁道工兵连抢修抢建铁路线。第二次世界大战期间，苏联交通人民委员会及其下属各级都设有交通线修复机构，数以10万计的抢修人员跟随部队遂行抢修任务，其中修复和改轨铁路约12万公里，抢建修复公路约10万公里。在近期几场高技术局部战争中，因交战双方实力相差悬殊，弱势一方无力组织交通防卫和抢修，导致作战区域交通完全瘫痪，难以组织有效的作战行动。

解放战争期间，中国人民解放军铁道兵部队配合野战军的战略进攻，先后在15条铁路线上实施前进抢修，铺轨1629公里，修复桥梁976座和大量其他铁路设施。抗美援朝战争，以铁道兵部队为主的工程保障队伍，在朝鲜抢修抢建线路、桥梁等目标，建立起"打不烂、炸不断"的钢铁运输线。随着现代交通运输业的发展，交通线路上跨越复杂地质条件的高墩、大跨、异型桥梁多，特长隧道多，桥隧相连路段多；布局结构复杂、集多种运输方式于一体的综合交通枢纽日趋增多；运载工具趋向高速化、信息化、大型化；交通运输体系的整体科技含量越来越高，管控体系日趋自动化、智能化。现代战争各种远程、精确和新型特种武器广泛使用，交通线的封锁与反封锁、破坏与反破坏的斗争更加残酷剧烈，作战与保障密不可分，交通抢修抢建的地位作用更加凸显。

二、组织主体

本条明确交通工程设施抢修、抢建和运载工具抢修的组织主体是国务院有关部门和县级以上地方人民政府。在国家层面上，交通运输部、工业和信息化部是交通、通信工程设施抢修、抢建和运载工具抢修的组织主体，同时与此密切相关的国家铁路局、中国民用航空局、国家邮政局等机构也担负相应的组织工作。交通运输部及中国民用航空局、国家邮政局负责全国公路、水路、航空和邮政工程设施抢修、抢建工作的总体指导和全面协调;交通运输部及国家铁路局、中国铁路总公司负责全国铁路工程设施抢修、抢建工作的总体指导和全面协调;工业和信息化部负责全国通信设施抢修抢建工作的总体指导和全面协调。交通运输部及国家铁路局、中国民用航空局、国家邮政局,工业和信息化部,以及中国铁路总公司等,根据行业管理渠道,加强协调配合,共同负责组织运载工具特别是大型运载工具的抢修。在地方政府层面上,县级以上地方人民政府按管理权限负责本区域内的交通设施抢修、抢建和运载工具抢修,同时负责配合国务院有关部门和交通主管部门完成相关抢修抢建任务。

三、实施主体

1. 铁路。国家铁路按照运营管理范围,由铁路局集团公司牵头组织相关铁路设计、工程等单位对受损设施进行抢修抢建;专用铁路和铁路专用线,以及城市地铁、轻轨等按照管理职责,由管理单位牵头组织抢修。

2. 公路。国家公路,在交通运输部指导下,由省级人民政府交通主管部门牵头组织设计、工程和养护等相关企业事业单位实施抢修抢建;省道在省级人民政府交通主管部门指导下,由地市级人民政府交通主管部门牵头组织抢修抢建;县、乡道路由地市级交通主管部门组织抢修抢建;军用公路和地方专用公路由管理使用单位在所在地人民政府的支援配合下,牵头组织抢修抢建;重大和特殊的抢修任务,由交通运输部直接组织相关设计、工程企业事业单位和所在地人民政府交通主管部门实施抢修抢建。需要动用武警交通部队支援的,由交通运输部和国家国防交通主管机构协调。城市道路由政府交通主管部门、住建主管部门按职责分工牵头组织抢修抢建。

3. 水路。港口码头和由地方人民政府管理的航道，在交通运输部指导下，由省级人民政府交通主管部门牵头组织设计、工程等相关企业事业单位实施抢修抢建；长江航道抢修由交通运输部负责，地方人民政府予以配合。重大和特殊的抢修任务，由交通运输部直接组织相关设计、工程企业事业单位和所在地人民政府交通主管部门实施抢修抢建。涉及航道打捞清障，由政府交通主管部门按照管理权限调动救助打捞力量实施。

4. 航空。属地化管理的机场，在中国民用航空局的地区性管理机构指导下，由机场的管理单位牵头，组织相关单位实施抢修抢建。中国民用航空局直接管理的机场，由管理单位牵头组织相关企业事业单位实施抢修抢建，所在地人民政府予以支援配合。

5. 运载工具。一般损伤，由管理使用单位组织力量抢修；严重损伤并且需要抢修的，在交通主管部门、工业和信息化部门指导协调下，由管理使用单位与运载工具设计、制造企业事业单位组织实施。需要抢修的运载工具，主要是指能够直接用于国防运输，并且数量有限、难以快速建造补充的大型、特种民用运载工具，如经过贯彻国防要求的滚装船、大型货机等。

四、有关军事机关的职责

有关军事机关应当给予支持和协助，主要是在交通工程设施和运载工具遭受打击破坏后，根据地方政府的请求，一是派出放射性沾染与生化污染的侦查处置、防爆排爆等特种专业力量支持和协助抢修、抢建；二是派出工程技术力量支援抢修，如工程兵部队、武警交通部队等；三是派出必要的兵力，协助搞好抢修现场的警戒防卫。

第四十三条　国防交通保障方案确定的重点交通目标的管理单位和预定承担保障任务的单位,应当根据有关规定编制重点交通目标保障预案,并做好相关准备。

【释义】　本条是关于编制重点交通目标保障预案的规定。

重点交通目标保障预案,是指为保障战时和平时特殊情况下重点交通目标安全畅通而预先制定的保障措施和技术方案,是国防交通保障方案的重要组成部分。主要内容有:目标概况,遭敌打击设想与保障任务预计,组织指挥关系与保障力量构成及任务区分,抢修抢建工程技术方案和预设计,防护手段与措施,迂回倒运方案,以及与重点交通目标保障密切相关的其他措施。多年来,国家和军队对此项工作高度重视,1984 年,国务院、中央军委交通战备领导小组联合颁发了《关于编制重点交通目标保障方案若干问题的规定》;2004 年,国家交通战备办公室下发了《关于编制修订重点交通目标保障方案有关问题的通知》,2007 年下发了《关于规范〈交通重点目标保障方案〉编修工作的通知》等,都对重点交通目标保障预案的编制提出具体规范和要求。本条在总结多年实践经验和做法的基础上,进一步明确了重点交通目标保障预案的编制主体,及做好相关准备的责任,为重点交通目标保障预案编制工作提供了法律依据和保障。

一、目标管理单位和预定承担保障任务的单位

目标管理单位,通常是指重点交通目标的管理运营或使用单位。其中,重点铁路目标的管理单位是所在铁路局集团公司;重点公路目标管理单位,通常指负责重点交通目标日常维护管养的政府公路管理部门或政府委托的公路维修养护企业;重点港口目标管理单位是指目标所在港口集团公司;重点机场目标

管理单位是指目标所在机场集团公司或负责直接经营管理的分公司。

预定承担保障任务的单位，主要是指国务院和省级人民政府交通主管部门指定的铁路、公路、港航等交通工程设施施工和设计单位。武警交通部队承担方向性的公路保通任务。

二、重点交通目标保障预案编制职责分工

重点交通目标保障预案编制，专业技术性强，涉及面广，工作关系复杂，各类信息资料需求多，工作量大，必须加强统一组织和协调，分工协作，共同完成。重点交通目标保障预案的编制，按照国家有关规定，根据国家国防交通主管机构的统一部署，在国务院交通主管部门指导下，由国务院、中央军委指定的区域性国防交通主管机构和省、自治区、直辖市国防交通主管机构统一组织，由重点交通目标的管理单位牵头，与承担保障任务单位共同编制。其中，一、二级目标，由国务院、中央军委指定的区域性国防交通主管机构统一组织；三级目标，由省、自治区、直辖市国防交通主管机构统一组织。

1. 重点铁路目标保障预案。由国务院、中央军委指定的区域性国防交通主管机构统一组织，根据职责任务划分，由管辖铁路局集团公司牵头，会同军事代表机构、相关工程局集团公司、设计院等单位共同编制；方案中涉及地方政府和军队支援保障的，由省、自治区、直辖市国防交通主管机构牵头，组织协调有关政府部门和军事机关与目标管理单位对接，编制相应预案。

2. 重点公路目标保障预案。由国务院、中央军委指定的区域性国防交通主管机构统一部署，由省级人民政府国防交通主管机构组织目标管理单位和承担保障任务的企业事业单位，以及有关军事机关编制。

3. 重点港口保障预案。由国务院、中央军委指定的区域性国防交通主管机构和省、自治区、直辖市国防交通主管机构统一组织，由港务部门牵头，会同航道、航务工程、救助、打捞、运输、船厂等单位，以及军事代表机构和地方政府有关部门编制。

4. 重点机场保障预案。由国务院、中央军委指定的区域性国防交通主管机构和省、自治区、直辖市国防交通主管机构统一组织，由民航地区性管理机构协调，机场管理单位牵头，会同航空公司、空管、油料等有关单位，地方人民政府有关部门、有关军事机关以及军事代表机构编制。

三、相关准备的内容

重点交通目标是敌人重点打击对象，易毁难修，为快速修复保通，需要在平时做好一些基础性的准备工作，比如，对抢修抢建施工难度大的工程设施应预留抢修控制用地，对结构复杂的工程设施进行预设计甚至预施工，对抢修抢建所需的难以临时筹措或调运的物资器材进行预备料。预设计，就是对保障方案中工程保障措施的细化和补充，要求工程结构简易，利于组织施工；预施工，是根据战时保障难易程度和工程周期，预先组织的部分控制工程施工，要求重点突出、规模适度；预备料，就是根据预设计中工程材料的需求，预先储备抢修器材和工程机具，要求规模适当，就近就便。除此之外，预定承担保障任务的单位，还应加强训练演练，提高重点交通目标快速保障能力。

第四十四条　重点交通目标的管理单位和预定承担保障任务的单位，在重点交通目标受到破坏威胁时，应当立即启动保障预案，做好相应准备；在重点交通目标遭受破坏时，应当按照任务分工，迅速组织实施工程加固和抢修、抢建，尽快恢复交通。

与国防运输有关的其他交通工程设施遭到破坏的，其管理单位应当及时按照管理关系向上级报告，同时组织修复。

【释义】 本条是关于重点交通目标和其他交通工程设施临战准备和抢修实施的规定。

一、关于受到破坏威胁

本条中的“受到破坏威胁”，一是指国家外部安全形势恶化，面临的军事威胁严重，爆发武装冲突的可能性增大，战争征候明显，交通线和重点交通目标遭敌打击破坏的可能性显著增大；二是指发生自然灾害等，重点交通目标被毁几率增大，可能影响部队机动和国防运输安全。

二、启动保障预案和相应准备

启动保障预案，是指根据对威胁状况研判或上级的战备等级转换通知，按照国防交通保障方案、重点交通目标保障预案，以及有关部门组织制定的相关应急预案，成立指挥机构、调整指挥关系，建立战备值班，并向承担保障任务的相关单位通报情况，依案展开相应的准备工作。

相应准备，主要包括熟悉相关保障方案和预案内容，收拢集结人员，勘察抢修抢建现场，检查交通工程设施防护和抢修抢建的准备工作落实情况，核查、检修机具设备，调整补充保障物资器材，做好机具设备和物资器材紧急调运准备，充实完善保障方案预案，组织保障队伍临战训练和针对性演练，根据需要和上级指示组织对目标设施的工程加固和技术防护，确保一声令下能够实施快速保障。

三、重点交通目标抢修抢建的实施

重点交通目标遭到破坏后，应当依据实际毁伤破坏情况，参照保障方案中预先设计的工程技术方案，立足现有保障条件，迅速组织实施加固和抢修。当目标遭受轻微损伤,原有结构没有发生改变,对正常使用影响不大时,可采取通过构件补强和结构性能改善等加固措施,快速恢复和保持设施的既有能力。当重点交通目标原有结构遭到破坏时,应当迅速组织抢修。重点交通目标抢修,按修复程度分为临时修复和永久修复。临时修复,是采取较低技术标准进行修复,使之具备一定的通过能力。永久修复是按原有标准能力修复,修复时间长,技术要求高,战时很少采用。由于重点交通目标抢修实效性、突击性、专业性强,受敌威胁严重,且与运输、防护等行动交织在一起,组织实施异常复杂。因此,战时抢修要根据受敌破坏程度、抢修时限、技术难易等因素,按照快修速通、先通后善的要求,因地制宜、科学组织施工。在抢修方法上要多种手段并用,机械作业和人工作业相结合、制式器材和就便器材相结合,施工作业安排应力求科学合理,尽量简化程序、平行作业,以达到快速修复使用的目的。

抢建主要是指联络线、迂回线、便桥、临时渡口等替代设施的快速修建。抢建设施的设计标准一般低于正常规范标准,以满足战时运输要求为原则,尽量减少工程量,简化工程结构,以缩短施工时间,被炸后也易于修复。

四、其他交通工程设施抢修抢建的实施

战时,除重点交通目标之外,其他交通工程设施都有可能遭受打击破坏。为集中利用抢修资源,与国防运输有关的其他交通工程设施遭到打击破坏后,交通工程设施的管理单位应及时将设施破坏情况按照管理关系向上级报告,同时立足自身、区分轻重缓急,迅速组织修复。

判断是否与国防运输有关,主要依据作战保障重点、国防运输任务安排情况和上级指示要求。

第四十五条　县级以上人民政府国防交通主管机构会同本级人民政府国土资源、城乡规划等主管部门确定预定抢建重要国防交通工程设施的土地，作为国防交通控制范围，纳入土地利用总体规划和城乡规划。

未经县级以上人民政府国土资源主管部门、城乡规划主管部门和国防交通主管机构批准，任何组织和个人不得占用作为国防交通控制范围的土地。

【释义】　本条是关于预定抢建重要国防交通工程设施用地的规定。

预定抢建重要国防交通工程设施用地，是指准备用于战时和平时特殊情况下突击抢建交通迂回线、联络线、便桥便线，重点交通目标抢修作业、抢修器材预置，战备渡口、野战渡场、沿海预备港（码头）、长江黄河预定舟桥架设位置，预备机场、公路飞机跑道附属设施等国防交通工程设施的用地。规划和预留重要国防交通工程设施抢建用地，对于快速实施交通工程抢建，保证交通的稳定和畅通具有十分重要的意义和作用。

一、确认国防交通控制用地的责任主体

国防交通控制用地需求，由国防交通主管机构依据批准的国防交通保障方案和重点交通目标保障预案，以及交通工程设施抢修抢建工程技术要求等，向同级人民政府国土资源和城乡规划等主管部门提出。国土资源和城乡规划等主管部门应按照军民融合、平战结合的原则，与国防交通主管机构协商确认国防交通控制用地的范围、数量。

二、确定国防交通控制用地的方法途径

为保证确认后的国防交通控制用地的落实，国土资源和城乡规划等主管部门应将用地纳入土地利用总体规划和城乡建设规划。国土资源和城乡规划主管部门在编制或调整规划时,应征求国防交通主管机构意见,协商确定纳入土地利用总体规划和城乡建设规划的国防交通控制用地的范围、数量,并出具相关文件。

长期以来,国家高度重视国防交通控制用地的预留,已经形成了一套成熟的做法。比如,由国防交通主管机构和国土资源、城乡规划主管部门共同协商确定国防交通控制用地范围和数量,对协商确定的控制用地纳入土地利用规划和城乡建设规划。对此,《国防交通条例》第二十三条第一款规定:“土地管理部门和城市规划主管部门,应当将经批准的预定抢建重要国防交通工程设施的土地作为国防交通控制用地,纳入土地利用总体规划和城市规划。”将抢建国防交通工程设施控制用地的相关规定上升为法律,同时与城乡规划法、土地管理法相衔接,提高了落实国防交通控制用地的效力。《全国国土规划纲要(2016—2030年)》明确对国防公路建设项目用地予以重点保障。

三、国防交通用地的控制

占用国防交通工程设施用地,属于违法行为,本法作出了严格的禁止规定。对于经济社会发展需要,交通运输建设发展和国防交通保障需求变化,确须改变国防交通控制用地用途的,应当按照原批准权限履行审批程序,必要时采取土地置换等措施,保障国防交通工程设施抢建需要。如武汉二七长江大桥桥址使用的是战时开设野战渡场预留控制用地,建设之前报请国家国防交通主管机构批准,以土地置换的方式,解决了预设野战渡场控制用地,既保证了未来国防交通用地,又促进了当地经济社会的发展。因此,本法专门规定未经批准“任何组织和个人不得占用作为国防交通控制范围的土地”。对未经批准擅自占用国防交通控制用地的，将依据本法和城乡规划法、土地管理法等，追究法律责任。

第四十六条　重点交通目标的对空、对海防御，由军队有关部门纳入对空、对海防御计划，统一组织实施。

重点交通目标的地面防卫，由其所在地县级以上人民政府和有关军事机关共同组织实施。

重点交通目标的工程技术防护，由其所在地县级以上人民政府交通主管部门会同本级人民政府国防交通主管机构、人民防空主管部门，组织指导其管理单位和保障单位实施。

重点交通目标以外的其他交通设施的防护，由其所在地县级以上人民政府按照有关规定执行。

【释义】　本条是关于重点交通目标防卫、防护职责分工的规定。

重点交通目标防卫，是指为避免或减少敌人对目标实施打击破坏而采取的警戒、预警、拦截和反击等一系列军事措施和行动，主要由军队组织实施。重点交通目标防护，是指为降低对目标的被毁概率、减轻破坏程度而采取的伪装和加固等一系列技术措施和行动。

一、重点交通目标防卫防护的重要意义

重点交通目标防卫防护是作战保障的重要组成部分，历来受到高层指挥机关的密切关注和重点布防。如德国在普法战争后，在跨越莱茵河的各干线铁路桥旁修筑要塞炮台，并沿铁路线设置具有防护作用的房舍，以防敌袭击。第二次世界大战期间，交通线防护进一步发展，苏联为保卫拉多加湖冰上道路的安全，曾派出 1 个步兵团、5 个歼击航空兵团、10 个高炮营的兵力兵器,组织地面防御、防空和空中掩护,对打破德军封锁起了重要作用。朝鲜战争期间,中国人民志愿军针对美军对交通线实行的“绞杀战”,采取重点保卫、高度机动的方针,同美军展开顽强的斗争,仅1952年上半年就调集了高炮部队总兵力的70%左右,用于掩护铁路,形成较强的交通线防空能力,对保障铁路通畅起了重要作用。在近期几场高技术局部战争中,空间侦察技术的发展和远程精确制导兵器的广泛运用,使得重点交通目标面临的威胁空前增大,如海湾战争中伊拉克至科威特之间的铁、公路均被切断,伊拉克境内2/3以上的桥梁被摧毁,科索沃战争中多瑙河上的桥梁全部被摧毁,导致伊拉克和南联盟军队难以实施有效机动。

二、重点交通目标的对空、对海防御

组织实施对空、对海防御属于作战行动,既有防御防卫行动,也有反击反制行动,因此,必须把重点交通目标纳入对空、对海防御计划,由军队统一组织实施。一级重点交通目标对空、对海防御计划,通常由国家国防交通主管机构会同军委联合参谋部作战指挥部门统一筹划部署;由国务院、中央军委指定的区域性国防交通主管机构,会同战区联合参谋部作战指挥部门,提出二级重点交通目标纳入战区防空需求建议;省级国防交通主管机构会同同级人民政府军事机关,提出三级重点交通目标及其他交通设施纳入城市和要地防空的需求建议。国务院、中央军委指定的区域性国防交通主管机构还应根据作战需要,会同战区有关军事机关提出重要交通工程设施的野战防空需求计划。沿海港口、码头等重点交通目标应对水面、水下打击破坏,由国务院、中央军委指定的区域性国防交通主管机构会同战区海军有关部门提出对海防御需求计划。1984年国务院、中央军委交通战备领导小组印发的《关于编制重点交通目标保障方案若干问题的规定》明确:“重点目标的对空防御,要尽量同要地防空、野战防空、人民防空和坚守城市的防空结合起来考虑。即位于要地防空范围内的目标,应纳入要地防空计划;位于坚守城市或人民防空范围内的目标,应纳入城市防空计划;其他目标,要尽量同空军区域性防空和野战防空相结合,或由省军区组织地方部队和民兵高炮实施防护。”

重点交通目标的对空防御,主要包括空情预警报知、防空火力配系、组织指挥与协同等行动。重点交通目标的对海防御,应按照防御计划由海军部署水面水下防卫力量统一组织防卫,主要包括侦察预警、水面拦截防卫、布雷扫雷、防潜反潜等行动。随着沿海经济的发展和我国海洋战略的实施,跨海大桥、港口码头和岛礁机场等交通目标逐渐增多,重点交通目标对空、对海防御的组织实施日趋重要。为保障沿海和海上交通的畅通,重点交通目标的对海防御由相关战区纳入对空、对海防御计划,统一组织实施。

三、重点交通目标地面防卫

重点交通目标地面防卫,是为防止和抗击敌人来自地面对交通设施的袭击破坏而组织的防卫。组织地面防卫,要尽量得到战斗部分队的掩护和支援,同时要依托武警部队和民兵预备役部队及广大人民群众,建立军警民联防体系,采取分段、分片和分目标包干的办法,加强对重点交通目标的警戒和保卫,防止和粉碎敌人的袭扰,保障地面交通畅通。重点交通目标平时的守护,按照国家有关规定由武警部队负责。

四、重点交通目标工程技术防护

工程技术防护是指采取各种工程技术手段以保障交通设施

安全而组织的防护。一般包括隐蔽伪装、疏散、工程加固、设置备用设备、转入地下和干扰等内容，手段多样。如隐蔽伪装方面，设置防雷达伪装网，构成反雷达隔绝遮障；对桥梁、码头等交通目标的表面实施高技术迷彩涂料伪装；运用烟幕快速伪装，形成多谱段伪装烟幕，能够对抗红外、微波波段侦察，这些手段可以不同程度地降低交通目标的明显特征，降低被敌发现的概率。将交通调度指挥系统转入地下指挥所，保证不间断指挥。设置防雷达假目标，在假桥梁、假道路、假机场、假码头等假目标内安装热源装置、金属角反射器或敷设金属层等，可以假乱真，保护真目标。修建交通备用设备，扩大生存空间，提高生存能力，实施迂回保障，等等。其中，重点交通目标的工程加固、设置备用设备等，由目标管理单位和保障单位按照保障预案实施；伪装、干扰等由军队实施，目标管理单位和保障单位配合。

五、其他交通设施防护

本条规定，重点交通目标以外的其他交通设施的防护，由目标所在地县级以上人民政府按照规定执行。具体规定由国家国防交通主管机构依据本法组织军地有关部门研究制定。

第四十七条　因重大军事行动和国防科研生产试验以及与国防相关的保密物资、危险品运输等特殊需要，县级以上人民政府有关部门应当按照规定的权限和程序，在相关地区的陆域、水域、空域采取必要的交通管理措施和安全防护措施。有关军事机关应当给予协助。

【释义】　本条是关于采取交通管理措施和安全防护措施的规定。

交通管理措施，主要是指为保证国防交通顺畅需要，采取交通引导与疏导、优先放行与限制通行、设置临时性停泊和集结专用区域等方式，合理限制和科学组织交通的措施。安全防护措施，主要是指为保证部队机动和保密物资、危险品运输的安全，采取警戒、人员疏散、指定运输线路和人员隔离等的措施。实施交通管理和安全防护措施是各级人民政府组织国防交通保障的重要内容。随着部队远程机动、国防科研试验和武器弹药等危险品运输等任务日趋增多，军地有关部门根据交通保障需要，制定了部队机动交通保障规章，明确了保障职责和工作机制，为部队机动和国防运输安全高效提供了有力支撑。

一、交通管理措施和安全防护措施的适用范围

重大军事行动和国防科研生产试验，以及与国防相关的保密物资、危险品运输，均属重大国防活动，一旦发生交通拥堵或交通事故，可能延误部队行动，甚至危害群众生命和财产安全，造成社会不良影响。本条明确重大军事行动和国防科研生产试验，以及与国防相关的保密物资、危险品运输实施交通管理措施和安全防护措施，利于有关需求部门和单位对交通管理措施和安全防护措施的申报，以及县级以上人民政府有关部门对交通管理措施和安全防护措施的审批和实施。

重大军事行动，是指经军委或军委授权的部门批准的作战、训练、演练、反恐维稳、抢险救灾等军事行动。国防科研生产试验，是指以国防为目的的科学技术研究、生产和试验活动，包括武器装备和武装力量专用的军用物资的科研生产试验活动。与国防相关的保密物资，包括火箭、卫星、雷达等科学尖端保密产品和元器件，以及军用地图、密码设备等重要保密物资等。危险品，是指易燃、易爆和有腐蚀性、毒害性、放射性的物资，具体类别和范围由专门的运输规章确定。

二、交通管理措施和安全防护措施的主要内容

对于重大军事行动等的交通管理措施，铁路方面主要包括调整运行图、采取特殊交路、实施避让、压缩技术作业时间等；道路方面主要包括交通管制、开通专用通道、按要求划定和清理部队休整区、交通事故快速处理等；水路方面主要采取限航、禁航、腾空泊位等措施；航空方面主要包括在机场划定部队集结区域、开辟专用绿色通道、实施优先放行和空中交通管制等。

对于易燃易爆和核辐射等危险品运输，主要依据军地有关法律法规文件，按与有关单位部门共同确定的时间、路线、速度行驶，悬挂警示标志，控制行人距离等，必要时采取人员疏散、远离居民区、周边管制等特殊措施。对于国防科研生产试验和保密物资运输的交通管理，应严格按照专门制定的运输警卫等级规定的措施组织，严格掌握装载、运行、卸载的全过程。

三、交通管理措施和安全防护措施需求提报与实施主体

交通管理措施需求，通常由任务单位按业务渠道逐级上报至国务院、中央军委指定的区域性国防交通主管机构或国家国防交通主管机构汇总审批后，下达相关省级人民政府国防交通主管机构执行，涉及跨区的需逐级上报国家国防交通主管机构审批。铁路交通管理措施，运输调度由中国铁路总公司调度部门组织实施，铁路车站和装卸载地域的交通管理，通常由当地人民政府交通管理部门和铁路治安管理部门共同实施。道路交通管理措施，通常由地方人民政府国防交通主管机构牵头，由公安交通管理部门组织所属警力负责维护交通秩序，交通、城建管理部门负责道路清障及交通标志设置等，城市管理和工商管理部门负责清理占用管控道路的集贸市场，通信部门协助提供管控道路上的通信保障。沿海水域和内河的交通管理措施，通常由

海事主管机构及渔政部门组织实施，维护船舶在海上、进出港航道航行时的秩序，监督船舶在港停泊和航行安全；进出港口道路的交通管制由港口与地方人民政府交通管理部门共同组织实施。航空交通管理措施，通常情况下机场内外的地面交通管理由地方人民政府公安交通管理部门与机场安全等相关管理部门组织实施，空中交通管理由空军和中国民用航空局、空管局，按照职责分工组织实施。

铁路方案运输安全防护按有关规定办理。

四、有关军事机关的任务

组织实施重大军事行动交通管理，除主要依靠县级以上人民政府交通管理部门外，还需要有关军事机关的协助配合。如空中交通管理需要空军有关部门按职责分工予以协助；海上交通管理有时需要海军有关部门按职责分工予以协助；道路交通管理需要军队运输投送机构和部队管理部门协助等。

第四十八条　县级以上人民政府交通主管部门和有关军事机关、国防交通主管机构应当根据需要，组织相关企业事业单位开展国防交通专业保障队伍的训练、演练。

国防交通专业保障队伍由企业事业单位按照有关规定组建。

参加训练、演练的国防交通专业保障队伍人员的生活福利待遇，参照民兵参加军事训练的有关规定执行。

【释义】　本条是关于国防交通专业保障队伍训练、组建和有关生活待遇的规定。

国防交通专业保障队伍训练、演练，是有计划、有组织的对专业保障队伍进行的强化专业知识、专业技能、指挥管理能力和相关素质,以及不同人员和队伍针对某种情况处置进行的协同配合训练活动。加强国防交通专业保障队伍训练、演练,对于提高队伍的专业保障能力和快速反应能力,增强国防交通保障潜能和队伍实战能力具有重要意义。本条规定了国防交通专业保障队伍的组建主体和训练、演练的组织主体,以及参加训练、演练的生活福利待遇,对保证国防交通专业保障队伍建设发展具有重要作用。

一、组织国防交通专业保障队伍训练、演练的目的和意义

组织国防交通专业保障队伍训练、演练的目的,是提高保障队伍的整体素质和技术战术水平,更好地履行战时和平时特殊情况下的交通保障任务。战时和平时特殊情况下,交通保障任务艰巨复杂,对队伍的专项技能、组织指挥和协调配合提出了很高的要求。国防交通专业保障队伍在平时以生产经营为主,如不采取针对性的训练、演练,则难以适应保障的任务需要。因此,国家历来重视交通专业保障队伍训练、演练。1955 年以来,国家就开始组织交通专业保障队伍训练。1955 年至 1978 年,主要突出交通抢运、抢修、防护技能训练,提高专业技术水平,学习、普及“三防”知识,提高自卫、自救能力。改革开放以来,各地区、各部门结合运输生产、工程施工和抢险救灾开展战备训练,有针对性地组织了工程抢修、抢建,快速装卸等专业演练。随着我国国防建设与经济建设的融合发展,国防交通专业保障队伍的训练、演练频次和力度不断加大。各级国防交通主管机构依据国防动员法、《国防交通条例》等有关法律法规,组织交通专业保障队伍开展了经常性的训练活动,涵盖了铁路、公路、水路、航空、通信等各类专业保障队伍和应急运输、工程抢修、救助打捞、应急通信等多种专业。从 2008 年开始,国家设立国防

交通专业保障队伍训练费科目,有效保障了专业保障队伍训练演练和教育培训等。为加强国防交通专业保障队伍训练管理,2009年国家交通战备办公室颁发《国防交通训练管理暂行规定》。2010年国家交通战备办公室开展了交通战备训练基地和交通战备应急指挥中心建设,之后组织了示范性训练演练活动,下发了《交通战备训练基地和交通战备应急指挥中心建设指导意见》。2015年,国家交通战备办公室制定下发《国防交通专业保障队伍训练与考核大纲》,分专业明确了训练内容和标准。"十二五"期间,各级国防交通主管机构组织了280多次专项集训和演练活动,直接参训人员3.5万余名。通过训练、演练,明确了人员岗位职责和保障流程,实现了保障任务对接,增强了队伍的保障能力,提升了人员的整体素质。

二、国防交通专业保障队伍训练、演练组织的责任主体

组织开展国防交通专业保障队伍训练、演练的第一责任主体是县级以上人民政府交通、通信主管部门。国家国防交通主管机构和国务院交通、通信主管部门国防交通主管机构,负责中央企业的国防交通专业保障队伍训练、演练;地方人民政府国防交通主管机构和本级政府交通、通信主管部门,负责本辖区、本部门管理的国防交通专业保障队伍的训练、演练;有关军事机关以及军事代表机构依据有关法规和国防交通保障需求,对国防交通专业保障队伍的训练、演练活动给予协助和指导;国防交通主管机构依据上级业务主管部门和同级政府的安排,负责训练、演练的规划计划、沟通协调、对下指导和监督落实。

三、国防交通专业保障队伍训练、演练的内容和形式

国防交通专业保障队伍的训练、演练,以增强国防意识、掌握交通保障方式方法和技能为重点,立足现有条件,加强针对性

训练、演练,着力提高专业保障队伍的整体素质、专业技能和应急保障能力。依据不同训练目的和内容,交通专业保障队伍训练分为共同训练、分业训练和整体训练三部分内容。

共同训练,主要是交通保障基本技能科目训练,适用于所有交通专业保障队伍。主要训练科目有:军事基础知识和基本技能;交通保障,包括交通保障基本知识、交通保障组织、交通保障技术、装备器材使用、运输和装卸载、交通设施抢修抢建、交通防护与技术手段等;战备等级转换,包括战备等级划分、战备等级转换时的组织、进入等级战备的批准权限与程序、等级战备的主要工作和基本要求等。

分业训练,主要是开展铁路、公路、水路、航空、邮政和战备通信保障等专业技能训练科目,分别适用于铁路、公路、水路、航空、邮政和战备通信专业保障队伍。训练内容主要有:专业保障的组织,制式战备器材的使用,工程抢修抢建及施工方法,航道、桥梁、隧道、港口码头、机场保障,铁路枢纽与站场保障,电气化铁路保障,通信枢纽保障,铁路、公路浮渡技术,救助与打捞保障,运输与装卸载保障,应急机动通信保障,航油保障,交通设施伪装防护方法,交通管制的组织与实施等。

整体训练,是一种以集体训练为主要形式的综合训练,主要是训练和培养交通专业保障队伍的综合保障技能和应急保障能力。开展整体训练,应按照分业训练科目确定的内容,合理设置战术背景,拉动交通专业保障队伍和装备,检验其执行交通保障任务的专业技能、协同配合方法,以及组织指挥程序。

演练是训练的高级形式,是对训练效果和实战化训练水平的检验。演练内容和形式是:一是结合部队演训、抢险救灾、应对突发事件等军事行动,组织开展训练演练。长期以来,国防交通专业保障队伍结合部队重大演训、移防，维稳处突、抢险救灾等活动，参与交通、通信保障，既保障了部队军事行动的顺利实施，又锻炼了队伍，取得了良好的训练效果。二是组织开展专项演练。专项演练，是针对专门训练问题，设置训练背景、训练科目，达到特定训练目的的训练形式，既有单项演练，也有综合演练。演练活动主要有：各类国防交通专业保障队伍拉动、集结、整训、点验综合演练，战备应急通信演练，建制部队应急航空投送演练，作战部队海上输送演练，民船海上野战油料补给、物资过驳演练，卫生列车战地救护演练，公路飞机跑道军用飞机起降演练等。通过演练，提高了国防交通专业保障队伍的协同配合和实战化保障能力。

国防交通专业保障队伍训练、演练，主要依据《国防交通训练管理暂行规定》《国防交通专业保障队伍训练与考核大纲》的要求制订训练计划，落实训练人员、时间、内容。一是有计划地举办专业技术培训班进行集中训练；二是组织必要的专项演练或综合演练；三是结合平时交通工程施工和运营生产任务进行训练，结合抢险救灾、突发事件和部队军事行动中交通抢修抢建及抢运任务进行训练、演练。

四、关于队伍组建的有关规定

长期从事交通建设和运输生产的企业事业单位，人员相对稳定，技术力量雄厚，具有良好的组建条件，以其为基础组建保障队伍，是军民融合发展和战时交通保障的必然要求。多年来，国家依托交通运输企业事业单位组建的国防交通专业保障队伍，在抗震救灾、反恐维稳和边境自卫反击作战交通保障中发挥了巨大的作用。本法明确规定国防交通专业保障队伍由交通运输企业事业单位按照有关规定组建。组建国防交通专业保障队伍，主要依据新形势下军事战略方针、军事斗争准备要求和企业的性质及实力，按照有利于完成战时保障任务、有利于应付公共突发事件、有利于促进企业发展的标准，坚持政府主导、整体规划，归口建设、突出重点，规模适度、精干管用的原则，实施分类建设，重点是加强队伍的组织建设、装备建设、战备建设和思想建设，做到组织落实、任务落实、装备落实、训练落实。目前，除本法外，关于国防交通专业保障队伍组建的法规制度，主要有《国防交通条例》《国防交通专业保障队伍管理暂行规定》《国防交通专业保障队伍考评暂行办法》《交通战备现代化建设工作规定》等。

五、关于参加训练、演练人员的福利待遇

为规范训练、演练的生活福利待遇标准，本法明确："参加训练、演练的国防交通专业保障队伍人员的生活福利待遇，参照民兵参加军事训练的有关规定执行。"有关规定主要是指《民兵工作条例》。该条例第二十四条第一款、第二款规定："农村的民兵和民兵干部在参加军事训练期间，由当地人民政府采取平衡负担的办法，按照当地同等劳力的收入水平给予误工补贴。企业事业单位的民兵和民兵干部在参加军事训练期间，由原单位照发工资和奖金，原有的福利待遇不变；其伙食补助和往返差旅费由原单位按照国家规定在有关项目中开支。"参加国防交通专业保障队伍训练的企业职工和干部，在训练期间的福利待遇、伙食补助和往返差旅费，由企业承担，也可以从上级拨付的训练专项经费开支。

第四十九条　国防交通专业保障队伍执行国防交通工程设施抢修、抢建、防护和民用运载工具抢修以及人员物资抢运等任

务，由县级以上人民政府国防交通主管机构会同本级人民政府交通主管部门统一调配。

国防交通专业保障队伍的车辆、船舶和其他机动设备，执行任务时按照国家国防交通主管机构的规定设置统一标志，可以优先通行。

【释义】 本条是关于国防交通专业保障队伍调配使用权限和优先通行的规定。

一、国防交通专业保障队伍的调配权限

为保证国防交通专业保障队伍的统一调动和使用，本条明确执行抢修、抢建、防护国防交通工程设施和民用运载工具抢修以及抢运人员物资等交通保障任务时，由国防交通主管机构会同交通主管部门统一调配，既界定了国防交通专业保障队伍调用的范围，减少了与企业生产任务的冲突；又明确了由国防交通主管机构会同本级政府交通主管部门执行，有利于国防交通专业保障队伍的统一管理、集中使用。通常情况下，战略投送支援队伍和中央企业组建的交通工程抢修队伍，由国家国防交通主管机构会同国务院交通主管部门统一调配；国务院、中央军委指定的区域性国防交通主管机构或省级国防交通主管机构，需要动用本区域内的战略投送支援队伍和中央企业组建的交通工程抢修队伍，需向国家国防交通主管机构申请，由国家国防交通主管机构会同国务院交通主管部门调配。依托属地企业组建的交通专业保障队伍，在本行政区域内使用时，由本级国防交通主管机构会同本级交通主管部门调配；跨行政区域使用时，由上级国防交通主管机构统一调配。战时，国防交通专业保障队伍的调配，按照本法第十三条国家设立的国防交通联合指挥机构的指挥关系和权限实施。

二、关于国防交通专业保障队伍的标志设置和优先通行

国防交通专业保障队伍在执行国防交通保障任务时，特别是执行重大军事行动和国防科研生产试验以及与国防相关的保密物资、危险品运输等保障任务时，要求特殊，一般具有时间紧、任务重、保密和安全要求高、组织管理难度大等特点，对此必须予以重点保障、优先通行。为执行国防交通保障任务的专业保障队伍的人员、车辆、船舶和其他机动设备，设置统一标志，利于交通管理部门快速识别、优先保障、优先通行，既是国防交通专业保障队伍执行保障任务的必要措施，也是近年来保障队伍参与各种训练和抗震救灾等非战争军事行动部队交通保障的实践经验总结。本条第二款规定："国防交通专业保障队伍的车辆、船舶和其他机动设备，执行任务时按照国家国防交通主管机构的规定设置统一标志，可以优先通行。"其中，国防交通标志的设置和管理，依照国家交通战备办公室《国防交通标志使用和管理规定》执行；优先通行的条件，是"执行任务时"并且"设置统一标志"；执行任务的时间范围，既包括战时、平时特殊情况下，也包括平时执行部队演习训练保障，国防交通训练、演练等任务。

第五十条　各级人民政府对承担国防交通保障任务的企业和个人，按照有关规定给予政策支持。

【释义】　本条是关于对承担国防交通保障任务的企业和个人给予政策支持的规定。

为了鼓励企业和个人更好地履行国防交通义务，增强国家国防交通保障潜能与活力，对承担国防交通保障任务的企业和个人给予政策支持，既是调动公民和组织参加国防交通保障活

动积极性的需要,也是维护公民和组织正当权益的需要。

本法第三十九条明确“公民和组织完成国防运输任务所发生的费用,由使用单位按照不低于市场价格的原则支付”。第四十八条第三款明确:“参加训练、演练的国防交通专业保障队伍人员的生活福利待遇,参照民兵参加军事训练的有关规定执行。”其他有关鼓励政策可参见本法第五条的释义。除了上述支持政策外,依据国防法和《民用运力国防动员条例》等法律、法规、规章,对企业和个人在执行保障任务时造成损失的,国家给予补偿。

随着本法施行,承担国防交通保障任务的企业在政府服务采购竞标、企业经营范围、税收等方面的配套优惠政策将会陆续出台,企业的权利和义务将更为对等。

第七章　国防交通物资储备

国防交通储备物资，是实施交通保障的重要物质基础，属国家特种储备。为应对战时敌对我交通线的打击破坏，以及重大自然灾害对交通运输的损坏，必须在平时有计划地储备一定数量和技术性能优良的国防交通物资，并切实加强使用管理。本法第二章第十八条对国防交通物资储备规划已作出规定。本章主要是对国防交通物资储备管理与使用方面的规定，共4条，包括国防交通物资储备要求、物资储存管理单位职责、国防交通储备物资调用、国防交通储备物资改变用途或报废等。

第五十一条　国家建立国防交通物资储备制度，保证战时和平时特殊情况下国防交通顺畅的需要。

国防交通物资储备应当布局合理、规模适度，储备的物资应当符合国家规定的质量标准。

国防交通储备物资的品种由国家国防交通主管机构会同国务院有关部门和军队有关部门规定。

【释义】　本条是关于国防交通物资储备制度、储备原则和品种确定的规定。

一、物资储备制度是我国国防交通工作的一项基本制度

建立国防交通物资储备制度，旨在通过制定一系列规程和准则，规范物资储备的职责分工、规划计划、订购、储存保管、使

用、报废处理等管理行为。1955 年至 1977 年,铁道部、铁道兵、交通部和邮电部先后建立了交通战备物资储备制度,对各类战备物资适时进行了储备。1980 年起,国务院、中央军委交通战备领导小组办公室开始归口管理交通战备物资储备工作,交通战备物资储备经费由财政部纳入年度经费计划。1983 年 9 月,国务院、中央军委交通战备领导小组和国家计委、财政部联合颁发了《交通战备物资储备暂行规定》,这是新中国成立以来第一个对各部门交通战备储备物资管理作出的综合性规定。此后,国家交通主管部门相继对本行业的储备制度进行了修订完善。如 1998 年,交通部修订了《国防交通储备器材管理规定》。2000 年,铁道部修订了《铁路战备储备物资管理规定》。2002 年,信息产业部制定了《通信战备物资储备管理暂行规定》;同年 12 月,国家交通战备办公室制定了《交通战备物资储备工作制度(试行)》。2008 年 3 月,国家发展和改革委员会、财政部、总后勤部联合发布了《国防交通物资储备管理规定》。2014 年总后勤部、财政部颁发了《国防交通储备物资动用管理办法》和《国防交通储备物资报废管理办法》。这些规章制度,为促进储备物资管理的规范化提供了有力保证,为实施战时和平时特殊情况下国防交通保障任务提供了有力支撑。基于国防交通物资储备的实际需要、实践经验和已有法规,本条将建立国防交通物资储备制度上升为法律。

二、国防交通物资储备原则与要求

国防交通物资储备原则,是储备国防交通物资应当遵循的基本准则。结合具体情况,创造性地贯彻落实国防交通物资储备原则,对于减少国防交通储备物资的损耗和浪费,提高其保障能力和使用效能具有重要意义。我国国防交通物资储备最为主要的原则是布局合理、规模适度。

布局合理,是国防交通物资储备分布原则。我国幅员辽阔,自然地理环境、经济社会发展和交通运输条件差异大,加之周边安全形势复杂,国家面临的安全威胁多样,交通线可能遭受打击和自然破坏的程度不同,交通保障需求时空分布不均衡,要求国防交通物资储备布局必须与之相适应。新中国成立初期,受当时东南沿海尤其是“三北”地区紧张形势影响,为应对紧急战备任务,将重要和急需的器材直接存放在重点交通目标附近,其他分散存放于交通沿线战备库点。改革开放以来,针对既有交通战备物资储备仓库储点分散、条件简陋,不利于平时管理的情况,从 20 世纪 80 年代开始,各有关部门进行仓库调整建设,尤其是“869 会议”后,随着交通战备指导思想的战略性转变,各部门对储备仓库布局进行大幅度调整,撤销了部分分散的小储备点,集中建设了库容较大、交通便利的储备点。2002 年,铁道部、交通部、信息产业部和民航总局战备办公室根据新时期军事斗争准备需要,拟制了新的交通战备物资储备调整计划,加大了该地区的物资储备数量,尤其是增加了专用和临战难以筹措器材的储备。由此可以看出,确定国防交通物资储备布局,必须综合考虑军事战略方针、战场建设、交通网布局、重点目标保障任务、保障物资器材功能及运输性等因素,合理确定储备物资的布局。通常,针对主要战役方向、重点地区、重点交通目标适当多储,其他方向、地区和一般目标少储;部队机动重要交通沿线多储,一般交通沿线少储或不储。

规模适度,是国防交通物资储备的数量确定原则。由于储备物资使用的时段、地域、需求规模具有不确定性,储备过多造成资产浪费,降低经济效益,储备过少又难以形成有效的保障能力，一旦发生战争或特殊情况不能满足需要。为使国防交通物资储备建设的健康持续发展，必须统筹考虑国防效益与经济效益，妥善处理需要与可能的关系。在确定国防交通储备物资规模数量时，应当综合考虑任务需求、经费支持、仓储管理条件、物资寿命周期等因素，合理确定投入规模和储备数量，做到规模适度。随着交通运输领域技术的飞速发展，军民融合国家战略加快推进，当前和今后一个时期，在确定储备规模时，还要注意处理好实物储备与技术储备、国防交通物资储备与国家应急储备的关系。对战时和平时特殊情况下常用的、急需的，且难以临时筹措的交通专用物资、器材和抢修机工具等应当作为重点，适当多储；对临战前能尽快组织生产的可以少储或不储。

国防交通储备物资，主要用于战时和平时特殊情况下交通工程设施抢修、抢建和运载工具的抢修，其质量标准高低直接影响受损设施设备的抢修质量和安全效能。因此，本条第二款规定“储备的物资应当符合国家规定的质量标准”，对国防交通物资储备的可靠性提出了明确要求。各级物资储备管理部门应当积极采取相应的技术手段和组织管理措施，使储备物资在全寿命周期中，始终保持良好的技术战术性能，满足战时和平时特殊情况下交通保障需要。一般要把握好以下几个环节：一是产品设计的战技术指标要满足交通保障需要；二是产品生产时要严格生产管理，加强质量监督检验，确保符合国家或行业质量标准要求；三是在出厂或入库时，要严格检测验收；四是在平时管理中，要按规定正确使用，并注重维护、保养和检测，适时淘汰更新。

三、关于国防交通储备物资品种

国防交通储备物资品种按用途分为专用储备物资和通用储

备物资。目前,我国的国防交通储备物资主要有桥梁器材、浮箱器材、舟桥器材、装卸机具、特种车船、通信设备6大类、50多个品种,形成了覆盖铁路、公路、水路、航空和通信等行业,涵盖交通抢修、运输保障、应急通信等各类器材较为齐全的储备格局。国防交通储备物资的品种,按照国防交通保障任务需要,依据形势和任务要求以及保障物资器材技术性能、筹措难易程度等因素进行调整,由国家国防交通主管机构会同工业和信息化部、交通运输部、国家铁路局、中国民用航空局、中国铁路总公司等,以及军队有关单位运输投送机构共同研究确定,并定期公布《国防交通储备物资目录》。

第五十二条　国务院交通主管部门和省、自治区、直辖市人民政府国防交通主管机构,应当按照有关规定确定国防交通储备物资储存管理单位,监督检查国防交通储备物资管理工作。

国防交通储备物资储存管理单位应当建立健全管理制度,按照国家有关规定和标准对储备物资进行保管、维护和更新,保证储备物资的使用效能和安全,不得挪用、损坏和丢失储备物资。

【释义】　本条是关于国防交通储备物资储存管理的规定。

国防交通储备物资储在平时、用在战时或平时特殊情况,管理工作十分重要。本条明确了国务院交通、通信主管部门和省级人民政府国防交通主管机构,以及国防交通储备物资储存管理单位的储存管理职责,对于规范国防交通物资储备管理秩序,具有重要作用。

一、国务院交通、通信主管部门和省级国防交通主管机构的职责

本条第一款规定了国务院交通、通信主管部门和省、自治

区、直辖市人民政府国防交通主管机构，确定国防交通储备物资储存管理单位，监督检查国防交通储备物资管理工作的职责。本款中的“有关规定”，主要是指由总后勤部、国家发展改革委、财政部联合下发的《国防交通物资储备管理规定》，由总后勤部和财政部联合下发的《国防交通储备物资动用管理办法》《国防交通储备物资报废管理办法》等有关国防交通物资储备管理方面的规章制度。本款中的“国防交通储备物资储存管理单位”，主要是指承担国防交通储备物资入库验收、储存保管、维修保养、登记统计和保管人员业务培训的保管单位和储存仓库。其中，国务院交通、通信主管部门指定中央企业事业单位储备的，由国务院交通、通信主管部门确定保管单位和储存仓库；储备在有关省、自治区、直辖市的，由国务院交通、通信主管部门会同相关省级人民政府国防交通主管机构，根据物资储备布局需要，选择条件较好的交通运输和通信企业事业单位或国家物资储备主管部门所属仓库、储备物资生产企业，通过签订协议，授权其为国防交通储备物资储存管理单位。

目前，铁路国防交通储备物资的储存管理单位是各铁路局集团公司和铁路工程局集团公司。公路、水路国防交通储备物资的储存管理单位，由交通运输部国防交通主管机构，会同省级人民政府国防交通主管机构确定，报国家国防交通主管机构审核并对储存单位统一命名。通信、航空国防交通储备物资的储存管理单位，分别由工业和信息化部、中国民用航空局国防交通主管机构确定，报国家国防交通主管机构审核并对储存单位统一命名。国防交通储备物资的监督检查管理工作，主要采取自查、普查、抽查等方式进行。国家国防交通主管机构对国防交通储备物资定期组织普查；保管单位和储存仓库组织自查；国务院交通、通信主管部门和省级人民政府国防交通主管机构在自查的基础上组织普查;国家国防交通主管机构会同国务院交通、通信主管部门视情组织抽查。监督检查内容主要有:人员配备情况、规章制度建设、资料管理、资金和物资管理、物资动用、储备环境和装卸条件等。

二、国防交通储备物资储存管理单位的职责

国防交通储备物资储存管理单位是国防交通储备物资储存管理的具体实施者,负有健全并落实管理制度,做好日常管理和维护工作,保证使用效能和安全,防止挪用、损坏、丢失等责任。根据本条第二款规定,国防交通储备物资储存管理单位,应当按照委托保管协议的约定,加强储备物资管理工作的组织领导,建立健全管理制度,配备相应的设备,完善存储条件,储备物资入库后,应当检查入库物资的数质量、技术状况、随装工具、附件及有关资料档案等并做好记录,应及时更新相关数据,建立健全储备物资档案;国防交通储备物资的保管,必须符合技术标准、战备和安全要求,做到专人负责、分类配套存放,设置相应标牌,入箱(柜)保管的应当放置装箱(柜)清单;国防交通储备物资的维修更新,应当根据物资储存时间、质量状况和有关要求,定期对储备物资进行检查和维修保养,并根据保管年限、质量状况和产品改进等情况,在保证储备物资品种、数量、质量不变的前提下,可以组织轮换和更新,使之保持良好技术状态,保证使用效能和安全。本款中,管理制度主要是指仓库值班、储备物资出(入)库、储备物资日常管理、储备物资维修保养、仓库安全防范等制度;国家有关规定和标准,主要是指国务院交通主管部门颁布的行业标准,如《国防交通物资储备仓库管理手册(公路)》《国防交通物资储备仓库管理手册(铁路)》等。

第五十三条　战时和平时特殊情况下执行交通防护和抢修、抢建任务，或者组织重大军事演习，抢险救灾以及国防交通专业保障队伍训练、演练等需要的，可以调用国防交通储备物资。

调用中央储备的国防交通物资，由国家国防交通主管机构批准；调用地方储备的国防交通物资，由省、自治区、直辖市人民政府国防交通主管机构批准。

国防交通储备物资储存管理单位，应当严格执行储备物资调用指令，不得拒绝或者拖延。

未经批准，任何组织和个人不得动用国防交通储备物资。

【释义】　本条是关于国防交通储备物资调用的规定。

国防交通储备物资的调用，是战时和平时特殊情况下实施交通保障的重要环节，按照审批权限、调用指令和时限要求组织实施。本条规定了国防交通储备物资的调用条件、审批权限、执行要求和禁止行为，为规范国防交通储备物资调用活动提供了法律依据。

一、国防交通储备物资的调用条件

国防交通储备物资的调用，是指根据战时和平时特殊情况下保障交通运输、通信畅通，以及保障重大军事演习、国防交通专业保障队伍训练、演练需要，进行的国防交通储备物资调动使用活动。对国防交通储备物资限定调用条件、规范使用范围，是保持战备程度和应对紧急情况的重要保证，也是保持国防交通储备物资数量规模和质量水平的重要措施。战时调用，应根据保障任务预计、交通线及重点交通目标可能遭受破坏的程度以及保障方案所确定的物资器材数量，及时对国防交通储备物资的调用进行全面的安排部署；临战前要抓紧清理、检查储备情况，调整配置布局，确保战时使用。平时特殊情况下调用，应根据应对武装冲突、抢险救灾、重大公共突发事件等保障需要，确定物资器材数量和调用时机，及时部署下达调用任务，确保应急需要。平时调用，主要根据中央军委批准或副战区级以上军事机关组织的军事演习、训练，以及国防交通专业保障队伍组织开展训练、演练需要，按规定组织实施调用。

二、国防交通储备物资调用的批准权限

国防交通储备物资的调用按照事权和财权相统一的原则，调用中央储备的由国家国防交通主管机构批准，调用地方储备的由省级人民政府国防交通主管机构批准。根据《国防交通物资储备管理规定》《国防交通储备物资动用管理办法》等有关规章，地方单位使用中央储备的国防交通物资，须经国务院交通、通信主管部门国防交通主管机构或者省级人民政府国防交通主管机构审核；军队单位使用中央储备的国防交通物资，应当经国务院、中央军委指定的区域性国防交通主管机构审核。国家国防交通主管机构应当对中央储备的国防交通物资动用申请进行审核、批复，下达至国务院交通、通信主管部门国防交通主管机构，并抄送有关省、自治区、直辖市人民政府国防交通主管机构和国务院、中央军委指定的区域性国防交通主管机构；国务院交通、通信主管部门国防交通主管机构应当及时将动用批复逐级下达至国防交通储备物资储存管理单位。国防交通专业保障队伍训练、演练需要动用中央储备的国防交通物资的，应当列入年度专业训练、演练计划，并将国防交通储备物资动用申请与年度专业训练、演练计划一并上报。

地方储备国防交通物资的调用审批程序，可参照中央储备国防交通物资的审批程序，由省、自治区、直辖市人民政府国防交通主管机构会同有关部门具体规定。

其他情形需要使用国防交通储备物资的,由使用单位按规定渠道提出申请,经具有批准权限的国防交通主管机构批准后调用。

三、国防交通储备物资调用指令的执行

为防止调用不力造成国防交通保障任务的延误,国防交通储备物资储存管理单位应当依据《国防交通储备物资动用管理办法》,按照国防交通储备物资使用要求,制定国防交通储备物资装运预案。国防交通储备物资装运预案,主要包括组织指挥、装载队伍编成与任务分工、装载队伍与运输车辆集结地域、运输车辆选型与筹措、配载设计、装载机工具与捆绑加固器材配置及有关要求等内容。国防交通储备物资储存管理单位接到物资动用批复或者通知后,应当启动、修订国防交通储备物资装运预案,集结装载人员和运输车辆,检查和登记动用物资,填写"国防交通储备物资出(入)库单",清点核查发出物资的品名、规格、数量,组织装载,办理物资出库交接手续,填写"国防交通储备物资动用登记表"和"国防交通储备物资出(入)库登记表"。

四、关于国防交通储备物资调用的禁止性规定

国防交通储备物资主要用于战时和平时特殊情况下国防交通保障任务,为使之保持较高的战备水平和良好的技术状态,本条第四款对国防交通储备物资调用作出明确的禁止性规定,未经国防交通储备物资主管部门批准,任何组织或者个人无权调动、使用国防交通储备物资。

第五十四条　国防交通储备物资因产品技术升级、更新换代或者主要技术性能低于使用维护要求,丧失储备价值的,可以

改变用途或者作报废处理。

中央储备的国防交通物资需要改变用途或者作报废处理的，由国家国防交通主管机构组织技术鉴定并审核后，报国务院财政部门审批。

地方储备的国防交通物资需要改变用途或者作报废处理的，由省、自治区、直辖市人民政府国防交通主管机构组织技术鉴定并审核后，报本级人民政府财政部门审批。

中央和地方储备的国防交通物资改变用途或者报废获得的收益，应当上缴本级国库，纳入财政预算管理。

【释义】 本条是关于国防交通储备物资报废或改变用途管理的规定。

国防交通储备物资的报废或改变用途，是指国防交通储备物资因丧失储备价值，或不适应国防交通保障任务需要但尚有使用价值可改作他用，需退出储备范围的活动。报废或改变用途是国防交通储备物资管理的重要环节，是适应更新换代要求、完善品种结构和提高技术性能的重要措施，也是健全国防交通储备物资管理机制的重要内容。本条规定了国防交通储备物资报废或改变用途的条件、审批权限、技术鉴定程序和报废收益管理，对于推动国防交通储备物资的品种完善，保持和提高技战术性能具有重要作用。

一、国防交通储备物资报废或改变用途的条件

国防交通储备物资因丧失储备价值，需作报废或改变用途处理，主要是指产品技术升级、更新换代或者主要技术性能低于使用维护要求而不宜继续储备。以钢结构器材为例，有下列情形之一的，列为报废，尚有使用价值的也可改作他用：变形严重无法矫正，或者矫正困难、成本高、工期长，修复已无价值的；有

裂纹的;破损严重无法修复,或者一次修复成本超过新品订购价格的50%,工期长,修复已无价值的;表面锈蚀、麻点等缺陷的深度达到钢材厚度负偏差值,或者钢材表面氧化皮因锈蚀已全面剥离,并且普遍发生点蚀的;零配件无供应来源的;需要更新换代的淘汰产品。

二、国防交通物资储备报废或改变用途的技术鉴定与审核

国防交通储备物资报废或改变用途工作,通常由国家国防交通主管机构每5年组织一次,特殊情况下可以提前或者推迟组织。对拟报废或改变用途的国防交通储备物资,应当对其质量状况、技术性能和使用价值进行技术鉴定。拟报废或改变用途国防交通储备物资的技术鉴定,由国家国防交通主管机构组织或者委托国务院交通、通信主管部门国防交通主管机构,成立国防交通储备物资技术鉴定专家组具体实施。国务院交通、通信主管部门国防交通主管机构应当依据国防交通储备物资技术鉴定情况,编制本系统国防交通储备物资报废或改变用途申请报告,与技术鉴定书一并上报国家国防交通主管机构;国家国防交通主管机构对国务院交通、通信主管部门国防交通主管机构上报的报废或改变用途申请材料进行汇总审核后,报国务院财政部门审批;国务院财政部门应当对申请材料进行审核,并予以批复;国家国防交通主管机构应当根据国务院财政部门的批复,向国务院交通、通信主管部门国防交通主管机构下达国防交通储备物资报废或改变用途通知;国务院交通、通信主管部门国防交通主管机构应当按照国家国防交通主管机构下达的通知要求,安排本系统国防交通储备物资报废或改变用途工作。

地方储备国防交通物资报废或改变用途技术鉴定与审核,由省级人民政府国防交通主管机构组织技术鉴定专家组,按照

报废或改变用途条件实施技术鉴定，出具技术鉴定书，并与技术鉴定情况一并上报至本级人民政府财政部门审批。

三、国防交通储备物资报废或改变用途的处置

国防交通储备物资储存管理单位接到国防交通储备物资报废或改变用途通知后，必须严格按照批准的品种、规格、数量实施报废或改变用途，填写“报废或改变用途国防交通储备物资处置情况表”，属中央储备的逐级上报至国家国防交通主管机构，属地方储备的上报至省级国防交通主管机构。报废国防交通储备物资，必须经过拆解、销毁等技术手段处理后才能处置，严禁流入社会使用。需改变用途的国防交通储备物资，符合规定条件的，采用招标方式处置。中央和地方国防交通储备物资报废或改变用途收入，扣除报废或改变用途过程中发生的管理、专家鉴定、招标、运输、拆解、技术处理、税金等相关费用后，剩余部分上缴本级国库，纳入财政预算管理。报废或改变用途国防交通储备物资处置工作结束后，国防交通储备物资储存管理单位应当核销资产，进行账务处理，填写“报废或改变用途国防交通储备物资核销明细表”，登记统计有关信息，收集整理相关资料，并妥善保管。

第八章 法律责任

法律责任,是行为人包括组织和个人违反法律规范所应承担的不利法律后果,它是法律规范得以实施、获得普遍遵守的重要保障。其特征如下:一是法律责任是以违法为前提,行为人只有违反法律的明文规定,实施违法行为,才能引起法律后果,由本人承担相应的法律责任。二是法律责任以法律制裁为必然结果,违法者承担法律责任,主要表现为受到法律制裁。只有通过制裁,才能发挥法律的教育和威慑作用,达到预防和制止违法行为的目的。三是法律责任具有国家强制性,只能由国家专门机关或者国家授权的机构,在法律规定的权限范围内对违法行为人实施,通过国家强制力迫使行为人接受不利于自己的法律后果,保证法律的实施。本章是关于违反国防交通法应当承担的法律责任和相关执法主体的规定,共3条,分别对违反国防交通义务行为的行政处罚、有关部门和机关工作人员违法行为的法律责任,以及国防交通违法行为的治安管理处罚和刑事责任,作出了明确规定。

第五十五条　违反本法规定,有下列行为之一的,由县级以上人民政府交通主管部门或者国防交通主管机构责令限期改正,对负有直接责任的主管人员和其他直接责任人员依法给予处分;有违法所得的,予以没收,并处违法所得一倍以上五倍以

下罚款：

（一）擅自改变国防交通工程设施用途或者作报废处理的；

（二）拒绝或者故意拖延执行国防运输任务的；

（三）拒绝或者故意拖延执行重点交通目标抢修、抢建任务的；

（四）拒绝或者故意拖延执行国防交通储备物资调用命令的；

（五）擅自改变国防交通储备物资用途或者作报废处理的；

（六）擅自动用国防交通储备物资的；

（七）未按照规定保管、维护国防交通储备物资，造成损坏、丢失的。

上述违法行为造成财产损失的，依法承担赔偿责任。

【释义】 本条是关于公民和组织国防交通违法行为的行政处罚和执法责任主体的规定。

行政处罚通常是指行政机关或者其他行政主体依法对违反行政法但尚未构成犯罪的行政相对人实施的制裁。其特征是：一是行政处罚由行政机关或其行政主体实施。行政处罚权是行政权的一部分；除非法律另有规定，行政处罚权应由行政机关行使。二是行政处罚权是对行政相对人的处罚，即公民、法人或其他组织。三是行政处罚针对的是行政相对人违反行政法律规范的行为。四是行政处罚以惩戒违法为目的。行政处罚法对行政处罚的设定和实施，作出了明确规定。该法第八条列举了行政处罚的种类，包括：警告，罚款，没收违法所得、没收非法财物，责令停产停业，暂扣或者吊销许可证、暂扣或者吊销执照，行政拘留，法律、行政法规规定的其他行政处罚。此外，根据行政处罚法的规定，除了以上明确列举的行政处罚外，法律可以设定各种行政处罚。

一、执法的责任主体

本条规定的国防交通行政执法主体，是县级以上人民政府交通主管部门或者本级政府国防交通主管机构。执法的具体实施，主要由政府交通主管部门或者国防交通主管机构的人员采取纠正或者处罚的方式，中止本条规定的违法行为。

二、承担法律责任的主体

本条规定的责任主体是依照本法规定应当承担相应国防交通义务的组织与个人。对于组织而言，不承担相关国防交通义务，既要追究组织的法律责任，组织中负有直接责任的主管人员和其他直接责任人员也要承担法律责任。

三、承担法律责任的违法行为

根据本条规定，应当承担行政责任的违反国防交通义务的行为包括7类，涉及国防交通工程设施、执行国防运输任务、执行重点交通目标抢修抢建任务和国防交通储备物资等方面。

1. 擅自改变国防交通工程设施用途或者作报废处理的。根据本法第二十三条第一款的规定，“国防交通工程设施管理单位负责国防交通工程设施的维护和管理，保持其国防功能”。国防交通工程设施需要改变用途或者作报废处理的，由国防交通工程设施管理单位逐级上报国家国防交通主管机构或者其授权的国防交通主管机构批准。国防交通工程设施管理单位是国防交通工程设施的维护和管理的责任主体，如果其管理的国防交通工程设施需要改变用途或者作报废处理，必须按照相关规定的流程逐级上报，否则就属于本条规定的擅自改变用途或者擅自作报废处理，要承担相应法律责任。

2. 拒绝或者故意拖延执行国防运输任务的。本法第三十五条规定:“县级以上人民政府交通主管部门会同军队有关交通运输部门按照统一计划、集中指挥、迅速准确、安全保密的原则,组织国防运输。承担国防运输任务的公民和组织应当优先安排国防运输任务。”对于违反这一规定,拒绝或者故意拖延执行任务的,需要承担法律责任。

3. 拒绝或者故意拖延执行重点交通目标抢修、抢建任务的。根据本法第四十三条、第四十四条规定,国防交通保障方案确定的重点交通目标的管理单位和预定承担保障任务的单位,应当根据有关规定编制重点交通目标保障预案,并做好相关准备。一旦重点交通目标受到破坏威胁时,上述单位应当立即启动保障预案,进入直前准备状态;在重点交通目标遭受破坏时,应当按照任务分工,迅速组织实施工程加固和抢修、抢建,尽快恢复交通。如果上述单位拒绝或者故意拖延抢修、抢建任务,需要承担法律责任。

4. 拒绝或者故意拖延执行国防交通储备物资调用命令的。根据本法第五十三条第一款规定,“战时和平时特殊情况下执行交通防护和抢修、抢建任务,或者组织重大军事演习,抢险救灾以及国防交通专业保障队伍训练、演练等需要的,可以调用国防交通储备物资”。经过批准后,国防交通储备物资储存管理单位应当严格执行储备物资调用指令,不得拒绝或者拖延;如果拒绝或者故意拖延执行调用命令,需要承担法律责任。

5. 擅自改变国防交通储备物资用途或者作报废处理的。根据本法第五十四条第一款规定,“国防交通储备物资因产品技术升级、更新换代或者主要技术性能低于使用维护要求,丧失储备价值的,可以改变用途或者作报废处理”。但是,改变用途或者作报废处理都必须经过严格的审批手续。中央储备的国防交通物资需要改变用途或者作报废处理的，由国家国防交通主管机构组织技术鉴定并审核后，报国务院财政部门审批。地方储备的国防交通物资需要改变用途或者作报废处理的，由省、自治区、直辖市人民政府国防交通主管机构组织技术鉴定并审核后，报本级人民政府财政部门审批。此外，中央和地方储备的国防交通物资改变用途或者报废获得的收益，应当上缴本级国库，纳入财政预算管理。如果国防交通储备物资储存管理单位不经过审批手续，擅自改变用途或者作报废处理，就需要承担法律责任。

6. 擅自动用国防交通储备物资的。根据本法第五十三条规定，调用国防交通储备物资，除了需要满足法定条件外，还需要履行审批手续。调用中央储备的国防交通物资，由国家国防交通主管机构批准；调用地方储备的国防交通物资，由省、自治区、直辖市人民政府国防交通主管机构批准。未经批准，任何组织和个人不得动用国防交通储备物资。擅自动用国防交通储备物资的组织或者个人，都需要按照本条承担法律责任。

7. 未按照规定保管、维护国防交通储备物资，造成损坏、丢失的。根据本法第五十二条第二款规定，“国防交通储备物资储存管理单位应当建立健全管理制度，按照国家有关规定和标准对储备物资进行保管、维护和更新，保证储备物资的使用效能和安全，不得挪用、损坏和丢失储备物资”。国家国防交通主管机构制定了《国防交通物资储备管理规定》等法规、规章，对国防交通物资储备管理提出了具体要求和标准，国防交通储备物资储存管理单位必须遵照执行，如果因为没有按照规定保管和维护，造成国防交通储备物资的损坏、丢失，需要承担法律责任。

四、追究法律责任的形式

对于不履行国防交通职责、义务行为，本条规定由县级以上人民政府交通主管部门或者国防交通主管机构责令有关单位或者个人限期改正其行为。只对拒不改正的,才给予制裁。设立法律责任的主要目的不是惩戒,而是通过教育、威慑,保障法律规定的落实。对于那些可以通过及时纠正防止危害发生的违法行为,如果当事人能及时改正错误,防止危害发生,则可以不再追究其法律责任。承担本条规定的法律责任的责任形式有两类:行政责任和民事责任。

关于行政责任,有两种:一是对负有直接责任的主管人员和其他直接责任人员依法给予处分,这是对国家工作人员实施的处分,即对于违反法律规定、不履行法定义务的行为,对其直接负责的主管人员和其他直接责任人员,依法给予处分。对于国家机关工作人员,主要是依据《中华人民共和国公务员法》和《行政机关公务员处分条例》等法律、法规,给予警告、记过、记大过、降级、撤职、开除等处分;对于军队人员,主要是依据《中国人民解放军纪律条令(试行)》,给予警告、严重警告、记过、记大过、降职或者撤职、降衔、除名、开除军籍等处分。二是有违法所得的,予以没收,并处违法所得1倍以上5倍以下罚款。没收违法所得是行政处罚法列举的7类行政处罚之一,是指行政机关依法将违法行为人取得的违法所得财物,运用国家法律法规赋予的强制措施,对其违法所得财物的所有权予以强制性剥夺的处罚方式。实践中,本条规定的组织和个人违反国防交通义务的行为,就是为了追求更高的经济利益。因此,在处罚中必须对于其非法获得的利益予以剥夺,打消其违反本法规定去获取经济利益的动机。此外,本条在没收违法所得的基础上,进一步以违法所得为基数,规定了罚款的处罚措施,违反国防交通义务后获得的违法所得越高,罚款的数额也会越高。其目的是通过经济上的惩戒,引起有关组织和个人对国防交通义务的重视,促进国防交通义务的履行。

关于民事责任,主要是指本条规定的“上述违法行为造成财产损失的,依法承担赔偿责任”。民事责任是公民、法人因违反民事法律、违约或者因法律规定的其他事由而依法承担的不利后果,包括侵权责任、违约责任等。违反本法承担的民事责任既包括侵权责任也包括违约责任。

侵权责任法第二条第一款规定,“侵害民事权益,应当依照本法承担侵权责任”。其中,民事权益包括生命权、健康权、姓名权、名誉权、荣誉权、肖像权、隐私权、婚姻自主权、监护权、所有权、用益物权、担保物权、著作权、专利权、商标专用权、发现权、股权、继承权等人身、财产权益。本法侵权责任涉及的民事权益主要表现为财产权益。侵权责任法第十五条第一款规定,承担侵权责任的方式主要有:停止侵害;排除妨碍;消除危险;返还财产;恢复原状;赔偿损失;赔礼道歉;消除影响、恢复名誉。例如本法第二十四条规定:“任何组织和个人进行生产和其他活动,不得影响国防交通工程设施的正常使用,不得危及国防交通工程设施的安全。”如果组织和个人违反该条规定,可以要求其承担赔偿责任。

此外,除了侵权责任赔偿,还可能涉及违约责任赔偿。合同法规定,依法成立的合同,对当事人具有法律约束力。当事人应当按照约定履行自己的义务,不得擅自变更或者解除合同。当事人一方不履行合同义务或者履行合同义务不符合约定的,应当承担继续履行、采取补救措施或者赔偿损失等违约责任。例如,本法第三十二条规定:“对需要贯彻国防要求的民用运载工具的具体项目,由县级以上人民政府国防交通主管机构会同本级人民政府财政部门、交通主管部门和有关军事机关，与有关公民和组织协商确定贯彻国防要求的具体事宜，并签订相关协议。”有关公民和组织如果违反了相关协议，就需要承担违约赔偿责任。

第五十六条　国防交通主管机构、有关军事机关以及交通主管部门和其他相关部门的工作人员违反本法规定，有下列情形之一的，对负有直接责任的主管人员和其他直接责任人员依法给予处分：

（一）滥用职权或者玩忽职守，给国防交通工作造成严重损失的；

（二）贪污、挪用国防交通经费、物资的；

（三）泄露在国防交通工作中知悉的国家秘密和商业秘密的；

（四）在国防交通工作中侵害公民或者组织合法权益的。

【释义】　本条是关于国家工作人员国防交通违法行为的法律责任的规定。

一、承担法律责任的主体

本条所涉及的责任主体，主要是国防交通主管机构、有关军事机关以及交通主管部门和其他相关部门的工作人员。这既可以是国家机关人员，也可以是军队人员，或者其他依法履行国防交通工作职责的人员。也就是说，在国家工作人员中，只要属于对违法行为直接负责的主管人员和其他直接责任人员，就应当依照本法规定承担相应的法律责任。

二、承担法律责任的违法行为

本条规定了应当承担法律责任的四种违法行为，分别是：

1. 滥用职权或者玩忽职守,给国防交通工作造成严重损失的。这里涉及两方面的违法行为:一是滥用职权,给国防交通工作造成严重损失。即利用从事国防交通工作的便利条件,以权谋私,假公济私,或者滥施权威,随意作出决定,致使国防交通工作遭受严重损失的行为。二是玩忽职守,给国防交通工作造成严重损失。即不负责任,违反国防交通法及其他法律和法规的规定,不履行或不正确履行自己的职责,致使国防交通工作遭受严重损失的行为。本法对于国防交通工作各个环节中相关部门的职责都作了具体规定,如果相关工作人员不依法行权履职,滥用职权、玩忽职守,给国防交通工作造成严重损失的,负有直接责任的主管人员和其他直接责任人员都需要承担法律责任。

2. 贪污、挪用国防交通经费、物资的。这里涉及两方面的违法行为:一是贪污国防交通经费、物资。国家工作人员如果利用职务上的便利,将国防交通经费、物资非法占为己有,即构成违法行为。二是挪用国防交通经费、物资。国防交通经费、物资应当用于国防交通工作,不得挪作他用。国家工作人员如果利用职务便利,将国防交通资金、物资用于其他用途,即构成违法行为。

3. 泄露在国防交通工作中知悉的国家秘密和商业秘密的。根据保守国家秘密法规定,国家秘密是关系国家安全和利益,依照法定程序确定,在一定时间内只限一定范围的人员知悉的事项。国家秘密受法律保护。一切国家机关、武装力量、政党、社会团体、企业事业单位和公民都有保守国家秘密的义务。任何危害国家秘密安全的行为,都必须受到法律追究。根据反不正当竞争法规定,商业秘密是指不为公众所知悉、能为权利人带来经济利益,具有实用性并经权利人采取保密措施的技术信息和经营信息。本法第九条规定："任何组织和个人对在国防交通工作中知悉的国家秘密和商业秘密负有保密义务。"故意或者过失泄露这些秘密，即构成违法行为。除了本法规定的对于直接负责的主管人员和其他直接责任人员的法律责任以外，对于泄露国家秘密的行为，保守国家秘密法也规定了相应法律责任，构成犯罪的还需要追究刑事责任。

4. 在国防交通工作中侵害公民或者组织合法权益的。国家工作人员依法用权，是实现国防交通活动顺利进行的重要保证，也是国防交通工作规范化、法治化的客观要求。国家工作人员如果利用从事国防交通工作的便利条件，滥用职权，随意作出决定，致使公民和组织的合法权益受到侵害，即构成违法行为。

三、追究法律责任的形式

本条规定的追究法律责任的形式是行政责任。这种行政责任是对国家工作人员实施的处分，即对于违反法律规定、不履行法定义务的行为，对其直接负责的主管人员和其他直接责任人员，依法给予处分。对于国家机关工作人员，主要是依据《中华人民共和国公务员法》和《行政机关公务员处分条例》等法律法规，给予警告、记过、记大过、降级、撤职、开除等处分；对于军队人员，主要是依据《中国人民解放军纪律条令（试行）》，给予警告、严重警告、记过、记大过、降职或者撤职、降衔、除名、开除军籍等处分。

第五十七条　违反本法规定，构成违反治安管理行为的，依法给予治安管理处罚；构成犯罪的，依法追究刑事责任。

【释义】　本条是关于对国防交通违法行为实施治安管理处罚或追究刑事责任的规定。

一、国防交通违法行为的治安管理处罚

治安管理处罚，是指公安机关依照治安管理处罚法，对扰乱公共秩序、妨害公共安全、侵犯人身权利和财产权利、妨害社会管理，具有社会危害性，依照刑法的规定构成犯罪，但尚不够刑事处罚的行为人实施的处罚。根据治安管理处罚法，对违反治安管理行为的处罚分为警告、罚款、行政拘留、吊销公安机关发放的许可证四种，对违反治安管理的外国人，可以附加适用限期出境或者驱逐出境。

违反本法规定需要给予治安管理处罚的国防交通违法行为，主要是妨害社会管理的行为，涉及干扰、破坏国防交通秩序，阻碍从事国防交通工作的人员依法履行职责等。例如，按照治安管理处罚法第五十条的规定，阻碍国家机关工作人员依法执行职务的，处警告或者 200 元以下罚款；情节严重的，处 5 日以上 10 日以下拘留，可以并处 500 元以下罚款。

二、国防交通违法行为的刑事责任

刑事责任是对依照刑法规定构成犯罪的行为所作出的强制性制裁。根据我国刑法的规定，刑事责任的制裁方式主要包括：管制、拘役、有期徒刑、无期徒刑、死刑五种主刑和罚金、剥夺政治权利、没收财产三种附加刑。追究刑事责任的法律依据是我国刑法和刑事诉讼法。

违反本法规定，构成犯罪需要追究刑事责任的行为主要是有关组织和个人战时实施拒绝、拖延民用资源征用或者阻碍对被征用的民用资源进行改造的行为。本法第七条第一款规定："县级以上人民政府根据国防需要，可以依法征用民用运载工具、交通设施、交通物资等民用交通资源，有关组织和个人应当予以配合，履行相关义务。"涉及刑法第三百八十一条规定的战时拒绝军事征用罪，构成犯罪的，处 3 年以下有期徒刑或者拘役。

此外，本法第五十六条规定的违法行为构成犯罪的，其罪名主要集中于刑法分则第八章“贪污贿赂罪”、第九章“渎职罪”和第十章“军人违反职责罪”，包括贪污罪、挪用公款罪、滥用职权罪、玩忽职守罪、故意泄露国家秘密罪、过失泄露国家秘密罪、故意泄露军事秘密罪、过失泄露军事秘密罪等。对此，均应依照刑法规定给予相应的刑事处罚。

第九章　附　　则

附则是法律的辅助性条款，本章共3条，包括对名词术语的界定、适用范围外延以及施行日期等。

第五十八条　本法所称国防交通工程设施，是指国家为国防目的修建的交通基础设施以及国防交通专用的指挥、检修、装卸、仓储等工程设施。

本法所称国防运输，是指政府和军队为国防目的运用军民交通运输资源，运送人员、装备、物资的活动。军队运用自身资源进行的运输活动，按照中央军事委员会有关规定执行。

【释义】　本条是关于有关名词术语内涵的界定。

本法将国防交通工程设施分为两类：一类是指国家为国防目的修建的交通基础设施，另一类是指国防交通专用的指挥、检修、装卸、仓储等工程设施。国家为国防目的修建的交通基础设施，包括具有重要国防意义的铁路、公路、国防（战备）公路，各类迂回线和联络线，边海防公路，部分部队特定机动道路，军民合用机场，公路飞机跑道，战备渡口、预备港口等。国防交通专用的指挥、检修、装卸、仓储等工程设施，包括交通、通信系统的内部、外部指挥所，各类运载工具隐蔽洞库和检修基地，国防交通物资储备仓库，军用饮食供应站，军用到发、停车、供应、装卸线路和站台，军运备品仓库，战备码头，军用停机坪等。上述工程设施，部分是为战时坚持运输生产专建专用的，如指挥所、隐蔽洞库等，部分是为保障平战时国防运输专建专设的，如军用到发线、军用站台、战备码头等。

本法将军事运输以及需要按军事运输办理的涉及国防事宜的运输，统称为国防运输。在实际工作中，因使用交通运输资源军民属性不同或因运输任务的性质不同，其责任主体大体分为三种情况：一是军队归口办理的、利用民用运力组织的运输，包括军事行动和国防科研、国防施工、装备订购、物资补给、军事援助等。该类运输在长期实践中，已经形成了完整的组织管理办法和规章制度，铁路、水路、航空运输计划，由军队规定的计划提报单位归口提报，按照计划管理权限进行审批，汇总后纳入国家运输计划，由政府交通主管部门和军队运输投送机构按渠道逐级下达至有关单位执行。公路运输一般由军队团以上单位归口安排，直接与承运单位联系办理，需要动用战略投送支援车队的，逐级上报。二是军队运用自身资源组织的运输，如运用军队铁路自备车辆、汽车运输部（分）队、船艇运输部（分）队、运输航空兵等运力，使用铁路军事专用线、军港码头、军用机场等设施，组织军队人员和装备物资的运输，由军队自行组织，按照军队有关规定执行。三是政府组织的国防运输，如保障作战的支前运输，战时城市疏散和重要机构、单位的搬迁运输，涉及国家安全的有关运输等。该类运输计划通常由县级以上人民政府有关部门提出，由交通主管部门审批。

第五十九条　与国防交通密切相关的信息设施、设备和专业保障队伍的建设、管理、使用活动，适用本法。

国家对信息动员另有规定的，从其规定。

【释义】 本条是关于通信战备及相关信息保障活动适用法律的规定。

我国国防交通一直沿用"交通是各种运输和邮电通信的总称"这个大交通概念,并且通信战备工作属于国防交通范畴。与国防交通密切相关的信息系统,主要包括战备应急通信系统、交通运输调度指挥系统、国防交通指挥控制和管理信息系统三个方面。这些信息系统的设施、设备和专业保障队伍,是国防交通的重要组成部分,是保障国防交通活动顺利实施的重要物质基础,因此,本条明确上述对象适用本法。

一是战备应急通信系统,是本条规范的核心内容,包括战备应急通信网络的设施、设备和专业保障队伍。其设施、设备主要是指党政机关通信和承担战备应急任务的通信应急设施、设备;专业保障队伍是指由工业和信息化部国防交通主管机构在国家国防交通主管机构的指导下,组建和管理、使用的通信专业队伍。

二是交通运输调度指挥系统。其设施、设备主要是指与国防运输相关的铁路指挥调度、海运指挥控制和导航、航空指挥管理、公路运输动态监控等通信指挥网络和平台。

三是国防交通指挥控制和管理信息系统。其设施、设备主要有国防交通专用信息网络通道和平台,以及与国防相关的交通测绘、交通地理信息、交通资源管理信息等网络平台和信息系统。

以上三个系统中的信息设施、设备及专业保障队伍都属于本法的规范对象。鉴于国家关于信息动员的立法尚在论证之中,故本法明确"国家对信息动员另有规定的,从其规定"。

第六十条 本法自 2017 年 1 月 1 日起施行。

【释义】 本条是关于国防交通法施行日期的规定。

法律的施行日期也就是法律生效的时间，是指法律何时开始生效，以及法律对于其生效前的事件或者行为是否具有溯及力的问题，是一部法律的重要组成部分。正确理解法律生效的时间，是运用法律不可缺少的条件。立法法第五十七条规定："法律应当明确规定施行日期。"一部法律从何时开始生效，一般根据该法律的性质和实际需要决定。我国对法律施行日期的规定，通常有两种情况：一是对施行前不需要进行准备的，将法律的施行日期与公布日期规定为同一天，即法律自公布之日起施行；二是对施行前需要一段时间进行准备的，将施行日期规定为法律公布之日后的某个特定日期。本法采取的是第二种方式。本法于 2016 年 9 月 3 日公布，由于考虑到施行前需要做好学习宣传等相关准备工作，因而规定自 2017 年 1 月 1 日起施行。

第三部分 附 录

中华人民共和国国防交通法

（2016 年 9 月 3 日第十二届全国人民代表大会常务委员会第二十二次会议通过 2016 年 9 月 3 日中华人民共和国主席令第 50 号公布 自 2017 年 1 月 1 日起施行）

目 录

第一章 总 则
第二章 国防交通规划
第三章 交通工程设施
第四章 民用运载工具
第五章 国防运输
第六章 国防交通保障
第七章 国防交通物资储备
第八章 法律责任
第九章 附 则

第一章 总 则

第一条 为了加强国防交通建设,促进交通领域军民融合发展,保障国防活动顺利进行,制定本法。

第二条 以满足国防需要为目的,在铁路、道路、水路、航空、管道以及邮政等交通领域进行的规划、建设、管理和资源使用活动,适用本法。

第三条 国家坚持军民融合发展战略,推动军地资源优化配置、合理共享,提高国防交通平时服务、急时应急、战时应战的能力,促进经济建设和国防建设协调发展。

国防交通工作遵循统一领导、分级负责、统筹规划、平战结合的原则。

第四条 国家国防交通主管机构负责规划、组织、指导和协调全国的国防交通工作。国家国防交通主管机构的设置和工作职责,由国务院、中央军事委员会规定。

县级以上地方人民政府国防交通主管机构负责本行政区域的国防交通工作。

县级以上人民政府有关部门和有关军事机关按照职责分工,负责有关的国防交通工作。

省级以上人民政府有关部门和军队有关部门建立国防交通军民融合发展会商机制,相互通报交通建设和国防需求等情况,研究解决国防交通重大问题。

第五条 公民和组织应当依法履行国防交通义务。

国家鼓励公民和组织依法参与国防交通建设,并按照有关规定给予政策和经费支持。

第六条 国防交通经费按照事权划分的原则,列入政府预算。

企业事业单位用于开展国防交通日常工作的合理支出,列入本单位预算，计入成本。

第七条　县级以上人民政府根据国防需要，可以依法征用民用运载工具、交通设施、交通物资等民用交通资源，有关组织和个人应当予以配合，履行相关义务。

民用交通资源征用的组织实施和补偿，依照有关法律、行政法规执行。

第八条　各级人民政府应当将国防交通教育纳入全民国防教育，通过多种形式开展国防交通宣传活动，普及国防交通知识，增强公民的国防交通观念。

各级铁路、道路、水路、航空、管道、邮政等行政管理部门（以下统称交通主管部门）和相关企业事业单位应当对本系统、本单位的人员进行国防交通教育。

设有交通相关专业的院校应当将国防交通知识纳入相关专业课程或者单独开设国防交通相关课程。

第九条　任何组织和个人对在国防交通工作中知悉的国家秘密和商业秘密负有保密义务。

第十条　对在国防交通工作中作出突出贡献的组织和个人，按照国家有关规定给予表彰和奖励。

第十一条　国家加强国防交通信息化建设，为提高国防交通保障能力提供支持。

第十二条　战时和平时特殊情况下，需要在交通领域采取行业管制、为武装力量优先提供交通保障等国防动员措施的，依照《中华人民共和国国防法》、《中华人民共和国国防动员法》等有关法律执行。

武装力量组织进行军事演习、训练，需要对交通采取临时性管制措施的，按照国务院、中央军事委员会的有关规定执行。

第十三条　战时和平时特殊情况下，国家根据需要，设立国防交通联合指挥机构,统筹全国或者局部地区的交通运输资源,统一组织指挥全国或者局部地区的交通运输以及交通设施设备的抢修、抢建与防护。相关组织和个人应当服从统一指挥。

第二章 国防交通规划

第十四条 国防交通规划包括国防交通工程设施建设规划、国防交通专业保障队伍建设规划、国防交通物资储备规划、国防交通科研规划等。

编制国防交通规划应当符合下列要求:

(一)满足国防需要,有利于平战快速转换,保障国防活动顺利进行;

(二)兼顾经济社会发展需要,突出重点,注重效益,促进资源融合共享;

(三)符合城乡规划和土地利用总体规划,与国家综合交通运输体系发展规划相协调;

(四)有利于加强边防、海防交通基础设施建设,扶持沿边、沿海经济欠发达地区交通运输发展;

(五)保护环境,节约土地、能源等资源。

第十五条 县级以上人民政府应当将国防交通建设纳入国民经济和社会发展规划。

国务院及其有关部门和省、自治区、直辖市人民政府制定交通行业以及相关领域的发展战略、产业政策和规划交通网络布局,应当兼顾国防需要,提高国家综合交通运输体系保障国防活动的能力。

国务院有关部门应当将有关国防要求纳入交通设施、设备的技术标准和规范。有关国防要求由国家国防交通主管机构征求军队有关部门意见后汇总提出。

第十六条 国防交通工程设施建设规划，由县级以上人民政府国防交通主管机构会同本级人民政府交通主管部门编制，经本级人民政府发展改革部门审核后，报本级人民政府批准。

下级国防交通工程设施建设规划应当依据上一级国防交通工程设施建设规划编制。

编制国防交通工程设施建设规划，应当征求有关军事机关和本级人民政府有关部门的意见。县级以上人民政府有关部门编制综合交通运输体系发展规划和交通工程设施建设规划，应当征求本级人民政府国防交通主管机构的意见，并纳入国防交通工程设施建设的相关内容。

第十七条 国防交通专业保障队伍建设规划，由国家国防交通主管机构会同国务院有关部门和军队有关部门编制。

第十八条 国防交通物资储备规划，由国防交通主管机构会同军地有关部门编制。

中央储备的国防交通物资，由国家国防交通主管机构会同国务院交通主管部门和军队有关部门编制储备规划。

地方储备的国防交通物资，由省、自治区、直辖市人民政府国防交通主管机构会同本级人民政府有关部门和有关军事机关编制储备规划。

第十九条 国防交通科研规划，由国家国防交通主管机构会同国务院有关部门和军队有关部门编制。

第三章 交通工程设施

第二十条 建设国防交通工程设施，应当以国防交通工程设施建设规划为依据，保障战时和平时特殊情况下国防交通畅通。

建设其他交通工程设施，应当依法贯彻国防要求，在建设中采用增强其国防功能的工程技术措施，提高国防交通保障能力。

第二十一条 国防交通工程设施应当按照基本建设程序、相关技术标准和规范以及国防要求进行设计、施工和竣工验收。相关人民政府国防交通主管机构组织军队有关部门参与项目的设计审定、竣工验收等工作。

交通工程设施建设中为增加国防功能修建的项目应当与主体工程同步设计、同步建设、同步验收。

第二十二条 国防交通工程设施在满足国防活动需要的前提下,应当为经济社会活动提供便利。

第二十三条 国防交通工程设施管理单位负责国防交通工程设施的维护和管理,保持其国防功能。

国防交通工程设施需要改变用途或者作报废处理的,由国防交通工程设施管理单位逐级上报国家国防交通主管机构或者其授权的国防交通主管机构批准。

县级以上人民政府应当加强对国防交通工程设施维护管理工作的监督检查。

第二十四条 任何组织和个人进行生产和其他活动,不得影响国防交通工程设施的正常使用,不得危及国防交通工程设施的安全。

第二十五条 县级以上人民政府国防交通主管机构负责向本级人民政府交通主管部门以及相关企业事业单位了解交通工程设施建设项目的立项、设计、施工等情况;有关人民政府交通主管部门以及相关企业事业单位应当予以配合。

第二十六条 县级以上人民政府国防交通主管机构应当及时向有关军事机关通报交通工程设施建设情况,并征求其贯彻国防要求的意见,汇总后提出需要贯彻国防要求的具体项目。

第二十七条 对需要贯彻国防要求的交通工程设施建设项目,由有关人民政府国防交通主管机构会同本级人民政府发展改革部门、财政部门、交通主管部门和有关军事机关，与建设单位协商确定贯彻国防要求的具体事宜。

交通工程设施新建、改建、扩建项目因贯彻国防要求增加的费用由国家承担。有关部门应当对项目的实施予以支持和保障。

第二十八条 各级人民政府对国防交通工程设施建设项目和贯彻国防要求的交通工程设施建设项目，在土地使用、城乡规划、财政、税费等方面，按照国家有关规定给予政策支持。

第四章 民用运载工具

第二十九条 国家国防交通主管机构应当根据国防需要，会同国务院有关部门和军队有关部门，确定需要贯彻国防要求的民用运载工具的类别和范围，及时向社会公布。

国家鼓励公民和组织建造、购置、经营前款规定的类别和范围内的民用运载工具及其相关设备。

第三十条 县级以上人民政府国防交通主管机构应当向民用运载工具登记管理部门和建造、购置人了解需要贯彻国防要求的民用运载工具的建造、购置、使用等情况，有关公民和组织应当予以配合。

第三十一条 县级以上人民政府国防交通主管机构应当及时将掌握的民用运载工具基本情况通报有关军事机关，并征求其贯彻国防要求的意见，汇总后提出需要贯彻国防要求的民用运载工具的具体项目。

第三十二条 对需要贯彻国防要求的民用运载工具的具体项目，由县级以上人民政府国防交通主管机构会同本级人民政府财政部门、交通主管部门和有关军事机关，与有关公民和组织协商确定贯彻国防要求的具体事宜，并签订相关协议。

第三十三条 民用运载工具因贯彻国防要求增加的费用由国

家承担。有关部门应当对民用运载工具贯彻国防要求的实施予以支持和保障。

各级人民政府对贯彻国防要求的民用运载工具在服务采购、运营范围等方面,按照有关规定给予政策支持。

第三十四条　贯彻国防要求的民用运载工具所有权人、承租人、经营人负责民用运载工具的维护和管理,保障其使用效能。

第五章　国 防 运 输

第三十五条　县级以上人民政府交通主管部门会同军队有关交通运输部门按照统一计划、集中指挥、迅速准确、安全保密的原则,组织国防运输。

承担国防运输任务的公民和组织应当优先安排国防运输任务。

第三十六条　国家以大中型运输企业为主要依托,组织建设战略投送支援力量,增强战略投送能力,为快速组织远距离、大规模国防运输提供有效支持。

承担战略投送支援任务的企业负责编组人员和装备,根据有关规定制定实施预案,进行必要的训练、演练,提高执行战略投送任务的能力。

第三十七条　各级人民政府和军事机关应当加强国防运输供应、装卸等保障设施建设。

县级以上地方人民政府和相关企业事业单位,应当根据国防运输的需要提供饮食饮水供应、装卸作业、医疗救护、通行与休整、安全警卫等方面的必要的服务或者保障。

第三十八条　国家驻外机构和我国从事国际运输业务的企业及其境外机构,应当为我国实施国际救援、海上护航和维护国家海外利益的军事行动的船舶、飞机、车辆和人员的补给、休整提供协助。

国家有关部门应当对前款规定的机构和企业为海外军事行动提供协助所需的人员和运输工具、货物等的出境入境提供相关便利。

第三十九条 公民和组织完成国防运输任务所发生的费用，由使用单位按照不低于市场价格的原则支付。具体办法由国务院财政部门、交通主管部门和中央军事委员会后勤保障部规定。

第四十条 军队根据需要，可以在相关交通企业或者交通企业较为集中的地区派驻军事代表，会同有关单位共同完成国防运输和交通保障任务。

军事代表驻在单位和驻在地人民政府有关部门，应当为军事代表开展工作提供便利。

军事代表的派驻和工作职责，按照国务院、中央军事委员会的有关规定执行。

第六章 国防交通保障

第四十一条 各级国防交通主管机构组织人民政府有关部门和有关军事机关制定国防交通保障方案，明确重点交通目标、线路以及保障原则、任务、技术措施和组织措施。

第四十二条 国务院有关部门和县级以上地方人民政府按照职责分工，组织有关企业事业单位实施交通工程设施抢修、抢建和运载工具抢修，保障国防活动顺利进行。有关军事机关应当给予支持和协助。

第四十三条 国防交通保障方案确定的重点交通目标的管理单位和预定承担保障任务的单位，应当根据有关规定编制重点交通目标保障预案，并做好相关准备。

第四十四条 重点交通目标的管理单位和预定承担保障任务

的单位，在重点交通目标受到破坏威胁时，应当立即启动保障预案，做好相应准备；在重点交通目标遭受破坏时，应当按照任务分工，迅速组织实施工程加固和抢修、抢建，尽快恢复交通。

与国防运输有关的其他交通工程设施遭到破坏的，其管理单位应当及时按照管理关系向上级报告，同时组织修复。

第四十五条　县级以上人民政府国防交通主管机构会同本级人民政府国土资源、城乡规划等主管部门确定预定抢建重要国防交通工程设施的土地，作为国防交通控制范围，纳入土地利用总体规划和城乡规划。

未经县级以上人民政府国土资源主管部门、城乡规划主管部门和国防交通主管机构批准，任何组织和个人不得占用作为国防交通控制范围的土地。

第四十六条　重点交通目标的对空、对海防御，由军队有关部门纳入对空、对海防御计划，统一组织实施。

重点交通目标的地面防卫，由其所在地县级以上人民政府和有关军事机关共同组织实施。

重点交通目标的工程技术防护，由其所在地县级以上人民政府交通主管部门会同本级人民政府国防交通主管机构、人民防空主管部门，组织指导其管理单位和保障单位实施。

重点交通目标以外的其他交通设施的防护，由其所在地县级以上人民政府按照有关规定执行。

第四十七条　因重大军事行动和国防科研生产试验以及与国防相关的保密物资、危险品运输等特殊需要，县级以上人民政府有关部门应当按照规定的权限和程序，在相关地区的陆域、水域、空域采取必要的交通管理措施和安全防护措施。有关军事机关应当给予协助。

第四十八条　县级以上人民政府交通主管部门和有关军事机

关、国防交通主管机构应当根据需要，组织相关企业事业单位开展国防交通专业保障队伍的训练、演练。

国防交通专业保障队伍由企业事业单位按照有关规定组建。

参加训练、演练的国防交通专业保障队伍人员的生活福利待遇，参照民兵参加军事训练的有关规定执行。

第四十九条　国防交通专业保障队伍执行国防交通工程设施抢修、抢建、防护和民用运载工具抢修以及人员物资抢运等任务，由县级以上人民政府国防交通主管机构会同本级人民政府交通主管部门统一调配。

国防交通专业保障队伍的车辆、船舶和其他机动设备，执行任务时按照国家国防交通主管机构的规定设置统一标志，可以优先通行。

第五十条　各级人民政府对承担国防交通保障任务的企业和个人，按照有关规定给予政策支持。

第七章　国防交通物资储备

第五十一条　国家建立国防交通物资储备制度，保证战时和平时特殊情况下国防交通顺畅的需要。

国防交通物资储备应当布局合理、规模适度，储备的物资应当符合国家规定的质量标准。

国防交通储备物资的品种由国家国防交通主管机构会同国务院有关部门和军队有关部门规定。

第五十二条　国务院交通主管部门和省、自治区、直辖市人民政府国防交通主管机构，应当按照有关规定确定国防交通储备物资储存管理单位，监督检查国防交通储备物资管理工作。

国防交通储备物资储存管理单位应当建立健全管理制度，按照国家有关规定和标准对储备物资进行保管、维护和更新，保证储备物资的使用效能和安全,不得挪用、损坏和丢失储备物资。

第五十三条 战时和平时特殊情况下执行交通防护和抢修、抢建任务,或者组织重大军事演习,抢险救灾以及国防交通专业保障队伍训练、演练等需要的,可以调用国防交通储备物资。

调用中央储备的国防交通物资,由国家国防交通主管机构批准;调用地方储备的国防交通物资,由省、自治区、直辖市人民政府国防交通主管机构批准。

国防交通储备物资储存管理单位,应当严格执行储备物资调用指令,不得拒绝或者拖延。

未经批准,任何组织和个人不得动用国防交通储备物资。

第五十四条 国防交通储备物资因产品技术升级、更新换代或者主要技术性能低于使用维护要求,丧失储备价值的,可以改变用途或者作报废处理。

中央储备的国防交通物资需要改变用途或者作报废处理的,由国家国防交通主管机构组织技术鉴定并审核后,报国务院财政部门审批。

地方储备的国防交通物资需要改变用途或者作报废处理的,由省、自治区、直辖市人民政府国防交通主管机构组织技术鉴定并审核后,报本级人民政府财政部门审批。

中央和地方储备的国防交通物资改变用途或者报废获得的收益,应当上缴本级国库,纳入财政预算管理。

第八章 法律责任

第五十五条 违反本法规定,有下列行为之一的,由县级以上人民政府交通主管部门或者国防交通主管机构责令限期改正,对负有直接责任的主管人员和其他直接责任人员依法给予处分;有违法所得的,予以没收,并处违法所得一倍以上五倍以下罚款:

（一）擅自改变国防交通工程设施用途或者作报废处理的；

（二）拒绝或者故意拖延执行国防运输任务的；

（三）拒绝或者故意拖延执行重点交通目标抢修、抢建任务的；

（四）拒绝或者故意拖延执行国防交通储备物资调用命令的；

（五）擅自改变国防交通储备物资用途或者作报废处理的；

（六）擅自动用国防交通储备物资的；

（七）未按照规定保管、维护国防交通储备物资，造成损坏、丢失的。

上述违法行为造成财产损失的，依法承担赔偿责任。

第五十六条 国防交通主管机构、有关军事机关以及交通主管部门和其他相关部门的工作人员违反本法规定，有下列情形之一的，对负有直接责任的主管人员和其他直接责任人员依法给予处分：

（一）滥用职权或者玩忽职守，给国防交通工作造成严重损失的；

（二）贪污、挪用国防交通经费、物资的；

（三）泄露在国防交通工作中知悉的国家秘密和商业秘密的；

（四）在国防交通工作中侵害公民或者组织合法权益的。

第五十七条 违反本法规定，构成违反治安管理行为的，依法给予治安管理处罚；构成犯罪的，依法追究刑事责任。

第九章 附 则

第五十八条 本法所称国防交通工程设施，是指国家为国防目的修建的交通基础设施以及国防交通专用的指挥、检修、装卸、仓储等工程设施。

本法所称国防运输，是指政府和军队为国防目的运用军民交通运输资源，运送人员、装备、物资的活动。军队运用自身资源进行的运输活动，按照中央军事委员会有关规定执行。

第五十九条 与国防交通密切相关的信息设施、设备和专业保障队伍的建设、管理、使用活动，适用本法。

国家对信息动员另有规定的，从其规定。

第六十条 本法自 2017 年 1 月 1 日起施行。

关于《中华人民共和国国防交通法（草案）》的说明

——2015 年 8 月 18 日在中央军委常务会议上

总后勤部军事交通运输部部长　张　伟

受立法工作领导小组组长、总后赵部长委托，经军委法制局审查同意，我就《中华人民共和国国防交通法（草案）》作简要汇报说明。

一、立法必要性和简要过程

国防交通是国家安全发展、国防和军队建设的基础支撑，是军民融合深度发展的重要领域，是保障军队能打胜仗的生命线。国务院、中央军委 1995 年颁发的《国防交通条例》，为保障国防交通工作开展发挥了重要作用，但与新形势要求不相适应，权威性、约束力也不够。根据国家和军队的立法计划，2002 年开始着手国防交通法研究起草工作。贯彻党的十八大关于加强军民融合式发展法规建设的要求，总后会同总参和国务院 10 个部门，加快国防交通立法进程，于 2013 年 4 月向国务院、中央军委呈报了《国防交通法（草案）》。2013 年 9 月，中央批准的十二届全国人大立法规划明确将该法列为一类立法项目,国务院、中央军委将该法列为2015年力争完成的立法项目。按照立法程序,两年多来,我们配合国务院法制办、军委法制局进行深入调研论证,先后4次广泛征求军地各有关部门、单位意见,并于2014年8月向全社会公示征求意见,经反复研究修改,形成了现在提交军委常务会议审议的草案稿。

二、立法指导思想和原则

草案深入贯彻党的十八大和十八届三中、四中全会精神,认真落实习主席系列重要讲话精神,按照“四个全面”战略布局总要求,着眼军民融合深度发展和保障军队能打胜仗,制定与社会主义市场经济体制相适应、与遂行多样化军事任务要求相匹配、与国家交通和国防要求相衔接的国防交通基本制度,为加强国防交通建设、提升战略投送能力提供法治保证。

草案把握的主要原则:一是贯彻军民融合发展国家战略。建立利益引导机制,强化市场导向作用,调动公民和组织参与国防交通活动的积极性,为促进交通领域的军民融合深度发展提供法治保障。二是着眼发展战略投送能力。贯彻新形势下军事战略方针,明确军队、政府、企业、公民各方在国防交通活动中的权利和义务,规范管理体系、运行机制和政策制度,促进骨干在军、主体在民、一体保障的现代战略投送体系的加快构建。三是与相关法律相衔接。坚持以宪法和国防法为基本依据,与铁路法、公路法、港口法、民航法等相关法律协调衔接,将长期以来国防交通工作的实践经验和有效做法上升为法律规范。

三、对重点问题的说明

(一)关于国防交通。草案将国防交通界定为:以满足国防需要为目的,在铁路、道路、水路、航空、管道、邮政等交通领域进行的规划、建设、管理和资源使用活动(第二条)。分别设章对国防交通规划、交通工程设施、民用运载工具、国防运输、国防交通保障、国防交通物资储备等进行规范。

(二)关于国防交通管理体制机制。草案规定了各级国防交通主管机构以及各级人民政府有关部门和军队有关部门的职责(第四条、第五十四条),明确了国防交通工作的运行机制,以规范各方履职尽责,形成工作合力。

(三)关于国防交通规划。草案注重突出规划的主导和引领作用,一是规定国防交通规划的类型和编制原则(第十一条);二是规定县以上政府应将国防交通建设纳入国民经济和社会发展规划(第十二条第一款);三是规定政府部门在制定相关行业领域的规划和标准时,应当兼顾国防需要,贯彻国防要求(第十二条第二、三款)。

(四)关于交通工程设施和民用运载工具。这是交通领域贯彻国防要求的重点和关键。在草案中:一是规定了国防交通工程设施建设的基本要求(第十七条第一款、第十八条、第十九条)。二是规定了交通工程设施和民用运载工具贯彻国防要求的有关程序(第二十二至二十四条、第二十七至二十九条)。三是规定国家对贯彻国防要求的交通工程设施和民用运载工具,在土地使用、运营范围、财政税费等方面给予政策支持,并承担增加的费用(第二十四条、第二十五条、第三十条)。四是规定国防交通工程设施管理单位和贯彻国防要求运载工具所有权人,负责工程设施和运载工具的维护和管理(第二十条第一款、第三十一条)。这些规定,既体现了军民融合深度发展的要求,又建立了市场主导的利益引导机制。

(五)关于国防运输。随着国家利益拓展、多样化军事任务增多和军队现代化建设发展,国防运输任务日趋繁重。草案就国防运输作出明确规定:一是国家以大中型运输企业为主要依托,组织建设战略投送支援力量,增强战略投送能力(第三十三条第一款)。二是公民和组织完成国防运输任务发生的费用,由使用单位按照不低于市场价格的原则支付(第三十五条)。三是军队根据需要,在相关交通企业或地区派驻军事代表,会同有关单位共同完成国防运输和交通保障任务(第三十六条第一款)。

(六)关于国防交通保障。草案对国防交通保障进行了规范:一是规定国家、政府及相关单位国防交通保障职责和组织实施程序(第三十七至四十三条)。二是规定专业保障队伍由企事业单位组建,执行任务时由国防交通主管机构会同交通主管部门统一调配(第四十四条、第四十五条)。三是规定国防交通物资储备的管理职责和保管、调用、报废制度(第七章)。这些规定,体现了军民融合、平战结合的要求,有利于发挥国防交通平时服务、急时应急、战时应战的职能作用。

还需要说明的是,深化国防和军队改革即将作出具体决策部署,草案涉及总后勤部(第三十五条)、军区(第四条第四款)的国防交通工作职责等内容,将在改革实施方案确定后、全国人大常委会审议期间作相应调整修改。

关于《中华人民共和国国防交通法（草案）》的说明

——2016年3月30日在国务院常务会上

国务院法制办公室主任　宋大涵

国务院、中央军委于1995年2月24日发布的《国防交通条例》施行以来，对于加强国防交通建设、保障国防活动顺利进行，发挥了重要作用。随着我国社会主义市场经济的深入发展，以及军事斗争准备的全面推进，国防交通工作出现了一些新的情况和问题。一是利益引导机制不够完善，公民和组织参与国防交通工作的权利义务调整方式不能很好地适应市场经济条件下国防交通工作的实际需要。二是军地之间沟通协调不足，未能形成工作合力，需要进一步加强统筹协调。三是战略投送能力薄弱，加强战略投送力量制度建设缺乏法律依据。四是平战转换机制不够完善，不利于在战时和平时特殊情况下迅速动员交通资源为赢得战争服务。

习近平总书记多次对加强军民融合、加强战略投送能力建设、提高后勤综合保障能力等提出要求。李克强总理指出要坚持国防建设和经济建设协调发展，促进军民融合深度发展。为了落实习近平总书记、李克强总理的要求，并解决实际工作中存在的上述问题，总后勤部等 11 个部门起草了《中华人民共和国国防交通法（草案）（送审稿）》（以下简称送审稿），于 2013 年 4 月 28 日呈报国务院、中央军委。我们和中央军委法制局多次征求了有关中央国家机关、省级人民政府、新疆生产建设兵团、企事业单位和军队有关单位的意见，对国外国防交通制度作了研究，赴有关地方进行调研，召开座谈会听取基层政府、部队、企事业单位的意见建议，并于 2014 年 8 月 15 日至 9 月 15 日向社会公开征求意见。在此基础上，我们和中央军委法制局会同总后勤部等部门对送审稿进行反复研究修改，形成了《中华人民共和国国防交通法（草案）》（以下简称草案）。目前，军地各有关部门对草案已经形成一致意见。草案已于 2015 年 8 月 18 日经中央军委常务会议审议同意。现将草案的主要内容说明如下：

一、立法的总体思路

按照党的十八大关于坚持走中国特色军民融合式发展路子，加强军民融合式发展法规建设，以及习近平总书记关于加强国防和军队建设系列重要讲话精神的要求，我们在国防交通法立法总体思路上把握了以下几点：一是国防交通建设要贯彻军民融合思想，统筹经济建设和国防建设，同时满足军事斗争准备和支援地方经济发展的需要。二是坚持市场导向，建立利益引导机制，使国防建设同经济建设更好地兼容、共生、双赢。三是坚持问题导向，在现有法律制度基础上着力解决战略投送能力薄弱等突出问题，并将《国防交通条例》实施以来行之有效的制度和规定上升为法律。四是处理好与国防动员法等法律法规的关系，本法主要规范国防交通建设，其他法律法规已有规定的内容，不作重复规定。

二、草案的主要内容

（一）推进军民融合，完善统筹机制。

一是规定国家坚持军民融合发展战略，统筹经济建设和国防建设，推进交通领域军民融合深度发展（第三条），明确管理职责，形成工作合力（第四条）。

二是明确国防交通规划的范围和编制要求，加强规划的引领作用。县级以上政府应当将国防交通建设纳入国民经济和社会发展规划。下级国防交通工程设施建设规划应当依据上一级规划编制，编制规划应当征求地方意见；建设国防交通工程设施，应当以规划为依据。（第二章、第十八条）

三是规定公民和组织从事交通工程设施、民用运载工具的建设和使用，以及国防运输、国防交通保障、国防交通物资储备等方面活动，应当依法履行相应义务。（第三章至第七章）

四是规定国防交通要服务经济建设。国防交通工程设施在满足国防需要的前提下，应当为经济活动提供便利（第二十条）；进行抢险救灾，可以调用国防交通储备物资（第五十条）。

（二）建立市场导向的利益引导机制。

一是规定国家鼓励公民和组织依法参与国防交通建设，并给予政策和经费支持，以调动市场主体的积极性。（第五条、第二十六条、第三十一条、第四十七条）

二是通过协商方式确定需要贯彻国防要求的交通工程设施建设项目、民用运载工具。

对需要贯彻国防要求的交通工程设施建设项目，由有关国防交通主管机构会同发展改革部门、财政部门、交通主管部门，与建设单位协商确定贯彻国防要求的具体事宜。（第二十五条）

对需要通过加改装来满足国防运输特定需求的民用运载工

具，国防交通主管机构应当确定其类别和范围并向社会公布，在了解新建和现有民用运载工具情况的基础上，征求有关军事机关的意见，提出民用运载工具贯彻国防要求的需求，并会同财政、交通等部门与公民和组织协商确定贯彻国防要求的具体事宜。（第二十七条至第三十条）

三是规定交通工程设施建设项目、民用运载工具因贯彻国防要求增加的费用，由国家承担。（第二十五条、第三十一条）

（三）规范国防交通各领域基本制度。

一是完善国防运输制度（第五章）。重点有两个：1. 加强战略投送力量建设。国家以大中型运输企业为主要依托，组建战略投送支援力量，为快速组织远距离、大规模国防运输提供有效支持（第三十四条）。2. 明确费用支付标准。完成国防运输任务所发生的费用，由使用单位按照不低于市场价格的原则支付（第三十六条）。

二是完善平战转换机制。战时和平时特殊情况下，国家根据需要，设立国防交通联合指挥机构，统筹全国或者局部地区的交通运输资源，统一组织指挥交通运输以及交通设施设备的抢修、抢建与防护。（第五十五条）

三是在《国防交通条例》基础上，对国防交通工程设施、民用运载工具、国防交通保障、国防交通物资储备等领域的管理制度作了进一步完善。（第三章、第四章、第六章、第七章）

《中华人民共和国国防交通法（草案）》和以上说明是否妥当，请审议。国务院法制办建议，此件经国务院常务会议讨论并报习近平主席审批同意后，以国务院、中央军委名义提请全国人大常委会审议。

关于《中华人民共和国国防交通法(草案)》的说明

——2016年4月25日在第十二届全国人民代表大会常务委员会第二十次会议上

中央军委委员、中央军委后勤保障部部长　赵克石

全国人民代表大会常务委员会:

我受国务院、中央军委委托,现对《中华人民共和国国防交通法(草案)》作说明。

国防交通法是党的十八大后第一部国防立法,对于规范国防交通活动、提升战略投送能力、维护国家安全和发展利益,具有现实意义和重要作用。国务院和中央军委1995年颁布的《国防交通条例》,对于加强国防交通建设、保障国防活动顺利进行,发挥了重要作用。随着我国经济社会建设的迅猛发展,以及军队建设和改革的不断深化,国防交通工作出现了许多新情况新问题。一是利益引导机制不够完善,公民和组织参与国防交通工作的权利义务调整方式难以满足新形势下国防交通工作的实际需要。二是军地之间仅靠沟通协调,缺乏稳定性和权威性,形不成持续的工作合力,需要依法规范和统筹。三是为适应国家安全和发展利益要求,

亟待提高战略投送能力,加强这方面的力量和制度建设尚无法律依据。四是平战转换机制不够完善,不利于将国防交通潜力迅速转化为战时和平时特殊情况下的保障能力。

习近平总书记多次对加强军民融合、推进战略投送能力建设、提高后勤综合保障能力等提出明确要求。李克强总理指出,要坚持国防建设和经济建设协调发展,促进军民融合深度发展。为了落实习近平总书记、李克强总理的重要指示,解决国防交通工作中存在的问题,原总后勤部等11个部门联合起草了草案送审稿,于2013年4月28日呈报国务院、中央军委。国务院法制办、中央军委法制局多次征求有关中央国家机关、省级人民政府、新疆生产建设兵团、企事业单位和军队有关单位的意见,对国外国防交通制度作了研究,赴有关地方进行调研,召开座谈会听取基层政府、部队、企事业单位的意见建议,并于2014年8月15日至9月15日向社会公开征求意见。在此基础上,我们和国务院法制办、中央军委法制局等部门,对草案送审稿进行反复研究修改。经国务院常务会议和中央军委常务会议审议通过,于4月15日提交全国人大常委会审议。

一、立法总体思路

按照党的十八大关于坚持走中国特色军民融合式发展路子,加强军民融合式发展法规建设的精神,特别是习近平总书记一系列战略思想,草案在起草过程中主要把握了以下几点:一是贯彻军民融合思想,统筹经济建设和国防建设,满足军事斗争准备和支援地方经济发展的需要。二是积极面向和适应市场,建立利益引导机制,使国防建设与经济建设更好地兼容、共生、双赢。三是坚持问题导向,在现有法律制度基础上,着力解决战略投送能力薄弱等问题,并将《国防交通条例》实施以来行之有效的制度和规定上升为法律。四是处理好与国防动员法等法律的关系,本法主要规范国防交通建设,其他法律已有规定的内容,不作重复规定。

二、草案主要内容

(一)推进军民融合,完善统筹机制。

一是规定国家坚持军民融合发展战略,统筹经济建设和国防建设,推进交通领域军民融合深度发展,明确管理职责,形成工作合力。

二是明确国防交通规划的范围和编制要求,加强规划的引领作用。县级以上政府应当将国防交通建设纳入国民经济和社会发展规划。下级国防交通工程设施建设规划应当依据上一级规划编制,编制规划应当征求地方意见;建设国防交通工程设施,应当以规划为依据。

三是规定公民和组织从事交通工程设施、民用运载工具的建设和使用,以及国防运输、国防交通保障、国防交通物资储备等方面活动,应当依法履行相应义务。

四是规定国防交通要服务经济建设。国防交通工程设施在满足国防需要的前提下,应当为经济活动提供便利;进行抢险救灾,可以调用国防交通储备物资。

(二)建立市场导向的利益引导机制。

一是规定国家鼓励公民和组织依法参与国防交通建设,并给予政策和经费支持,以调动市场主体的积极性。

二是通过协商方式确定需要贯彻国防要求的交通工程设施建设项目、民用运载工具。

对需要贯彻国防要求的交通工程设施建设项目,由有关国防交通主管机构会同发展改革部门、财政部门、交通主管部门,与建设单位协商确定贯彻国防要求的具体事宜。

对需要通过加改装来满足国防运输特定需求的民用运载工具，国防交通主管机构应当确定其类别和范围并向社会公布，在了解新建和现有民用运载工具情况的基础上，征求有关军事机关的意见，提出民用运载工具贯彻国防要求的需求，并会同财政、交通等部门与公民和组织协商确定贯彻国防要求的具体事宜。

三是规定交通工程设施建设项目、民用运载工具因贯彻国防要求增加的费用，由国家承担。

（三）规范国防交通各领域基本制度。

一是完善国防运输制度。重点有两个：1. 加强战略投送力量建设。国家以大中型运输企业为主要依托，组建战略投送支援力量，为快速组织远距离、大规模国防运输提供有效支持。2. 明确费用支付标准。完成国防运输任务所发生的费用，由使用单位按照不低于市场价格的原则支付。

二是完善平战转换机制。战时和平时特殊情况下，国家根据需要，设立国防交通联合指挥机构，统筹全国或局部地区的交通运输资源，统一组织指挥交通运输以及交通设施设备的抢修、抢建与防护。

三是在《国防交通条例》基础上，对国防交通工程设施、民用运载工具、国防交通保障、国防交通物资储备等领域的管理制度作了进一步完善。

草案和以上说明是否妥当，请审议。

全国人民代表大会法律委员会关于《中华人民共和国国防交通法(草案)》审议结果的报告

——2016年8月29日在第十二届全国人民代表大会常务委员会第二十二次会议上

全国人大法律委员会副主任委员　苏泽林

全国人民代表大会常务委员会:

常委会第二十次会议对国防交通法(草案)进行了初次审议。会后,法制工作委员会将草案印发各省(区、市)、中央有关部门、企业和部分高等院校、法学研究机构、基层立法联系点等征求意见,在中国人大网全文公布草案,征求社会公众意见。法律委员会、法制工作委员会联合召开座谈会,听取国务院有关部门、企业和专家学者的意见,并到北京、广西、浙江调研。与国务院法制办公室、中央军委后勤保障部、中央军委法制局反复沟通,共同研究,并就有关专门问题分别听取国务院有关部门的意见。各方面普遍认为,国防交通是国家经济建设和国防建设的重要组成部分,贯彻落实党中央关于经济建设和国防建设融合发展的要求,根据近年来国防交通建设的新情况、新问题制定一部国防交通法,对于加强国防交通建设，提升国防交通领域军民融合式发展水平，服务国家安全和发展战略全局，具有重要意义。草案总结多年来国防交通建设的实践经验，基础较好，建议本法尽快出台。法律委员会于 7 月 25 日召开会议，根据常委会组成人员的审议意见和各方面的意见，对草案进行了逐条审议。国务院法制办公室、中央军委法制局、中央军委后勤保障部有关负责同志列席了会议。8 月 17 日法律委员会召开会议，再次进行了审议。法律委员会认为，为加强国防交通建设，促进交通领域军民融合，保障国防活动顺利进行，制定本法是必要的。草案经过常委会审议修改，已经比较成熟。同时，提出以下主要修改意见：

一、关于落实军民融合发展战略。草案第三条对国防交通应当遵循的方针和工作原则作了规定。有的常委委员、部门和专家提出，应当在本法中进一步体现军民融合发展战略的精神。法律委员会经研究，建议在草案第一条立法目的中增加规定“促进交通领域军民融合”；将草案第三条第一款修改为：“国家坚持军民融合发展战略，推动军地资源优化配置、合理共享，提高国防交通平时服务、急时应急、战时应战的能力，促进经济建设和国防建设协调发展”；将草案第十二条第二款第二项关于编制国防交通规划的要求修改为“兼顾经济社会发展需要，突出重点，注重效益，促进资源融合共享”。

二、关于国防交通管理体制。草案第四条中规定“国防交通主管机构负责全国的国防交通工作”。有些常委会组成人员、全国人大代表、部门和地方提出，应当进一步明确国防交通主管机构的设置和职责。法律委员会经研究，建议将草案第四条第一款修改为“国家国防交通主管机构负责规划、组织、指导和协调全国的国防交通工作。国家国防交通主管机构的设置和工作职责，由国务院、中央军事委员会规定。”

草案第四条第四款中规定了战区在国防交通工作中的职责。近日,中央军委法制局、中央军委后勤保障部提出,目前军队体制编制正处于改革调整期间,相关机构职责尚不明确,为给改革留出空间,建议对战区的职责不单列一款规定。法律委员会经同国务院法制办公室、中央军委法制局、中央军委后勤保障部共同研究,建议删去第四款的规定,将军队有关机关的职责纳入第三款,将第三款修改为“县级以上人民政府有关部门和有关军事机关按照职责分工,负责有关的国防交通工作。”

三、关于海外军事行动的交通保障。有的常委委员、全国人大代表和军队有关部门提出,目前国家安全法和有关文件均已明确规定了国家开展为维护国家海外利益的军事行动,在本法中应当对海外军事行动的交通保障问题作出规定。法律委员会经研究,建议增加一条,规定:“国家驻外机构和我国从事国际运输业务的企业及其境外机构,应当为我国实施国际救援、海上护航和维护国家海外利益的军事行动的船舶、飞机、车辆和人员的补给、休整提供协助。”“国家有关部门应当对前款规定的机构和企业为海外军事行动提供协助所需的人员和运输工具、货物等出境入境提供相关便利。”

此外,还对草案作了一些文字修改。

8 月 5 日,法制工作委员会召开会议,邀请部分全国人大代表、专家学者、中央有关部门和企业就法律草案中主要制度规范的可行性、法律出台时机、法律实施的社会效果和可能出现的问题等进行评估。总的评价是:草案落实了军民融合发展战略思想,适应新形势下国防和军队改革对国防交通工作的新要求,重点解决目前国防交通领域突出的问题,回应社会关切,较好地吸收了各方面的意见和建议,已经比较成熟,其主要制度规范是可行的。现在出台这部法律,是必要的、适时的。这部法律的出台,对于适应国防和军队现代化建设,统筹经济建设和国防建设,加强战略投送能力建设,满足军事斗争准备的需要,具有重要意义。有的与会人员还对草案提出了一些具体修改意见,法律委员会、法制工作委员会进行了认真研究。

草案二次审议稿已按上述意见作了修改,依据立法法关于各方面意见比较一致的法律案可以经两次常委会会议审议后交付表决的规定,法律委员会建议提请常委会第二十二次会议审议通过。

草案二次审议稿和以上报告是否妥当,请审议。

全国人民代表大会法律委员会关于《中华人民共和国国防交通法（草案二次审议稿）》修改意见的报告

——2016年9月2日在第十二届全国人民代表大会常务委员会第二十二次会议上

全国人民代表大会常务委员会：

本次常委会会议于8月29日下午对国防交通法（草案二次审议稿）进行了分组审议，普遍认为，草案已经比较成熟，建议进一步修改后，提请本次会议通过。同时，有些常委会组成人员还提出了一些修改意见。法律委员会于8月31日上午召开会议，逐条研究了常委会组成人员的审议意见，对草案进行了审议。国务院法制办公室、中央军委法制局、中央军委后勤保障部有关负责同志列席了会议。法律委员会认为，草案是可行的，同时，提出以下修改意见：

一、草案二次审议稿第六条第一款规定："中央和地方人民政府负担的国防交通经费，按照事权划分的原则，分别列入中央财政预算和地方财政预算。"有的常委会组成人员建议根据中央与地方财政事权和支出责任划分改革的精神，将国防交通作为中央事权，在本法中明确规定"国防交通经费纳入中央财政预算"。对此，我们征求了财政部的意见，财政部提出，目前中央和地方财政事权和支出责任划分改革正在推进，国防交通领域财政事权尚待进一步明确，建议对此原则规定“国防交通经费列入政府预算”。法律委员会经研究，建议将第六条第一款修改为：“国防交通经费按照事权划分的原则，列入政府预算。”

二、有的常委会组成人员建议进一步加强对国防交通建设的宣传，增强公民的国防交通观念。法律委员会经研究，建议将草案二次审议稿第八条第一款修改为：“各级人民政府应当将国防交通教育纳入全民国防教育，通过多种形式开展国防交通宣传活动，普及国防交通知识，增强公民的国防交通观念。”

草案二次审议稿第八条第三款规定：“国家鼓励设有交通相关专业的院校将国防交通知识纳入现有课程或者单独开设国防交通相关课程。”有的常委会组成人员提出，鉴于国防交通知识的重要性，应当进一步明确要求设有交通相关专业的院校将国防交通知识纳入课程。法律委员会经研究，建议将这一款修改为：“设有交通相关专业的院校应当将国防交通知识纳入相关专业课程或者单独开设国防交通相关课程。”

三、草案二次审议稿第二十五条规定：“建设其他交通工程设施，应当依法贯彻国防要求，在建设中采用增强其国防功能的工程技术措施，提高国防交通保障能力。”有的常委会组成人员提出，在交通工程设施建设中贯彻国防要求，是交通领域贯彻军民融合发展国家战略的重要体现，建议将本条规定移至第二十条，对本章起到统领作用。法律委员会经研究，建议将这一款移至第二十条作为第二款。

需要汇报的是，一些常委会组成人员还就加强国防交通工作及法律通过后的贯彻实施等提出了一些好的意见和建议。法律委员会经研究认为，考虑到目前国防军队体制改革正在推进过程中，为给下一步改革留有空间,本法有的规定较为原则一些,建议法律通过后,有关部门及时出台相关政策,制定修改配套法规,做好宣传和舆论引导工作,切实加强国防交通建设,确保法律全面有效实施。

此外,根据常委会组成人员的审议意见,还对草案二次审议稿作了个别文字修改。

草案建议表决稿已按上述意见作了修改,法律委员会建议本次常委会会议通过。

草案建议表决稿和以上报告是否妥当,请审议。

在第十二届全国人大常委会第二十二次会议上的讲话(节录)

(2016年9月3日)

全国人大常委会委员长 张德江

……

贯彻军民融合发展战略,本次会议审议通过了国防交通法。这是本届以来全国人大常委会审议通过的第一部国防军事方面的重要法律。新制定的国防交通法,统筹经济建设和国防建设,总结国防交通条例实施20多年的有益经验,适应新形势下加强国防交通法治建设的需要,明确了国防交通管理体制及职责分工,规范了国防交通规划、交通工程设施、民用运载工具、国防运输和交通保障等方面制度。这部法律的制定和实施,将进一步加强我国国防交通建设,依法促进交通领域军民深度融合发展,提高国防交通平时服务、急时应急、战时应战的能力,更好地服务国家安全和发展战略全局。

……

军民融合加快推进战略投送能力建设

——国家交通战备办公室主任、中央军委后勤保障部运输投送局局长白忠斌答记者问

《中华人民共和国国防交通法》(以下简称《国防交通法》)公布后,引起全军官兵和社会各界的广泛关注。近日,记者就学习理解和宣传贯彻《国防交通法》相关问题,采访了国家交通战备办公室主任、中央军委后勤保障部运输投送局局长白忠斌。

记者:请谈一谈出台《国防交通法》的背景。

白忠斌:国防交通是国家经济社会发展和保障军队能打胜仗的双重支撑,是军民深度融合的重要领域,对于富国和强军都具有基础性甚至是“生命线”意义。新中国成立以来,党中央、国务院、中央军委十分重视国防交通工作,1995 年 2 月 24 日颁布《国防交通条例》,对于加强国防交通建设、保障国防活动顺利进行,发挥了历史性重要作用。

随着我国社会主义市场经济的深入发展,以及军事斗争准备的全面推进,国防交通工作出现了一些新情况新问题。一是利益引导机制不够完善,公民和组织参与国防交通工作的权利义务调整方式难以满足新形势下国防交通工作的实际需要。二是军地之间仅靠沟通协调,缺乏稳定性和权威性,形不成持续的工作合力,需要依法规范和统筹。三是为适应国家安全和发展利益要求,亟

待提高战略投送能力,加强这方面的力量和制度建设尚无法律依据。四是平战转换机制不够完善,不利于将国防交通潜力迅速转化为战时和平时特殊情况下的保障能力。制定一部基础性、全局性、综合性法律,解决国防交通工作中存在的实际问题,十分必要。

记者:《国防交通法》有哪些亮点?

白忠斌:与1995年颁布的《国防交通条例》相比,《国防交通法》在五个方面进行了充实完善:一是贯彻了军民融合发展的国家战略。二是增加了国防交通规划、战略投送、会商制度、平战转换、战时组织指挥等新的内容。三是完善了市场导向、政策支持、利益引导、责权利统一、激励与约束等工作机制。四是明晰了经费保障、国防运输运价确定的原则,突出和完善了民用运载工具贯彻国防要求的法律规范。五是进一步调整了国家与组织、公民的关系。

记者:制定《国防交通法》贯穿了哪些基本原则?

白忠斌:《国防交通法》制定主要贯穿了以下三项原则:一是贯彻军民融合发展国家战略。建立利益引导机制,强化市场导向作用,调动公民和组织参与国防交通活动的积极性,为促进交通运输领域的军民融合深度发展提供法治保障。二是着眼发展战略投送能力。贯彻新形势下军事战略方针,明确军队、政府、企业、公民各方在国防交通活动中的权利和义务,规范管理体系、运行机制和政策制度,促进骨干在军、主体在民、一体保障的现代战略投送体系的加快构建。三是与相关法律相衔接。坚持以宪法和国防法为基本依据,与相关法律协调衔接,将长期以来国防交通工作的实践经验和有效做法上升为法律规范。

记者:《国防交通法》的适用范围和主要内容有哪些?

白忠斌:《国防交通法》是专门规范国防交通活动的基本法律,适用于铁路、道路、水路、航空、管道、邮政等领域的规划、建设、管理和资源使用活动。包括三个方面的主要内容：

一是建立国防交通管理体制机制。按照军队提需求、交通战备部门搞协调、政府抓落实的原则，构建国防交通的基本管理体制，明确军队、政府和企事业单位在国防交通活动中的地位和职责，以及公民在国防交通中的权利义务。

二是规范国防交通的主要活动。系统规范了国防交通规划、交通工程设施、民用运载工具、国防运输、国防交通保障、国防交通物资储备六个方面的内容，归纳起来就是规划、建设、管理和资源使用，基本涵盖了国防交通的全部内容。

三是明确国防交通活动的主要保障条件。按照国家事权划分原则，由中央和地方人民政府分别负责国防交通经费保障，规定交通企业事业单位在本级财务预算中列支国防交通日常工作的事业经费。国防交通建设纳入国民经济和社会发展规划以及行业、部门规划，军事需求纳入交通设施设备的技术标准和规范。明确国家对参与国防交通建设给予政策支持，加强边防、海防地区交通基础设施建设，扶持边防、海防地区运输服务业发展。

记者：根据《国防交通法》的规定，国防交通活动的军民深度融合体现在哪些方面？

白忠斌：在交通领域贯彻军民融合战略思想，是起草国防交通法最为重要的一个指导思想。这部法律从政策原则到体制机制、组织程序、技术措施等，通篇都贯彻了军民融合思想，在法律层面实现了交通领域全要素、多系统、全过程的军民深度融合。

在大政方针上，明确规定国家坚持军民融合发展战略，统筹经济建设和国防建设，推进交通领域军民融合深度发展，提高国防交通平时服务、急时应急、战时应战的能力。在规划中，规定要兼顾国防和经济社会发展需要，国防交通建设规划纳入县级以上人民政府的国民经济和社会发展规划。在交通工程设施建设和民用运载工具建造中要贯彻国防要求，增加国防功能修建的项目应当与交通主体工程（装备）同步设计、同步建设、同步验收，国防交通工程设施在满足国防需要的前提下，应当为经济活动提供便利。在国防运输方面，规定县级以上人民政府交通主管部门会同军队有关交通运输部门按照统一计划组织，地方政府和相关企事业单位应当为国防运输提供相关保障。国家以大中型运输企业为主要依托，组织建设战略投送支援力量。在国防交通保障方面，从方案制定到组织实施，由政府有关部门和有关军事机关及相关企事业单位共同进行。国防交通储备物资既用于国防，也可用于抢险救灾等突发事件等。

记者：《国防交通法》对战略投送力量建设有何规定？

白忠斌：该法规定“国家以大中型运输企业为主要依托，组织建设战略投送支援力量，增强战略投送能力，为快速组织远距离、大规模国防运输提供有效支持”。明确了建设骨干在军、主体在民、军民融合、一体保障的战略投送力量体系，进一步确立了战略投送支援力量建设的法律定位，是新形势下国防交通建设的重中之重。

记者：《国防交通法》规定，“国家鼓励公民和组织依法参与国防交通建设，并按照有关规定给予政策和经费支持”。如何理解这一规定？

白忠斌：国防交通工作的顺利开展，离不开广大公民和组织的积极参与。国家给予政策和经费支持，目的是调动公民和组织依法参与国防交通建设的积极性，保护公民和组织的合法利益。

《国防交通法》在总体上规定了“国家鼓励公民和组织依法参与国防交通建设，并按照有关规定给予政策和经费支持”，在各个具体方面也都有相应规定。比如，对交通工程设施建设，规定“各级人民政府对国防交通工程设施建设项目和贯彻国防要求的交通工程设施建设项目,在土地使用、城乡规划、财政、税费等方面,按照国家有关规定给予政策支持”。对运载工具,规定“民用运载工具因贯彻国防要求增加的费用由国家承担”以及“各级人民政府对贯彻国防要求的民用运载工具在服务采购、运营范围等方面,按照有关规定给予政策支持”。对国防运输价格,规定“公民和组织完成国防运输任务所发生的费用,由使用单位按照不低于市场价格的原则支付”,等等。这些规定可以有效维护和保障公民和组织参与国防交通建设的权益。

记者:《国防交通法》规定国家驻外机构和从事国际运输业务的企业及其境外机构,应当为实施国际救援、海上护航和维护国家海外利益的军事行动船舶、飞机、车辆和人员补给、休整提供协助,这是基于什么样的考虑?

白忠斌:从国内前送保障海外军事行动的生活物资、装备用油、器材等补给物资,存在时间长难以及时保障、经济成本高、不熟悉驻在国情况等难题。《国防交通法》规定驻外机构和从事国际运输业务的企业及其境外机构提供交通运输保障协助,可以克服这些弊端,提升运输投送能力。

国务院办公厅 中央军委办公厅关于学习宣传贯彻《中华人民共和国国防交通法》的通知

（2017 年 6 月 14 日 国办发〔2017〕58 号）

各省、自治区、直辖市人民政府，国务院各部委、各直属机构，解放军各大单位、中央军委机关各部门：

十二届全国人大常委会第二十二次会议于 2016 年 9 月 3 日通过了《中华人民共和国国防交通法》（以下简称国防交通法），国家主席习近平签署第五十号主席令予以公布，自 2017 年 1 月 1 日起施行。现就学习宣传贯彻国防交通法的有关事项通知如下：

一、充分认清国防交通法公布施行的重大意义

国防交通法是党的十八大以来在国防军事领域制定的第一部法律，是深入贯彻军民融合国家战略的第一部法律。公布施行国防交通法，对于规范国防交通活动，加强国防交通建设，促进交通领域军民融合，提升战略投送能力，维护国家主权、安全和发展利益，实现强国强军梦，具有十分重要的意义。

公布施行国防交通法是增强国家战略能力的需要。强大的投送能力是抢占制胜先机、赢得战争主动的先决条件，是国防和军队

建设重点发展的关键作战能力之一,是国家战略能力特别是军事能力的重要标志。当前,我军战略投送力量总体规模偏小、能力水平偏弱,与国家利益拓展要求不相适应,与世界强国相比还有差距。公布施行国防交通法,就是要依法加快战略投送力量、装备手段、交通基础设施建设步伐,着眼覆盖国土全域、通达海上方向、辐射海外远域,努力实现战略投送能力全面跃升,为我军有效履行"四个坚决维护"历史使命提供有力保障。

公布施行国防交通法是推动军民融合深度发展的需要。国防交通一端联着经济,一端联着国防,是我国探索军民结合、推动军民融合发展的重要实践领域。我国经济总量已居世界第二,铁路、公路、海上、航空运力位于世界前列,有党的领导和社会主义制度的优势,完全可以在军民融合上有大的作为。公布施行国防交通法,有利于凝聚军地各方共识,优化配置军地资源,增强军地行动自觉,发挥交通领域军民融合先行优势,推动经济建设与国防建设融合发展,为实现富国强军的有机统一提供有力支撑。

公布施行国防交通法是提高国防和军队建设法治化水平的需要。实施全面依法治国战略,深入推进依法治军、从严治军,迫切需要丰富和发展中国特色军事法规体系,国防交通法是其重要组成部分。用法律明确和规范政府、军队、企业和公民在国防交通活动中的责任、权利和义务,有利于调整国防交通传统发展模式,重塑国防交通现代组织形态,转变国防交通运作方式,健全完善国防交通基本制度,提高国防交通工作的法治化水平。

二、认真做好国防交通法的学习宣传贯彻工作

学法知法是运用法治思维和法治方式的前提。各级各部门要把学习宣传贯彻国防交通法作为建设社会主义民主与法治的重要任务,作为推动交通领域军民融合深度发展的重要抓手,摆上重要工

作日程,有计划、有针对性地开展灵活多样的学习宣传贯彻工作。

各级机关和领导干部要带头学习宣传贯彻。要把国防交通法列入领导干部和机关业务学习计划,制定实施方案。各单位尤其是国防交通主管机构和交通主管部门,应安排时间组织集中学习交流,领会精神实质,掌握基本内涵和外延,把准运用尺度。各级领导干部特别是交通行业分管领导干部,要带头学习、带头宣讲、带头运用,做依法推进国防交通建设的带头人和明白人。要依托军地有关院校举办学习班、研讨班,有计划有步骤地对交通主管部门、国防交通主管机构、军队和武警部队后勤保障部门的业务干部进行培训、轮训。

军地交通运输系统要争当学习宣传贯彻的模范。交通运输系统是开展国防交通工作的主体,要把国防交通法作为应知应会的基础内容,纳入交通运输行业、军队和武警部队运输投送系统教育训练大纲和教材。要把国防交通法的学习运用作为交通运输领域绩效考核、检查评比的重要内容,激励广大干部职工和广大官兵争当学习宣传贯彻国防交通法的模范,形成办事依法、遇事找法、解决问题用法、化解矛盾靠法的良好法治环境。

普法工作要全面深入。各有关单位要把国防交通法纳入全民国防教育和普法教育,广泛运用广播电视、报刊、网络等主流传媒,贴近经济社会热点和群众关切,采取咨询服务、知识竞赛等人民群众喜闻乐见的各种形式,全方位、多视角、分层级宣传国防交通法,使广大公民了解在国防交通活动中的权利与义务,自觉参与、关心、支持国防交通建设。

三、依法推进国防交通建设创新发展

贯彻落实国防交通法,重在依法凝聚军民意志,统一行动规范,有力有序有效推进国防交通建设、提升战略投送能力。各有关单位要强化使命担当，把握工作特点，结合实际研究制定贯彻落实的具体措施办法，切实增强国防意识和法治意识，推动国防交通工作创新发展。

依法推进国防交通体系建设。依据国防交通法，健全军地各级国防交通主管机构和多部门工作协调机制。国务院有关部门和地方各级政府要规范职能机构设置，落实人员编配，强化交通战备日常工作；军队各级运输投送机构要切实把国防交通作为提高战略投送能力的基础性工作，注重发挥法治的引导、推动、规范、保障作用，在各层次、各领域加强与地方国防交通主管机构的协同配合，形成各司其职、齐抓共管的良好局面。要严格执行国防交通法的各项规定，统筹考虑军地需求，综合运用交通资源，不断拓展融合范围，推进国家综合交通运输体系与国防交通体系协调发展、创新发展。

依法健全国防交通配套法规。依据国防交通法，做好相关法规规章和标准规范的立、改、废、释。建立健全国防交通规划计划、交通基础设施、国防运输、交通保障以及奖励处罚、监督落实等一系列规章制度，构建涵盖各类民用运载工具贯彻国防要求的目录体系和技术标准，规范国防交通专业保障力量平战时建设管理运用的程序办法，健全履行国防交通义务的激励扶持政策制度，为有序开展国防交通工作、推进战略投送能力建设，提供完善配套的法治保障。

依法履行国防交通职责义务。强化国家机关、社会团体、企事业单位和公民履行国防交通义务的思想自觉和行动自觉。认真研究新形势下国防交通和战略投送能力建设面临的新情况新问题，拿出具体解决办法。研究有效措施，保护各级组织和个人履行国防交通义务的积极性，规范约束言行，加强执法检查监督，严禁有法不依、执法不严、违法不纠行为，用依法推进国防交通和战略投送能力建设的实际行动和优异成绩，迎接党的十九大胜利召开。

中华人民共和国国防法

（1997年3月14日第八届全国人民代表大会第五次会议通过　根据2009年8月27日第十一届全国人民代表大会常务委员会第十次会议《关于修改部分法律的决定》修正）

目　录

第一章　总　则
第二章　国家机构的国防职权
第三章　武装力量
第四章　边防、海防和空防
第五章　国防科研生产和军事订货
第六章　国防经费和国防资产
第七章　国防教育
第八章　国防动员和战争状态
第九章　公民、组织的国防义务和权利
第十章　军人的义务和权益
第十一章　对外军事关系
第十二章　附　则

第一章 总 则

第一条 为了建设和巩固国防,保障社会主义现代化建设的顺利进行,根据宪法,制定本法。

第二条 国家为防备和抵抗侵略,制止武装颠覆,保卫国家的主权、统一、领土完整和安全所进行的军事活动,以及与军事有关的政治、经济、外交、科技、教育等方面的活动,适用本法。

第三条 国防是国家生存与发展的安全保障。

国家加强武装力量建设和边防、海防、空防建设,发展国防科研生产,普及全民国防教育,完善动员体制,实现国防现代化。

第四条 国家独立自主、自力更生地建设和巩固国防,实行积极防御战略,坚持全民自卫原则。

国家在集中力量进行经济建设的同时,加强国防建设,促进国防建设与经济建设协调发展。

第五条 国家对国防活动实行统一的领导。

第六条 保卫祖国、抵抗侵略是中华人民共和国每一个公民的神圣职责。

中华人民共和国公民应当依法履行国防义务。

第七条 国家和社会尊重、优待军人,保护军人的合法权益,开展各种形式的拥军优属活动。

中国人民解放军和中国人民武装警察部队开展拥政爱民活动,加强军政、军民团结。

第八条 中华人民共和国在对外军事关系中,维护世界和平,反对侵略扩张行为。

第九条 国家和社会对在国防活动中作出贡献的组织和个人,采取各种形式给予表彰和奖励。

违反本法和有关法律,拒绝履行国防义务或者危害国防利益的,依法追究法律责任。

第二章 国家机构的国防职权

第十条 全国人民代表大会依照宪法规定,决定战争和和平的问题,并行使宪法规定的国防方面的其他职权。

全国人民代表大会常务委员会依照宪法规定,决定战争状态的宣布,决定全国总动员或者局部动员,并行使宪法规定的国防方面的其他职权。

第十一条 中华人民共和国主席根据全国人民代表大会的决定和全国人民代表大会常务委员会的决定,宣布战争状态,发布动员令,并行使宪法规定的国防方面的其他职权。

第十二条 国务院领导和管理国防建设事业,行使下列职权:

(一)编制国防建设发展规划和计划;

(二)制定国防建设方面的方针、政策和行政法规;

(三)领导和管理国防科研生产;

(四)管理国防经费和国防资产;

(五)领导和管理国民经济动员工作和人民武装动员、人民防空、国防交通等方面的有关工作;

(六)领导和管理拥军优属工作和退出现役的军人的安置工作;

(七)领导国防教育工作;

(八)与中央军事委员会共同领导中国人民武装警察部队、民兵的建设和征兵、预备役工作以及边防、海防、空防的管理工作;

(九)法律规定的与国防建设事业有关的其他职权。

第十三条 中央军事委员会领导全国武装力量,行使下列职权:

(一)统一指挥全国武装力量;

（二）决定军事战略和武装力量的作战方针；

（三）领导和管理中国人民解放军的建设，制定规划、计划并组织实施；

（四）向全国人民代表大会或者全国人民代表大会常务委员会提出议案；

（五）根据宪法和法律，制定军事法规，发布决定和命令；

（六）决定中国人民解放军的体制和编制，规定总部以及军区、军兵种和其他军区级单位的任务和职责；

（七）依照法律、军事法规的规定，任免、培训、考核和奖惩武装力量成员；

（八）批准武装力量的武器装备体制和武器装备发展规划、计划，协同国务院领导和管理国防科研生产；

（九）会同国务院管理国防经费和国防资产；

（十）法律规定的其他职权。

第十四条 国务院和中央军事委员会可以根据情况召开协调会议，解决国防事务的有关问题。会议议定的事项，由国务院和中央军事委员会在各自的职权范围内组织实施。

第十五条 地方各级人民代表大会和县级以上地方各级人民代表大会常务委员会在本行政区域内，保证有关国防事务的法律、法规的遵守和执行。

地方各级人民政府依照法律规定的权限，管理本行政区域内的征兵、民兵、预备役、国防教育、国民经济动员、人民防空、国防交通、国防设施保护、退出现役的军人的安置和拥军优属等工作。

第十六条 地方各级人民政府和驻地军事机关根据需要召开军地联席会议，协调解决本行政区域内有关国防事务的问题。

军地联席会议由地方人民政府的负责人和驻地军事机关的负责人共同召集。军地联席会议的参加人员由会议召集人确定。

军地联席会议决定的事项,由地方人民政府和驻地军事机关依照各自的权限办理,重大事项应当分别向上级报告。

第三章 武装力量

第十七条 中华人民共和国的武装力量属于人民。它的任务是巩固国防,抵抗侵略,保卫祖国,保卫人民的和平劳动,参加国家建设事业,全心全意为人民服务。

第十八条 中华人民共和国的武装力量必须遵守宪法和法律,坚持依法治军。

第十九条 中华人民共和国的武装力量受中国共产党领导。武装力量中的中国共产党组织依照中国共产党章程进行活动。

第二十条 国家加强武装力量的革命化、现代化、正规化建设,增强国防力量。

第二十一条 中华人民共和国的武装力量应当适应现代战争的要求,加强军事训练,开展政治工作,提高保障水平,全面提高战斗力。

第二十二条 中华人民共和国的武装力量,由中国人民解放军现役部队和预备役部队、中国人民武装警察部队、民兵组成。

中国人民解放军现役部队是国家的常备军,主要担负防卫作战任务,必要时可以依照法律规定协助维护社会秩序;预备役部队平时按照规定进行训练,必要时可以依照法律规定协助维护社会秩序,战时根据国家发布的动员令转为现役部队。

中国人民武装警察部队在国务院、中央军事委员会的领导指挥下,担负国家赋予的安全保卫任务,维护社会秩序。

民兵在军事机关的指挥下,担负战备勤务、防卫作战任务,协助维护社会秩序。

第二十三条 中华人民共和国武装力量的规模应当与保卫国

家安全和利益的需要相适应。

第二十四条 中华人民共和国的兵役分为现役和预备役。现役军人和预备役人员的服役制度由法律规定。

国家依照法律规定对现役军人和预备役人员实行衔级制度。

第二十五条 国家禁止任何组织或者个人非法建立武装组织,禁止非法武装活动,禁止冒充现役军人或者武装力量组织。

第四章 边防、海防和空防

第二十六条 中华人民共和国的领陆、内水、领海、领空神圣不可侵犯。国家加强边防、海防和空防建设,采取有效的防卫和管理措施,保卫领陆、内水、领海、领空的安全,维护国家海洋权益。

第二十七条 中央军事委员会统一领导边防、海防和空防的防卫工作。

地方各级人民政府、国务院有关部门和有关军事机关,按照国家规定的职权范围,分工负责边防、海防和空防的管理和防卫工作,共同维护国家的安全和利益。

第二十八条 国家根据边防、海防和空防的需要,建设作战、指挥、通信、防护、交通、保障等国防设施。各级人民政府和军事机关应当依照法律、法规的规定,保障国防设施的建设,保护国防设施的安全。

第五章 国防科研生产和军事订货

第二十九条 国家建立和完善国防科技工业体系,发展国防科研生产,为武装力量提供性能先进、质量可靠、配套完善、便于操作和维修的武器装备以及其他适用的军事物资,满足国防需要。

第三十条 国防科技工业实行军民结合、平战结合、军品优先、以民养军的方针。

国家统筹规划国防科技工业建设，保持规模适度、专业配套、布局合理的国防科研生产能力。

第三十一条 国家促进国防科学技术进步，加强高新技术研究，发挥高新技术在武器装备发展中的先导作用，增加技术储备，研制新型武器装备。

第三十二条 国家对国防科研生产实行统一领导和计划调控。

国家为承担国防科研生产任务的企业事业单位提供必要的保障条件和优惠政策。地方各级人民政府应当对承担国防科研生产任务的企业事业单位给予协助和支持。

承担国防科研生产任务的企业事业单位必须完成国防科研生产任务，保证武器装备的质量。

第三十三条 国家采取必要措施，培养和造就国防科学技术人才，创造有利的环境和条件，充分发挥他们的作用。

国防科学技术工作者应当受到全社会的尊重。国家逐步提高国防科学技术工作者的待遇，保护其合法权益。

第三十四条 国家根据国防建设的需要和社会主义市场经济的要求，实行国家军事订货制度，保障武器装备和其他军用物资的采购供应。

第六章 国防经费和国防资产

第三十五条 国家保障国防事业的必要经费。国防经费的增长应当与国防需求和国民经济发展水平相适应。

第三十六条 国家对国防经费实行财政拨款制度。

第三十七条 国家为武装力量建设、国防科研生产和其他国防建设直接投入的资金、划拨使用的土地等资源，以及由此形成的用于国防目的的武器装备和设备设施、物资器材、技术成果等属于国防资产。

国防资产归国家所有。

第三十八条 国家根据国防建设和经济建设的需要,确定国防资产的规模、结构和布局,调整和处分国防资产。

国防资产的管理机构和占有、使用单位,应当依法管理国防资产,充分发挥国防资产的效能。

第三十九条 国家保护国防资产不受侵害,保障国防资产的安全、完整和有效。

禁止任何组织或者个人破坏、损害和侵占国防资产。未经国务院、中央军事委员会或者国务院、中央军事委员会授权的机构批准,国防资产的占有、使用单位不得改变国防资产用于国防的目的。国防资产经批准不再用于国防目的的,依照有关法律、法规的规定管理。

第七章 国 防 教 育

第四十条 国家通过开展国防教育,使公民增强国防观念、掌握国防知识、发扬爱国主义精神,自觉履行国防义务。

普及和加强国防教育是全社会的共同责任。

第四十一条 国防教育贯彻全民参与、长期坚持、讲求实效的方针,实行经常教育与集中教育相结合、普及教育与重点教育相结合、理论教育与行为教育相结合的原则。

第四十二条 国务院、中央军事委员会和省、自治区、直辖市人民政府以及有关军事机关,应当采取措施,加强国防教育工作。

一切国家机关和武装力量、各政党和各社会团体、各企业事业单位都应当组织本地区、本部门、本单位开展国防教育。

学校的国防教育是全民国防教育的基础。各级各类学校应当设置适当的国防教育课程,或者在有关课程中增加国防教育的内容。军事机关应当协助学校开展国防教育。

教育、文化、新闻、出版、广播、电影、电视等部门和单位应当密切配合,采取多种形式开展国防教育。

第四十三条　各级人民政府应当将国防教育纳入国民经济和社会发展计划,保障国防教育所需的经费。

第八章　国防动员和战争状态

第四十四条　中华人民共和国的主权、统一、领土完整和安全遭受威胁时,国家依照宪法和法律规定,进行全国总动员或者局部动员。

第四十五条　国家在和平时期进行动员准备,将人民武装动员、国民经济动员、人民防空、国防交通等方面的动员准备纳入国家总体发展规划和计划,完善动员体制,增强动员潜力,提高动员能力。

第四十六条　国家建立战略物资储备制度。战略物资储备应当规模适度、储存安全、调用方便、定期更换,保障战时的需要。

第四十七条　国务院和中央军事委员会共同领导动员准备和动员实施工作。

一切国家机关和武装力量、各政党和各社会团体、各企业事业单位和公民,在和平时期必须依照法律规定完成动员准备工作;在国家发布动员令后,必须完成规定的动员任务。

第四十八条　国家根据动员需要,可以依法征收、征用组织和个人的设备设施、交通工具和其他物资。

县级以上人民政府对被征收、征用者因征收、征用所造成的直接经济损失,按照国家有关规定给予适当补偿。

第四十九条　国家依照宪法规定宣布战争状态,采取各种措施集中人力、物力和财力,领导全体公民保卫祖国,抵抗侵略。

第九章　公民、组织的国防义务和权利

第五十条　依照法律服兵役和参加民兵组织是中华人民共和国公民的光荣义务。

各级兵役机关和基层人民武装机构应当依法办理兵役工作，按照国务院和中央军事委员会的命令完成征兵任务，保证兵员质量。其他有关国家机关、社会团体和企业事业单位应当依法完成民兵和预备役工作，协助兵役机关完成征兵任务。

第五十一条　企业事业单位应当按照国家的要求承担国防科研生产任务，接受国家军事订货，提供符合质量标准的武器装备或者军用物资。

企业事业单位应当按照国家规定，在交通建设中贯彻国防要求。车站、港口、机场、道路等交通设施的管理单位应当为现役军人和军用车辆、船舶的通行提供优先服务，按照规定给予优待。

第五十二条　公民应当接受国防教育。

公民和组织应当保护国防设施，不得破坏、危害国防设施。

公民和组织应当遵守保密规定，不得泄露国防方面的国家秘密，不得非法持有国防方面的秘密文件、资料和其他秘密物品。

第五十三条　公民和组织应当支持国防建设，为武装力量的军事训练、战备勤务、防卫作战等活动提供便利条件或者其他协助。

第五十四条　公民和组织有对国防建设提供建议的权利，有对危害国防的行为进行制止或者检举的权利。

第五十五条　公民和组织因国防建设和军事活动在经济上受到直接损失的，可以依照国家有关规定取得补偿。

第十章　军人的义务和权益

第五十六条　现役军人必须忠于祖国，履行职责，英勇战斗，

不怕牺牲，捍卫祖国的安全、荣誉和利益。

第五十七条 现役军人必须模范地遵守宪法和法律，遵守军事法规，执行命令，严守纪律。

第五十八条 现役军人应当发扬人民军队的优良传统，热爱人民，保护人民，积极参加社会主义物质文明、精神文明建设，完成抢险救灾等任务。

第五十九条 军人应当受到全社会的尊重。

国家采取有效措施保护现役军人的荣誉、人格尊严，对现役军人的婚姻实行特别保护。

现役军人依法履行职责的行为受法律保护。

第六十条 国家和社会优待现役军人。

国家保障现役军人享有与其履行职责相适应的生活福利待遇，对在条件艰苦的边防、海防等地区或者岗位工作的现役军人在生活福利等方面给予优待。

国家实行军人保险制度。

第六十一条 国家妥善安置退出现役的军人，为转业军人提供必要的职业培训，保障离休退休军人的生活福利待遇。

县级以上人民政府负责安置转业军人，根据其在军队的职务等级、贡献和专长安排工作。

接收转业军人的单位应当按照国家有关规定，在生活福利待遇、教育、住房等方面给予优待。

第六十二条 国家和社会抚恤优待残疾军人，对残疾军人的生活和医疗依法给予特别保障。

因战、因公致残或者致病的残疾军人退出现役后，县级以上人民政府应当及时接收安置，并保障其生活不低于当地的平均生活水平。

第六十三条 国家和社会优待现役军人家属，抚恤优待烈士家属和因公牺牲、病故军人的家属，在就业、住房、义务教育等方面给予照顾。

第六十四条 民兵、预备役人员和其他人员依法参加军事训练，担负战备勤务、防卫作战任务时，应当履行自己的职责和义务；国家和社会保障其享有相应的待遇，按照有关规定对其实行抚恤优待。

第十一章 对外军事关系

第六十五条 中华人民共和国坚持互相尊重主权和领土完整、互不侵犯、互不干涉内政、平等互利、和平共处五项原则，独立自主地处理对外军事关系，开展军事交流与合作。

第六十六条 中华人民共和国支持国际社会采取的有利于维护世界和地区和平、安全、稳定的与军事有关的活动，支持国际社会为公正合理地解决国际争端、军备控制和裁军所做的努力。

第六十七条 中华人民共和国在对外军事关系中遵守同外国缔结或者加入、接受的有关条约和协定。

第十二章 附 则

第六十八条 本法关于军人的规定，适用于中国人民武装警察部队。

第六十九条 中华人民共和国特别行政区的防务，由特别行政区基本法和有关法律规定。

第七十条 本法自公布之日起施行。

扫描二维码阅读 2020 年修订的国防法

中华人民共和国国防动员法

（2010年2月26日第十一届全国人民代表大会
常务委员会第十三次会议通过 2010年2月26日
中华人民共和国主席令第25号公布
自2010年7月1日起施行）

目 录

第一章 总 则
第二章 组织领导机构及其职权
第三章 国防动员计划、实施预案与潜力统计调查
第四章 与国防密切相关的建设项目和重要产品
第五章 预备役人员的储备与征召
第六章 战略物资储备与调用
第七章 军品科研、生产与维修保障
第八章 战争灾害的预防与救助
第九章 国防勤务
第十章 民用资源征用与补偿
第十一章 宣传教育
第十二章 特别措施

第十三章　法律责任
第十四章　附　　则

第一章　总　　则

第一条　为了加强国防建设，完善国防动员制度，保障国防动员工作的顺利进行，维护国家的主权、统一、领土完整和安全，根据宪法，制定本法。

第二条　国防动员的准备、实施以及相关活动，适用本法。

第三条　国家加强国防动员建设，建立健全与国防安全需要相适应、与经济社会发展相协调、与突发事件应急机制相衔接的国防动员体系，增强国防动员能力。

第四条　国防动员坚持平战结合、军民结合、寓军于民的方针，遵循统一领导、全民参与、长期准备、重点建设、统筹兼顾、有序高效的原则。

第五条　公民和组织在和平时期应当依法完成国防动员准备工作；国家决定实施国防动员后，应当完成规定的国防动员任务。

第六条　国家保障国防动员所需经费。国防动员经费按照事权划分的原则，分别列入中央和地方财政预算。

第七条　国家对在国防动员工作中作出突出贡献的公民和组织，给予表彰和奖励。

第二章　组织领导机构及其职权

第八条　国家的主权、统一、领土完整和安全遭受威胁时，全国人民代表大会常务委员会依照宪法和有关法律的规定，决定全国总动员或者局部动员。国家主席根据全国人民代表大会常务委员会的决定，发布动员令。

第九条　国务院、中央军事委员会共同领导全国的国防动员工作，制定国防动员工作的方针、政策和法规，向全国人民代表大会常务委员会提出实施全国总动员或者局部动员的议案，根据全国人民代表大会常务委员会的决定和国家主席发布的动员令，组织国防动员的实施。

国家的主权、统一、领土完整和安全遭受直接威胁必须立即采取应对措施时，国务院、中央军事委员会可以根据应急处置的需要，采取本法规定的必要的国防动员措施，同时向全国人民代表大会常务委员会报告。

第十条 地方人民政府应当贯彻和执行国防动员工作的方针、政策和法律、法规；国家决定实施国防动员后，应当根据上级下达的国防动员任务，组织本行政区域国防动员的实施。

县级以上地方人民政府依照法律规定的权限管理本行政区域的国防动员工作。

第十一条 县级以上人民政府有关部门和军队有关部门在各自的职责范围内，负责有关的国防动员工作。

第十二条 国家国防动员委员会在国务院、中央军事委员会的领导下负责组织、指导、协调全国的国防动员工作；按照规定的权限和程序议定的事项，由国务院和中央军事委员会的有关部门按照各自职责分工组织实施。军区国防动员委员会、县级以上地方各级国防动员委员会负责组织、指导、协调本区域的国防动员工作。

第十三条 国防动员委员会的办事机构承担本级国防动员委员会的日常工作，依法履行有关的国防动员职责。

第十四条 国家的主权、统一、领土完整和安全遭受的威胁消除后，应当按照决定实施国防动员的权限和程序解除国防动员的实施措施。

第三章 国防动员计划、实施预案与潜力统计调查

第十五条 国家实行国防动员计划、国防动员实施预案和国防动员潜力统计调查制度。

第十六条 国防动员计划和国防动员实施预案，根据国防动员的方针和原则、国防动员潜力状况和军事需求编制。军事需求由军队有关部门按照规定的权限和程序提出。

国防动员实施预案与突发事件应急处置预案应当在指挥、力量使用、信息和保障等方面相互衔接。

第十七条 各级国防动员计划和国防动员实施预案的编制和审批，按照国家有关规定执行。

第十八条 县级以上人民政府应当将国防动员的相关内容纳入国民经济和社会发展计划。军队有关部门应当将国防动员实施预案纳入战备计划。

县级以上人民政府及其有关部门和军队有关部门应当按照职责落实国防动员计划和国防动员实施预案。

第十九条 县级以上人民政府统计机构和有关部门应当根据国防动员的需要，准确及时地向本级国防动员委员会的办事机构提供有关统计资料。提供的统计资料不能满足需要时，国防动员委员会办事机构可以依据《中华人民共和国统计法》和国家有关规定组织开展国防动员潜力专项统计调查。

第二十条 国家建立国防动员计划和国防动员实施预案执行情况的评估检查制度。

第四章 与国防密切相关的建设项目和重要产品

第二十一条 根据国防动员的需要，与国防密切相关的建设项目和重要产品应当贯彻国防要求，具备国防功能。

第二十二条　与国防密切相关的建设项目和重要产品目录，由国务院经济发展综合管理部门会同国务院其他有关部门以及军队有关部门拟定，报国务院、中央军事委员会批准。

列入目录的建设项目和重要产品，其军事需求由军队有关部门提出；建设项目审批、核准和重要产品设计定型时，县级以上人民政府有关主管部门应当按照规定征求军队有关部门的意见。

第二十三条　列入目录的建设项目和重要产品，应当依照有关法律、行政法规和贯彻国防要求的技术规范和标准进行设计、生产、施工、监理和验收，保证建设项目和重要产品的质量。

第二十四条　企业事业单位投资或者参与投资列入目录的建设项目建设或者重要产品研究、开发、制造的，依照有关法律、行政法规和国家有关规定，享受补贴或者其他政策优惠。

第二十五条　县级以上人民政府应当对列入目录的建设项目和重要产品贯彻国防要求工作给予指导和政策扶持，有关部门应当按照职责做好有关的管理工作。

第五章　预备役人员的储备与征召

第二十六条　国家实行预备役人员储备制度。

国家根据国防动员的需要，按照规模适度、结构科学、布局合理的原则，储备所需的预备役人员。

国务院、中央军事委员会根据国防动员的需要，决定预备役人员储备的规模、种类和方式。

第二十七条　预备役人员按照专业对口、便于动员的原则，采取预编到现役部队、编入预备役部队、编入民兵组织或者其他形式进行储备。

国家根据国防动员的需要，建立预备役专业技术兵员储备区。

国家为预备役人员训练、储备提供条件和保障。预备役人员应当依法参加训练。

第二十八条 县级以上地方人民政府兵役机关负责组织实施本行政区域预备役人员的储备工作。县级以上地方人民政府有关部门、预备役人员所在乡(镇)人民政府、街道办事处或者企业事业单位,应当协助兵役机关做好预备役人员储备的有关工作。

第二十九条 预编到现役部队和编入预备役部队的预备役人员、预定征召的其他预备役人员,离开预备役登记地一个月以上的,应当向其预备役登记的兵役机关报告。

第三十条 国家决定实施国防动员后,县级人民政府兵役机关应当根据上级的命令,迅速向被征召的预备役人员下达征召通知。

接到征召通知的预备役人员应当按照通知要求,到指定地点报到。

第三十一条 被征召的预备役人员所在单位应当协助兵役机关做好预备役人员的征召工作。

从事交通运输的单位和个人,应当优先运送被征召的预备役人员。

第三十二条 国家决定实施国防动员后,预定征召的预备役人员,未经其预备役登记地的县级人民政府兵役机关批准,不得离开预备役登记地;已经离开预备役登记地的,接到兵役机关通知后,应当立即返回或者到指定地点报到。

第六章 战略物资储备与调用

第三十三条 国家实行适应国防动员需要的战略物资储备和调用制度。

战略物资储备由国务院有关主管部门组织实施。

第三十四条 承担战略物资储备任务的单位,应当按照国家有关规定和标准对储备物资进行保管和维护,定期调整更换,保证储备物资的使用效能和安全。

国家按照有关规定对承担战略物资储备任务的单位给予补贴。

第三十五条　战略物资按照国家有关规定调用。国家决定实施国防动员后,战略物资的调用由国务院和中央军事委员会批准。

第三十六条　国防动员所需的其他物资的储备和调用,依照有关法律、行政法规的规定执行。

第七章　军品科研、生产与维修保障

第三十七条　国家建立军品科研、生产和维修保障动员体系,根据战时军队订货和装备保障的需要,储备军品科研、生产和维修保障能力。

本法所称军品,是指用于军事目的的装备、物资以及专用生产设备、器材等。

第三十八条　军品科研、生产和维修保障能力储备的种类、布局和规模,由国务院有关主管部门会同军队有关部门提出方案,报国务院、中央军事委员会批准后组织实施。

第三十九条　承担转产、扩大生产军品和维修保障任务的单位,应当根据所担负的国防动员任务,储备所需的设备、材料、配套产品、技术,建立所需的专业技术队伍,制定和完善预案与措施。

第四十条　各级人民政府应当支持和帮助承担转产、扩大生产军品任务的单位开发和应用先进的军民两用技术,推广军民通用的技术标准,提高转产、扩大生产军品的综合保障能力。

国务院有关主管部门应当对重大的跨地区、跨行业的转产、扩大生产军品任务的实施进行协调,并给予支持。

第四十一条　国家决定实施国防动员后,承担转产、扩大生产军品任务的单位，应当按照国家军事订货合同和转产、扩大生产的要求，组织军品科研、生产，保证军品质量，按时交付订货，协助军队完成维修保障任务。为转产、扩大生产军品提供能源、材料、设备和配套产品的单位，应当优先满足转产、扩大生产军品的需要。

国家对因承担转产、扩大生产军品任务造成直接经济损失的单位给予补偿。

第八章 战争灾害的预防与救助

第四十二条 国家实行战争灾害的预防与救助制度，保护人民生命和财产安全，保障国防动员潜力和持续动员能力。

第四十三条 国家建立军事、经济、社会目标和首脑机关分级防护制度。分级防护标准由国务院、中央军事委员会规定。

军事、经济、社会目标和首脑机关的防护工作，由县级以上人民政府会同有关军事机关共同组织实施。

第四十四条 承担军事、经济、社会目标和首脑机关防护任务的单位，应当制定防护计划和抢险抢修预案，组织防护演练，落实防护措施，提高综合防护效能。

第四十五条 国家建立平战结合的医疗卫生救护体系。国家决定实施国防动员后，动员医疗卫生人员、调用药品器材和设备设施，保障战时医疗救护和卫生防疫。

第四十六条 国家决定实施国防动员后，人员、物资的疏散和隐蔽，在本行政区域进行的，由本级人民政府决定并组织实施；跨行政区域进行的，由相关行政区域共同的上一级人民政府决定并组织实施。

承担人员、物资疏散和隐蔽任务的单位，应当按照有关人民政府的决定，在规定时间内完成疏散和隐蔽任务。

第四十七条 战争灾害发生时，当地人民政府应当迅速启动应急救助机制，组织力量抢救伤员、安置灾民、保护财产，尽快消除战争灾害后果，恢复正常生产生活秩序。

遭受战争灾害的人员和组织应当及时采取自救、互救措施，减少战争灾害造成的损失。

第九章 国防勤务

第四十八条 国家决定实施国防动员后，县级以上人民政府根据国防动员实施的需要，可以动员符合本法规定条件的公民和组织担负国防勤务。

本法所称国防勤务，是指支援保障军队作战、承担预防与救助战争灾害以及协助维护社会秩序的任务。

第四十九条 十八周岁至六十周岁的男性公民和十八周岁至五十五周岁的女性公民，应当担负国防勤务；但有下列情形之一的，免予担负国防勤务：

（一）在托儿所、幼儿园和孤儿院、养老院、残疾人康复机构、救助站等社会福利机构从事管理和服务工作的公民；

（二）从事义务教育阶段学校教学、管理和服务工作的公民；

（三）怀孕和在哺乳期内的女性公民；

（四）患病无法担负国防勤务的公民；

（五）丧失劳动能力的公民；

（六）在联合国等政府间国际组织任职的公民；

（七）其他经县级以上人民政府决定免予担负国防勤务的公民。

有特殊专长的专业技术人员担负特定的国防勤务，不受前款规定的年龄限制。

第五十条 被确定担负国防勤务的人员，应当服从指挥、履行职责、遵守纪律、保守秘密。担负国防勤务的人员所在单位应当给予支持和协助。

第五十一条 交通运输、邮政、电信、医药卫生、食品和粮食供应、工程建筑、能源化工、大型水利设施、民用核设施、新闻媒体、国防科研生产和市政设施保障等单位,应当依法担负国防勤务。

前款规定的单位平时应当按照专业对口、人员精干、应急有效的原则组建专业保障队伍,组织训练、演练,提高完成国防勤务的能力。

第五十二条 公民和组织担负国防勤务,由县级以上人民政府负责组织。

担负预防与救助战争灾害、协助维护社会秩序勤务的公民和专业保障队伍,由当地人民政府指挥,并提供勤务和生活保障;跨行政区域执行勤务的,由相关行政区域的县级以上地方人民政府组织落实相关保障。

担负支援保障军队作战勤务的公民和专业保障队伍,由军事机关指挥,伴随部队行动的由所在部队提供勤务和生活保障;其他的由当地人民政府提供勤务和生活保障。

第五十三条 担负国防勤务的人员在执行勤务期间,继续享有原工作单位的工资、津贴和其他福利待遇;没有工作单位的,由当地县级人民政府参照民兵执行战备勤务的补贴标准给予补贴;因执行国防勤务伤亡的,由当地县级人民政府依照《军人抚恤优待条例》等有关规定给予抚恤优待。

第十章 民用资源征用与补偿

第五十四条 国家决定实施国防动员后,储备物资无法及时满足动员需要的,县级以上人民政府可以依法对民用资源进行征用。

本法所称民用资源,是指组织和个人所有或者使用的用于社会生产、服务和生活的设施、设备、场所和其他物资。

第五十五条　任何组织和个人都有接受依法征用民用资源的义务。

需要使用民用资源的中国人民解放军现役部队和预备役部队、中国人民武装警察部队、民兵组织，应当提出征用需求，由县级以上地方人民政府统一组织征用。县级以上地方人民政府应当对被征用的民用资源予以登记，向被征用人出具凭证。

第五十六条　下列民用资源免予征用：

（一）个人和家庭生活必需的物品和居住场所；

（二）托儿所、幼儿园和孤儿院、养老院、残疾人康复机构、救助站等社会福利机构保障儿童、老人、残疾人和救助对象生活必需的物品和居住场所；

（三）法律、行政法规规定免予征用的其他民用资源。

第五十七条　被征用的民用资源根据军事要求需要进行改造的，由县级以上地方人民政府会同有关军事机关组织实施。

承担改造任务的单位应当按照使用单位提出的军事要求和改造方案进行改造，并保证按期交付使用。改造所需经费由国家负担。

第五十八条　被征用的民用资源使用完毕，县级以上地方人民政府应当及时组织返还；经过改造的，应当恢复原使用功能后返还；不能修复或者灭失的，以及因征用造成直接经济损失的，按照国家有关规定给予补偿。

第五十九条　中国人民解放军现役部队和预备役部队、中国人民武装警察部队、民兵组织进行军事演习、训练，需要征用民用资源或者采取临时性管制措施的，按照国务院、中央军事委员会的有关规定执行。

第十一章　宣传教育

第六十条　各级人民政府应当组织开展国防动员的宣传教

育,增强公民的国防观念和依法履行国防义务的意识。有关军事机关应当协助做好国防动员的宣传教育工作。

第六十一条 国家机关、社会团体、企业事业单位和基层群众性自治组织,应当组织所属人员学习和掌握必要的国防知识与技能。

第六十二条 各级人民政府应当运用各种宣传媒体和宣传手段,对公民进行爱国主义、革命英雄主义宣传教育,激发公民的爱国热情,鼓励公民踊跃参战支前,采取多种形式开展拥军优属和慰问活动,按照国家有关规定做好抚恤优待工作。

新闻出版、广播影视和网络传媒等单位,应当按照国防动员的要求做好宣传教育和相关工作。

第十二章 特别措施

第六十三条 国家决定实施国防动员后,根据需要,可以依法在实施国防动员的区域采取下列特别措施:

(一)对金融、交通运输、邮政、电信、新闻出版、广播影视、信息网络、能源水源供应、医药卫生、食品和粮食供应、商业贸易等行业实行管制;

(二)对人员活动的区域、时间、方式以及物资、运载工具进出的区域进行必要的限制;

(三)在国家机关、社会团体和企业事业单位实行特殊工作制度;

(四)为武装力量优先提供各种交通保障;

(五)需要采取的其他特别措施。

第六十四条 在全国或者部分省、自治区、直辖市实行特别措施,由国务院、中央军事委员会决定并组织实施;在省、自治区、直辖市范围内的部分地区实行特别措施,由国务院、中央军事委员会决定,由特别措施实施区域所在省、自治区、直辖市人民政府和同级军事机关组织实施。

第六十五条 组织实施特别措施的机关应当在规定的权限、区域和时限内实施特别措施。特别措施实施区域内的公民和组织,应当服从组织实施特别措施的机关的管理。

第六十六条 采取特别措施不再必要时,应当及时终止。

第六十七条 因国家发布动员令,诉讼、行政复议、仲裁活动不能正常进行的,适用有关时效中止和程序中止的规定,但法律另有规定的除外。

第十三章 法 律 责 任

第六十八条 公民有下列行为之一的,由县级人民政府责令限期改正;逾期不改的,强制其履行义务:

(一)预编到现役部队和编入预备役部队的预备役人员、预定征召的其他预备役人员离开预备役登记地一个月以上未向预备役登记的兵役机关报告的;

(二)国家决定实施国防动员后,预定征召的预备役人员未经预备役登记的兵役机关批准离开预备役登记地,或者未按照兵役机关要求及时返回,或者未到指定地点报到的;

(三)拒绝、逃避征召或者拒绝、逃避担负国防勤务的;

(四)拒绝、拖延民用资源征用或者阻碍对被征用的民用资源进行改造的;

(五)干扰、破坏国防动员工作秩序或者阻碍从事国防动员工作的人员依法履行职责的。

第六十九条 企业事业单位有下列行为之一的,由有关人民政府责令限期改正;逾期不改的,强制其履行义务,并可以处以罚款:

(一)在承建的贯彻国防要求的建设项目中未按照国防要求和

技术规范、标准进行设计或者施工、生产的；

（二）因管理不善导致战略储备物资丢失、损坏或者不服从战略物资调用的；

（三）未按照转产、扩大生产军品和维修保障任务的要求进行军品科研、生产和维修保障能力储备，或者未按照规定组建专业技术队伍的；

（四）拒绝、拖延执行专业保障任务的；

（五）拒绝或者故意延误军事订货的；

（六）拒绝、拖延民用资源征用或者阻碍对被征用的民用资源进行改造的；

（七）阻挠公民履行征召、担负国防勤务义务的。

第七十条 有下列行为之一的，对直接负责的主管人员和其他直接责任人员，依法给予处分：

（一）拒不执行上级下达的国防动员命令的；

（二）滥用职权或者玩忽职守，给国防动员工作造成严重损失的；

（三）对征用的民用资源，拒不登记、出具凭证，或者违反规定使用造成严重损坏，以及不按照规定予以返还或者补偿的；

（四）泄露国防动员秘密的；

（五）贪污、挪用国防动员经费、物资的；

（六）滥用职权，侵犯和损害公民或者组织合法权益的。

第七十一条 违反本法规定，构成违反治安管理行为的，依法给予治安管理处罚；构成犯罪的，依法追究刑事责任。

第十四章 附 则

第七十二条 本法自2010年7月1日起施行。